海外汉学经典译丛

"十三五"国家重点图书
出版规划项目

中国新史（外两种）

NEW HISTORY OF THE EMPIRE OF CHINA

[意]利类思 [荷]许理和 安文思 著
[中]何高济 译

中原出版传媒集团
大地传媒
大象出版社
·郑州·

图书在版编目（CIP）数据

中国新史：外两种 /（葡）安文思，（意）利类思，
（荷）许理和著；何高济译.— 郑州：大象出版社，
2016.9
（国际汉学经典译丛）
ISBN 978-7-5347-8313-5

Ⅰ.①中… Ⅱ.①安… ②利… ③许… ④何…
Ⅲ.①中国历史—史料—清前期 Ⅳ.①K249.06

中国版本图书馆 CIP 数据核字（2015）第 029402 号

中国新史（外两种）

［葡］安文思　　［意］利类思　　［荷］许理和　著
［中］何高济　译

出 版 人	王刘纯
责任编辑	耿晓谕
责任校对	裴红燕
封面设计	王莉娟

出版发行　大象出版社（郑州市开元路 16 号　邮政编码 450044）
　　　　　发行科　0371-63863551　总编室　0371-65597936
网　　址　press.daxiang.cn
印　　刷　河南省瑞光印务股份有限公司
经　　销　各地新华书店经销
开　　本　787mm×1092mm　1/16
印　　张　13.5
字　　数　217 千字
版　　次　2016 年 9 月第 1 版　2016 年 9 月第 1 次印刷
定　　价　39.50 元

若发现印、装质量问题，影响阅读，请与承印厂联系调换。
印厂地址　郑州市二环支路 35 号
邮政编码　450012　　　电话　0371-63956290

A NEW
HISTORY
OF THE
Empire of China,
Containing a
DESCRIPTION
OF THE
Politick Government, Towns, Manners and Customs of the People, &c.

Newly Done out of French.

LONDON
Printed for *Samuel Holford*, at the Crown in the *Pall Mall*, 1689.

《中国新史》英文版封面

安文思墓碑

王府井天主教堂（即东堂，又名圣若瑟堂）

目　录

中国新史 ……………………………………… [葡]安文思　著　1
   中文版序言……………………………………………………… 3
   中译序…………………………………………………………… 7
   致崇高的红衣主教德斯特列阁下，法国公爵和贵族………… 10
   法文版序言……………………………………………………… 12
   第一章　中国人和外国人给中国取的名字及契丹和蛮子国…… 19
   第二章　中国的广度和分界：城市和有墙垣的村镇数目
          及其他中国作者提到的特点……………………………… 34
   第三章　中国的古代及中国人对此的高见……………………… 49
   第四章　中国的文字和语言……………………………………… 54
   第五章　中国人的智慧和他们的主要典籍……………………… 64
   第六章　中国人的礼节、典仪和节日…………………………… 71
   第七章　中国人的土木工程和建筑，特别是大运河…………… 76
   第八章　非凡勤勉的民族………………………………………… 80
   第九章　中国人的船舶…………………………………………… 84
   第十章　中国物产的丰富………………………………………… 87
   第十一章　中国的贵族…………………………………………… 92
   第十二章　国家良好的政体、曼达林的差异以及朝廷的各部门
          ………………………………………………………… 94
   第十三章　文官六部、武将五部………………………………… 98
   第十四章　北京的其他几个部…………………………………… 106
   第十五章　省的几个衙门和曼达林……………………………… 116
   第十六章　中国的大帝王及其赋入……………………………… 121
   第十七章　记北京城：皇宫四周的墙及中国主要房屋的形状
          ………………………………………………………… 128

第十八章　皇城的二十座宫殿	136
第十九章　皇城内的二十座特殊的宫殿	147
第二十章　同一范围内另外几座宫殿和庙宇	153
第二十一章　北京的皇家庙宇及皇帝外出进行公祭的方式	161

| 安文思神父传略 ……………………… [意]利类思　著 | 167 |

在黄虎穴中——利类思和安文思在张献忠朝廷（1644—1647） ……………………… [荷]许理和　著	175
导　言	177
张献忠（1606—1647）	178
利类思和安文思	180
耶稣会史料	186
灭种的观念	188
张献忠和基督教	193
张和欧洲天文学	195
后　记	197
参考书目	198

| 附录　利类思、安文思传 ……………………… 何高济 | 201 |

中国新史

[葡]安文思 著

中文版序言

1688年在巴黎出版的葡萄牙入华传教士安文思的《中国新史》，是西方早期汉学发展史上的一部重要著作。它与此前在西方出版的利玛窦和金尼阁的《天主教进入中国史》（1615），曾德昭的《大中国志》（1642），卫匡国的《鞑靼战纪》（1654）、《中国新图》（1655）和《中国上古史》（1658）一起构成了西方17世纪关于中国知识的最重要来源。国内学者计翔翔认为这部著作是西方早期汉学第一发展阶段的一个总结和第二发展阶段的起点，甚至认为它已经走出了传教士汉学的框架。[①]

从汉学的角度来看，他对中国的介绍更为系统和全面。从中国的名称、地理位置、历史、语言、风俗到中国的物质生活、矿产、航运、船舶及政治制度、国家结构等，安文思一一作了介绍，给西方人呈现出了一幅中国的全景式图画。安文思写这本书时已在中国生活了二十多年，对中国已有了较为深入的认识。由于他本人认同利玛窦的"合儒易佛"的传教路线，他对中国的文明给予了高度的评价。此书原名为《中国的十二特点》，实际讲的是中国的十二条优点，即：

1. 中国版图广大（第二章）；
2. 中国历史悠久（第三章及第一章、第五章的部分内容）；
3. 中国语言文字优美（第四章）；
4. 中国典籍丰富（第五章）；
5. 中国人有礼貌有教养（第六章）；
6. 中国水运便捷，公共工程完善（第七章和第九章）；
7. 中国工艺制造精美（第八章）；

[①] 计翔翔：《十七世纪中期汉学著作研究》，上海：上海古籍出版社，2002年，第37页。参阅计翔翔《耶稣会士汉学家安文思及其〈中国新史〉》，《国际汉学》（第九辑），大象出版社，2003年。笔者认为西方汉学的发展经历了"游记汉学""传教士汉学""专业汉学"三个时期，安文思的《中国新史》在我看来仍处在"传教士汉学"阶段，尽管它已经达到了很高的程度。

8. 中国物产丰富（第十章）；
9. 孔子的崇高地位和巨大影响（第十一章）；
10. 中国政治发达（第十二章至第十五章）；
11. 中国君主之伟大（第十六章和第二十一章）；
12. 北京城之宏伟（第十七章至第二十一章）。①

和他以前的著作相比，该书对北京的介绍最为详细，这是本书的重要特点。他不仅介绍了王府井、白塔寺、铁狮子胡同、鲜鱼口等地点，还详细介绍了皇城，包括皇城的大小、皇城中的二十座宫殿等。如果不是经常在皇宫中活动，绝不可能对它做如此详细的描写。正因为安文思长期生活在北京，他的这些报道和描写不仅推动了当时西方对中国的认识，也给我们提供了许多了解和认识清代历史的细节和材料，这些在今天依然是很有价值的。

比如，在谈到皇宫每年的赋入时，他给我们提供了下面这些数据：

> 1.每年运进宫廷粮仓的米、面达四千三百三十二万八千八百三十四袋；2.一千零三十五万五千九百三十七个盐块，每块重五十磅；3.两百五十八磅极细的朱砂；4.九万四千七百三十七磅漆……

安文思的记述为我们提供了了解清朝宫廷经济生活的参考数据，从这些数据中，我们能较为真实地感受到当年清朝宫廷生活的实际状况。

在谈到皇帝祭祀的仪仗队伍时，安文思的记述也十分详细。他写道："他的仪仗如下：首先，有二十四名执大鼓的人，分为两行，每行各十二人。下面的行列也是如此。其次，二十四名喇叭手，每行十二名。……第二十三，两千名文曼达林，一千名一队。第二十四，两千名武曼达林，全都穿着华丽的礼袍……"这些文字给人一种身临其境的感觉，使我们对清代皇帝祭祀的仪仗队有了更为直观、具体的了解。

安文思的书还提供给我们许多珍贵的清史材料，将这些材料和中文文献相互印证，能补充中文文献的不足，加深我们对清代历史的认识。

安文思在书中说，1669年12月8日，皇帝命三位官员到汤若望的墓地

---

① 计翔翔：《耶稣会士汉学家安文思及其〈中国新志〉》。

焚香，"其目的是向他作特殊的礼敬；又命令赐给当时在朝的三个神父（我是其中之一）三百二十五克朗，支付他丧葬的费用"。此事《正教奉褒》中有载："康熙八年十一月十六日，上遣礼部大员，捧御祭文一道，至汤若望墓所致祭。利类思、安文思、南怀仁等，供设香案跪迎，恭听宣读。其文曰：'皇帝谕祭原任通政使司政使，加二级又加一级，掌钦天监印务事，故汤若望之灵，曰：鞠躬尽瘁，臣子之芳踪；恤死报勤，国家之盛典。尔汤若望，来自西域，晓习天文，特畀象历之司，爰锡通微教师之号。遽尔长逝，朕用悼焉，特加恩恤，遣官致祭。呜呼，聿垂不朽之荣，庶享匪躬之报。尔如有知，尚克歆享。'"安文思说，第二天康熙在宫中宴请大臣时，让他们三人也参加了宴会，他们坐在右面第三排的第一张桌。这点《正教奉褒》没有记载。

杨光先案是清初的大事，本书中也有记载，安文思说杨光先"加给汤若望神父的一条大罪是，在制作天体仪时，神父没有标出北极星，中国人称之为帝星，即众星的帝王星。因为它不移动，他们说众星都围绕着它，有如臣民围绕着皇帝，为他服役。所以他们认为，皇帝在地上和那颗星在天上一样。这个骗子由此得出结论，说汤若望神父没有标出这颗星，是因为他不承认中国皇帝，因此他是叛逆者，该当死罪"。另，《正教奉褒》中有载："康熙四年三月初一，礼刑两部会议，拟汤若望处死，其余教士俱仗充。初二日，辅政大臣方欲依议批行。忽地大震，惊散未批。"不少人认为这是教内的记载，不足以信。但安文思的书中也记载了这次地震，他是当事人，当时生活在北京，这使我们对这个事实有了新的旁证。

书后所附的利类思神父所写的《安文思神父传略》也是一份重要的文献，传记中记载了他和利类思在张献忠处的经历并补充了有关张献忠的文献。[①] 书中写安文思死后，康熙赐给他悼词，这一点现在可以在中文文献中得到印证。[②] 2002年在台湾出版的《耶稣会罗马档案馆明清天主教文献》的第十二卷中收有利类思和南怀仁所写的《远西景明安先生行述》的中文文献，此文和《安文思传》完全对应，从而证实《中国新史》的真实性。

---

① 参阅《圣教入川记》。
② Albert Chan, S. J., *Chinese Books and Documents in the Jesuit Archives in Rome*, p.453；陈方中主编：《中国天主教史籍汇编》，第530页。

现在这个译本以1689年英文本为底本，个别篇章译自法文本，同时译者也核对了1957年版葡文本。虽然英文版和第一版的法文版相比有了不少改动[1]，但英文版有一个优点很值得称道，即在许多章的后面加了注释和说明，将安文思所记的事实和此前在欧洲出版的其他汉学著作进行比较核对，这实际上是把安文思的书放到了西方早期汉学的学术脉络中加以评价，从中我们也看到了西方人在16—17世纪对中国认识的变迁。

张西平

2016年6月

---

[1] 计翔翔：《十七世纪中期汉学著作研究》，上海：上海古籍出版社，2002年。

中译序

　　加伯利埃·德·麦哲伦（Gabriel de Magalhães），汉名安文思，字景明，葡萄牙人，系大航海家麦哲伦同族。17岁入耶稣会，1634年申请赴印度传教，抵达果阿，在修道院讲授修辞学。两年后赴澳门。1640年随一位信教官员进入中国，到达杭州。因利类思神父在四川传教期间害病，需人协助，安文思遂获允前往，于1642年8月28日抵达成都，与利类思共同从事传教事业。张献忠入川，据成都，二人随百姓逃往山中。张得知其信息，命人求得，赐以馆舍居住，并命他们制造天文仪器。但张喜怒无常，凶狠残暴，二人欲离去，为张所拘，准备就刑，旋清兵前锋至，张前往侦察，被清兵射死，两神父亦为清军俘获，由肃亲王豪格送往京师。从此两神父为清廷服务，受顺治优遇，赐予住宅，两神父在此基础上修建一座教堂，即现今位于王府井大街之东堂。经历1662年教案，安文思于1677年5月6日逝于北京，葬阜成门外。利类思撰有《安文思神父传略》，概述其生平。

　　安文思自1648年到北京，一住二十九年，可以说中国是他的第二故乡。1688年安文思用葡文写成一部记述中国的书，取名为《中国的十二特点》，未刊印。值中国教团总监柏应理神父至罗马，晋见红衣主教德斯特列，主教询问有关中国特别是北京的情况，柏应理神父遂将携带的手抄本《中国的十二特点》交给主教阅读，主教交伯农译为法文。原葡文手稿似未能保留，今所见最早的法文本刊于巴黎，题名《中国新志》（Nouvelle Relation de la Chine），该本除将原文分章外，还根据其他同时代的材料，如汤若望、南怀仁和卫匡国的信札、著述等，对文本加以注释。1689年有人自法文译为英文，刊于伦敦，题名《中国新史》（A New History of the Empire of China），其中包括对政治体制、城镇和百姓风俗习惯的记述。1957年在澳门出版一个自法文译出的新葡文本《中国新志》（Nova Relação da China），其中又对一些名词略加中文注释。

　　本书是西方早期汉学名著，其价值和优点正如伯农在本书法文版序言中所述："这部书具有重大意义，可满足那些想了解那个遥远国度的人的好奇心，因为它如实地、一步又一步地描述了著名中华帝国最重要的东西。"值得一提的是，安文思对皇城中轴线及两侧的皇宫作了十分详细的介绍，同时，还将许多宫殿名称译为葡文。安氏曾在司天监任职，有权自由进出皇城，能够看到并参观皇宫，所述当具有一定参考价值，这为研究明清之际的皇城的变化提供了不少资料。

明清之际，西方传教士中仅安文思和利类思曾近距离接触到农民军领袖并作出报道。利类思的《安文思神父传略》已概述了他们在张献忠大西朝的经历。安文思写给耶稣会的报告《有关四川省基督教传教事业的丧失及利类思、安文思神父俘囚经历的叙述》更多地记述了张献忠及其军队在四川的活动，其中几桩事件记录真实，可与中文史料相印证。

在论中国土地的一章中，安文思说，张献忠在四川称王后，派义子孙可望去攻打一个不肯归顺的土王，孙采用持重和怀柔的策略使土王投诚，然后陪同他到宫廷去，张举行盛大宴会接待他。但在乐声、喜剧和欢乐声中，张命人把毒药放进酒杯中，将他毒死，随行的四万人也被张的军队包围歼灭。关于这桩背信弃义的屠杀，《明季南略·张献忠乱蜀本末》有相同的记载："献忠命张（孙）可望率兵攻乐用寨罗从义……乐用寨有山最高，名红厓囤，上可屯万人，险峻不可攻，罗从义率五千精兵札其上。可望兵至，围数月不能下，乃遣人往说之，从义举众降，可望诱至成都，尽坑之。"可见张献忠之奸诈残忍。

安文思的报告中还谈到另一件事：张献忠出门前，把士兵都召到校场上并发表讲话，称为减轻负担，他已把满载金银的六十艘船沉入江中，而且确实沉了船，并杀死船夫，隐瞒沉船地点。此事有《纪事略》的记载为证："献忠传抚南将军张文秀领大船二百余号，俱装载金银，为数不赀，命顺流放下，至川南青神县江口，沉于江内，将船只纵火焚烧，驾船贼兵，尽杀以缄其口。此银后为杨锦江打捞，获银八百余万两。"虽船只数目不尽相同，但沉船杀人灭口之事则确有之。

最有意思的是，安文思特别提到张献忠送他和利类思每人一首他亲笔写在黄纸上的诗，给利类思的一首，用葡语拼写的汉语读音如下：T'iên yeù uán wo yú gîn / gîn uû yí uo yû t'iên / guêi xin mîm mîm / iû sû, iû liám. 这和四川现存张献忠圣谕碑的文字"圣谕：天有万物与人，人无一物与口（天），鬼神明明，自思自量"完全相同。最后一句"iû sû, iû liám"正是"自思自量"的译音。全诗意思是清楚的：人对天犯下罪行，鬼神明白，我们当认真思考，也就是当替天行道，实行天诛。所以后人度其意，加上七个"杀"字，便成了著名的七杀碑。张的这套手法还真管用，据《明季南略》载："（张）或时向天自语曰：'天教我杀，我敢不杀？'于是左右愚人皆信以为天使杀戮，不敢背叛。"

现在的这个中译本《中国新史》系译自英文本，译名参考了新葡文本。其中"致崇高的红衣主教德斯特列阁下，法国公爵和贵族"这封书信系自法文本译出，英文本未收；法译者加的注释，亦在文后作为正文译出；页下注为中译者加；英文版附利类思《安文思神父传略》亦一并译出。

又，荷兰汉学家许理和撰有《在黄虎穴中》一文，论述利类思和安文思两神父在张献忠朝廷的见闻，以二神父的著述为原始材料加以引用，现将此文一并译出。

何高济

2016年7月

致崇高的红衣主教德斯特列阁下，
法国公爵和贵族[①]

阁下：

　　当我决定出版这部《中国新史》时，我认为有必要同时把它献给尊驾，正是因您的介绍我才得知这部葡文手稿，又因您的命令我才将它译出，由于这几种理由，我觉得最好把这本书作为礼物送给您，此外我应趁此机会感谢您在我居于罗马期间一直给予我的恩惠。阁下，这些原因让我可以自由地把阁下的大名置于我大胆出版的第一部书的首页。然而我没有忽略，尽我所能，将它整理到可以奉献的程度。我极力使我的文字明白易懂，我绘制并刻印了著名的北京城的草图，在我认为必要之处加以注释。虽然，在我竭尽所能之后，为不受责难，我不怀疑还能在其中找到可以修正之处。再者，我希望因尊敬的阁下拥有原稿，您至少将相信我译文的忠实，并且审视我是否一丝不苟地忠于原作者的意思和文字。至于在这部书中可能发现的其他缺点，阁下，我不认为应用您的名字和庇护掩盖可能招致的批评，因为我一直准备在认识到这些失误时予以订正。同时，我认为，如果我的作品能得到您的某种赞许，于我而言是非常幸运的。阁下比任何人更能指出此书的优劣，虽然已出版了许多关于这个题目的书籍，但这部书的内容仍然充满了新鲜与奇特。我不担心您的严格审查，因为我知道您的仁慈和宽宏大度与您深邃的灵魂一样伟大。阁下，我经常荣幸地侍候您，有机会聆听您的谈话，得识真理，同时从这谈话中进而了解您的品德、您的学识及非凡的才能，如果这部书获得您慎重的认可，则无须我再作努力。而且我不必再作表示，您的名字已蕴含您的颂辞。众所皆知您所获得的尊荣，吾人至高无上的君主多次与您商谈要事，而且您始终光荣地出现在勒弗尼维斯两个最著名的舞台上，我要说的是，出现在法国宫廷和

[①] 这篇致红衣主教德斯特列（D'ESTREES）的信札，置于法文本首页，英文本未收。据费赖之《在华耶稣会士列传》（中华书局，1995年中文译本，第258页）载，当年主教将此书葡文手稿交伯农（Bernon）译为法语，信的作者应为伯农。——中译者注。本书页下注均为中译者注释，以下不再说明。

罗马宫廷。既然对于阁下获得的公众佳誉我不能有所增添，我仅满足于保持对您的一贯的尊崇之情。再次于此奉献我的微薄之力，并且保证我终生的深深敬重。

您的极卑贱顺从的奴仆
伯农

法文版序言

近百年来出版了许多有关中国的书,凡读过这些书的人,会很轻易地认为他们不能从本书中得到新的信息。然而,我有信心说,只要下功夫去读它,他们将会从中看到以前在别的书中所未读到的东西。

中国是一个辽阔富饶、人口众多、土地肥沃、气候温和的国家,中国人工作勤勉,政治精明,又那样卓绝,以至可以这样说,从远洋航行出现迄今,没有发现任何国家可与中国相匹敌,这是全世界都知道的事。所以,无须多说,有学识的人应当了解,这个题目之大可以撰写比现存多得多的书,并且足以调动那些最具才能和见识的作者。

对此可以补充说,在许多已刊行的有关这个题目的著述中,没有几部获得公众的认可,或者所述的内容能提供给我们有关这个大帝国的详情。费尔丁南·门捷斯·平脱的书①,除谈论葡萄牙的事外,充满神话传说,他以丰富的想象力予以创造,而且他编造了很多情节和论证,让他的读者信以为真。然而,现如今看来这都是不值一提的错误,因为欧洲大部分国家已翔实地记述了有关中国及该作者所谈其他许多国家的情况。

例如,他说南京城位于一座山上,而人人皆知它在平原上;说流经中国的一条名叫巴朗皮纳的河,它来自北京和大鞑靼地;说中国有三十二个王国;北京城方圆三十里格,但实际上并不超过四里格,如果把新城算上,最多五里格;说它有三百六十道门,一百二十条三哹深、十二哹宽的运河,一千八百座石桥,但实际上仅有九个门和一条小河;唯一的两里格宽的监狱,关押着三万名犯人,准备派去修长城;还有许多其他的建筑,奇异奢华,其中有一座建筑物方圆一里格,建在巴朗皮纳河中;还说鞑靼国王到来并进驻北京,带领一百二十万名步兵、六十万名骑兵,用一万七千艘船、八万头犀牛运送军中的辎重;同一个国王在六个半月中丧失了七十五万人;等等。我还可以举出他所说的其他种种无稽之谈,特别

---

① Ferdinand(葡语作Fernão)Mendez Pinto,其《远游记》(*Peregrinação*)已有中文译本。

是他告诉我们有两个所谓的皇帝——西阿蒙和卡拉敏班拥有相同的权力，前者的国家有七百个省、五万头象、一百八十五万雇佣的士兵以及许多只有这位作者述说的事情。然而，我将克制自己不再谈论这些传说和故事，人们会耻于相信它们，尤其是他谈到卡兰普鲁岛，毫无真实的影子，他对中国语言、名字、风俗、政府的报道也同样不足信。

贡萨列斯·德·门多萨神父①的报道是真实的，他所重述的是马丁·德·拉达和吉罗姆·马任在中国旅行的记录。但这两位神父，连同作者本人，都轻信中国人对他们大帝国的夸张报道，这可从下面的例子中看到。如他称中国有一千八百里格，而世人皆知它在二十二度或二十三度内，这就是说长度不超过四百五十里格。他改变了诸省的名字，以致几乎不能再辨识它们。他记载北京城之大，与平脱所说相同，在记述中他两次对我们肯定地说，一个骑好马的人，从早至晚，费很大气力才能穿过城内，而郊区尚未算在内，它的面积很大。对此他补充说，中国人甚至说实际上它比这还要大。他还说，仅在北直隶省，这必定是北京省，就有两百五十五万名士卒，全国有五百八十四万六千五百名步兵，九十四万八千三百五十名骑兵。

伯多禄·库比罗·塞巴斯蒂安②于1682年在那不勒斯刊印的《世界行纪》中，几乎记述了同样的事。但这不足为奇，因为他除在谈论欧洲著名国家时常常出错外，显然他是根据上述作者的记载重述有关中国的事。

我可以引用其他几部记述中国的书，其在一些事情上误传十分严重。但除了这类既讨厌又无益的记述，我们还有几部可以弥补其他书籍缺点的著作。其中，我认为最值得信赖的是金尼阁神父③的记述——《中国年度报告》；曾德昭神父④、卫匡国神父⑤、汤若望神父⑥、聂仲迁神父⑦、鲁日

---

① F. Gonzalez de Mendoza，他的《中华大帝国史》有何高济中译本，中华书局，1998年。
② Pedro Cubero Sebastian。
③ F. Trigault，他的《利玛窦中国札记》有中译本。
④ F. Semedo，其《大中国志》有何高济中译本，上海古籍出版社，1998年。
⑤ F. Martini，他著有《鞑靼战纪》《中国新地图志》等记述中国的书。
⑥ F. Adam Shall，汤若望最重要的介绍中国的书应是拉丁文本《中国耶稣会传教区的创建和发展史》。此外，他的信札亦述及中国的历史和情况。
⑦ F. Greslon，应即法国教士聂仲迁（Adrien Greslon），他撰有《1651至1669年鞑靼统治时代之中国史》。

满神父①、柏应理神父②、奥尔伦斯的钦定讲座教授及其他一些人的记述。

金尼阁神父的撰述，是迄今最早为我们作出的真实报道。但因他的主要目的是记述耶稣会在该大帝国传教的起源及利玛窦等神父在中国居留的情况，所以他只偶尔谈及中国的情况。曾德昭神父确实在他著作的前一部分全部用来谈论中国。柏应理神父在他的编年纪中，卫匡国神父在他的《中国史》前十卷和《鞑靼战纪》中，几乎已完整地公布了中国历史的世系。同时，他在其地图集中所作的地理概述完整而翔实，对于我们来说很难再指望什么。最后，《中国年度报告》及我提到的其他文件，记载了他们的传教过程，告诉了我们一些著名的和奇特的事件。尽管这些作者每一个都值得信赖和重视，然而可以肯定的是，我们仍缺乏许多重要细节。或者因为这个题目太大，难以穷尽，或者因为他们拟有其他计划而分散了注意力。不管怎样，明显的是，安文思神父有意补充他在别的书中发现的不足之处，给予了我们全面认识中国所需的东西。凡阅读本书的人，将会看到其中所包含的内容，要么为其他作者所遗漏，要么仅为他们所稍微触及。因为这些都是很有趣的事，所以我毫不怀疑这个译本将使严肃的知识界感到满意。

总之，我认为，把它介绍给读者，有很大益处。这部书具有重大意义，可满足那些想了解那个遥远国度的人的好奇心，因为它如实地、一步又一步地描述了著名中华帝国最重要的东西。你在书中将看到明确的证据，断定契丹和蛮子是包括在这个辽阔的国家内。它详细论述了中国语言及其结构、所包含的词汇及其优点等，而且说明了汉语是容易学会的，这使我们对它的认识，与迄今所知的大不相同。它还谈到中国的书特别是古籍以及与之有关的各种题目，中国的古史和帝王，中国年代的顺序，从大洪水时期一直到近代。它告诉我们中国人在许多方面的勤勉，他们良好的政治制度及各个部门的设置，展现了一个形式不同的世界。你在其中可以看到有关他们土木工程的确切记载，特别述及几座大桥、大运河、北京城、豪华的府宅、主要的庙宇以及广大的皇城，其中包括几座其他的宫室，他们的建筑风格、宫殿的样式和设计令人称羡不已。最后，它还谈到

---

① F. Rougemont, 即鲁日满（François de Rougemont），比利时神父，其著作有《鞑靼中国新史》。
② P. Couplet, 柏应理（Philippe Couplet），比利时人，他记述中国的书有《中华帝国历史年表》等。

一种蜡,这在其他地方未曾发现,关于中国的富饶、皇帝征收的赋税、奇特的典仪以及一些其他细节,在这里重述会显得冗长而费力。

作者对他所述的事情具有充分的了解。他从1640年到1648年曾在中国最重要的地区旅行,在此期间他被送往北京,在京城生活了二十九年,就是说直到他1677年去世,除有一次奉皇帝之命去过澳门之外,未曾离开过那里。由于作者在京城长久居住,通晓那里的语言和典籍,与当朝要人交往,享有进入皇宫的自由以及熟悉他所采用的材料和事实,无疑会使我们确信作者对他所讲述之事具有完备的知识。尽管他所描写的皇宫与我们在《荷兰使节出使中国记》中所看到的不同,但我们仍有充足的理由相信本书作者的证据先于那部"出使记"。

安文思神父的真挚和诚实,还可从这一点上看出,当他发现卫匡国神父的错误时,毫不迟疑地予以改正,尽管他曾在别的地方用证据去肯定全欧洲对那位神父作品的重视。同时,也适当地谈到有的作者在他们的著述中夸大了许多其他事情。

以上已说明本书的价值和优点,现在再告诉读者,这部书稿是怎样辗转至我的手中的。大约三年前,柏应理神父以中国传教团总监的身份来到罗马,有几次机会晋见德斯特列红衣主教,我有幸到场,主教阁下向他询问有关中国的一些有趣的事,特别是关于皇都北京,以及这个大国的政府和制度。神父就他所知,回答了主教阁下想知道的问题,但因他仅仅到过北京一次,而且那是他在最近一次受迫害时被作为囚犯押往那里的,所以,他以一贯的诚实回答主教说,他对主教阁下提出的一些个别问题,并没有很好的答案,但他从中国带来一部安文思神父用葡文撰写的稿子,可以完全满足他想了解有关中国情况的欲望,并且当场把稿子呈献给主教阁下。主教以极大的兴趣阅读之后,把它交给了我,要我替他译出。

然而,我发现这项工作比我想象的更困难。因为,尽管安文思神父将书稿誊写清楚才将它送出,但因一次不幸的意外,有一半已誊清的书稿被焚毁了。所以我不得不参考有幸保存下来的凌乱的原稿,它大部分写在零散的纸张上,需要很多时间才能把纸张排列成序,并找出上下的联系。

作者给他的书题名为《中国的十二特点》,但我认为这个题目过于拘泥,不能涵盖其内容,因为它不只限于记述中国的十二个特点,还包含更多的方面,读完全书将会看到这点。此外,他所作的分章与内容并不相称,有的章节只占一两页,而有一些章节则有三四十页,所以,我认为不如将全书分为二十一章，加以符合于内容的标题。另外，我完全没有改变作者的叙述方式和意思，也没有改动字句，仅仅使之符合我们语言的风格和特征，而没有严格拘泥于他的词句。如我所说，你可以相信这部书还没有译成其他语言出版，因此，完全可以称之为"新"。

在阅读时我还看到，有几件事阐述得不够清楚。为了使那些对中国缺乏充分认识的人容易理解，也因为许多人对北京和皇宫的叙述可能感到模糊，所以我尽力弥补。对于前者，我在每章之后附加斜体字排印的注释，因为我不愿在页边塞满文字或者打断正文，而是保留原稿的纯洁和意义，让读者自行选择是参看注释或者不顾它们。对于后一缺点，我很认真地收集作者在书中各处散见的记载，绘制了一幅北京和皇宫的草图。著名工程师庞罗涅特[①]应我的请求在纸上制图，我对每件事作出说明，刻在图上的都有相应的文字说明。

再者，为了完全满足读者的好奇心，给本书增加声誉，我附上了本书作者安文思神父的小传。我乐于这样做，因为我认为该传记写得简短朴实。它是由西西里神父利类思[②]撰写的。自1640年到1677年，利类思是安文思神父不可分离的伴侣，即是说，他们有将近三十七年时间在一起。利类思神父死于1682年，并以他的德行和学识而闻名于世，他负责为我们的作者写传，是对此作品的倍加认可。

这里我必须顺便指出，我在拼写作者的名字时，没有保留葡语的写法，葡语把它写作Magalhães，但考虑到法国很少有人能读它，我把它改成Magaillans，这样，法语读音和葡语Magalhães的发音相差不太大。这位神父和著名的费尔丁南·德·麦哲伦（Magaillans）系同族，因语言的错讹，其被称作Magellan，他是头一个发现南美尽头的麦哲伦海峡的人。我还使用"曼达林"这个词，葡萄牙人把它用来指暹罗、交趾支那、东京和中国的官员，因为它是别的著述中都用的词，也因暹罗的曼达林到来后，这个词在法国为人熟知。它来源于Mandar，意思是指挥，包括各类官员和长官。

以上的话促使我对中国字和词的读音再作出说明，其目的在于更好

[①] Peyronett.
[②] F. Lewis Buglio，利类思（Louis Buglio），意大利人。他撰写的《安文思传》有汉译本，名为《安先生行述》，现藏巴黎图书馆。见费赖之《在华耶稣会士列传及书目》"利类思"条，中华书局，1995年。

地认识如何依照中国的字、词发音。他们的词都是单音节，或者一个拼音，没有例外，所以都是连读，对于子音和母音组合的音节不加以区别。例如，中国一条大河的名字Kiam，必须同时读，不把它当作两个音节Ki-am。同样，Liven、Hiuen两个词，不分成两个音节Li-ven，或三个音节Li-v-en，而只作为一个音节，照一个音节去读它们，所有字的读音皆是如此。中国也有由几个音节组成的词，但这些音节是分开的，属于不同的词，如山西省省会Tai Yuen及本书中提到的大盗Cham Hien Chum。我们在法语中也这样写：St. Malo、Havre de Grace，它们各自是分开的词，不是一个词，又如Villeneuf、Montroyal。不管怎样，有如下区别：St. Malo由两个词三个音节组成，Havre de Grace有三个词五个音节，而中国名字没有比词更多的音节；这样，Tai Yuen由两个词两个音节组成，而Cham Hien Chum由三个词三个音节组成。

至于他们的字，尽管有多少字就有多少中国词，但仍然可以按照我们欧洲字的方式去表达，在讲话中加上重音予以区别，这在本书中已作说明，这一点明确后，你将看到中国字的读音规则如下：

A，在他们的语言中读音与我们的A相当，如在Nan Kim这个词中。

B，他们没有相当于B的音，但他们用P来代替，所以他们说Hampalu而不说Cambalu。

C，在A、O、U之前，必定读如我们的Ca、Co、Cu；但在E和I前，必读Tze、Tzi，而非Ce、Ci。

D，在中国语言中不发音，只有近似于它的T。

E和F，与法语的读音相同。

G，在A、O、U前，必定读Nga、Ngo、Ngu，如像G前有N。但在E和I之前，如我们读Ge、Gi。

H，必定发强喉气音，如Welch Li。

I、K和L，与我们的读音相同。

M，在词尾必定发张口柔和音，闭唇时不作停顿，其他则如我们的读音。

N，在词尾发硬音，着重读它，如拉丁词Lumen，其他如我们的读音。

P，如法语的读音。

Q，与上同，除非后随u，这时如拉丁词Quam的读法。

R，中国人从不发这个音。

S，和我们的读音一样。

T，如我们在Totality和Totus中的读法。

V，子音（字义不明）与我们的读音相同。

U，如拉丁的u，即法语的Ou，例外的是在Chu、Triu、Xiu、Yu、Tiu、Niu、Siu等这些词中。

X，如在葡语中即法语Ch的读音，例如Xan Si、Xen Si，犹如写作Chansi或Chensi。

我对这些读音的说明，系采自柏应理神父，一个阐述中国的欧洲人，我们的作者，以及得自聂仲迁神父著作的序言。

第一章　中国人和外国人给中国取的名字及契丹和蛮子国

这个国家有一个惯例，每当新家族登上帝国宝座，就给他的国家取一个新的名字。因此在前朝的统治下，中国叫作大明朝，意为光明之国。但现今的统治者鞑靼人称它为大清朝，即至为清纯的国家。这是中国人最普通的称呼。然而考虑到过去的王朝，或因历史悠久，或因有王公贤人的德行，或因其他特点而非常出名，他们迄今在使用的名册中仍保留和使用，诸如夏朝、商朝、周朝、汉朝等。我们由此得知，尽管这些名称都表示中国，不如说它们指的是几个皇室的朝代，而非表示中国本身。

在他们的典籍和上呈皇帝的奏章中，他们通常使用"上国"（Xam Que）这个名字，即高尚优异的国家。文人在他们的著述和书籍中选择"中国"（Chum Que[①]）一词，表示中央，即中心的花朵。因此最常用来称呼中国的名字确实是"中国"，即中央的王国；用此名称呼它，或因他们认为中国位于世界的中央，或因中国的第一位国王在当时所在的河南（Ho Nan）省，帝国的中央，建立他的王位，或者最后因为它比四周的蛮夷和穷邦更重要。同样夸张的名字，"天下"，即包括天底下一切的王国，也经常使用。所以当他们说"天下太平"，天底下一切平安，也等于说中国太平。中国还有其他的名字，我不再多说，因为它们较少使用。

外国人称中国为Hara Kitai、Catai、Cataio、Mangi、Nica Corum、Chin、China及Kina。位于西面的鞑靼人[②]把中国人叫作Hara Kitai，即黑色蛮人，这也是他们称中国本身的名字。欧洲人不说Hara，而说Cara，因为考虑到鞑靼人用极强的气音读Ha，外人认为他们读作Cara而非Hara。[③]因这个缘故，马可·波罗及其他作者把1260年和1275年间征服西鞑靼地及全中国的皇帝名字叫

---

① 应为Chum Hoa，英文版错排。
② 西鞑靼人为蒙古人，东鞑靼人为满族人，欧洲人习惯用鞑靼一名称中国北方的少数民族，Tartar一名来自曾在蒙古草原上雄霸一时的塔塔儿部。
③ Cara Kitai即黑契丹，指西辽。西辽曾在中亚建立强大的王国，所以契丹一名也传至西方。

作Can，而不是叫他为Han①，在西鞑靼人的语言中也就是国王。迄今西鞑靼人仍使用同一名称，他们曾是中国的统治者，而从前他们野蛮到没有任何国王，也没有表示国王的名词，我们将在适当的地方对此加以叙述。

我听某些住在这宫廷中的人说，莫斯科人（Muscovites）模仿鞑靼人，把中国叫作Kitai②，撒马尔罕（Chahamalaha）国，其居民为回教徒，并与陕西（Xen Si）省相近，土默（Tumet）即西藏（Tibet），其大部分与陕西省和山西（Xan Si）省相邻，及乌思国（Usanguè）与四川（Su Chuen）省接境，它们都误读Kita一词，把它叫作Katai；而来自印度斯坦及印度其他地区的人称它为Cataio。由此我们清楚地看到，曾在西藏居住过的安东尼·德·安德拉吉（Anthony de Andrade）神父，在他的《西藏纪事》中提及的Cataio国，指的正是中国，而大Cataio正是大中国；前面提到有关中国的任何名字，只可作如此解释。更因为在印度和亚洲极东地区之间的国家，只有临海的地方为人所知，其余的则是边远、野蛮、贫穷和未开垦的。

东鞑靼人蔑称中国为Nica Corum，即蛮国，尽管现在他们已在那里定居，并且成为它的统治者，他们仍称它为Tulimpa Corum，即中央的国家。印度诸国，如坎纳拉（Canara）、孟加拉（Bengala）及其他国家，称它为Chin，这是在四川时有两个人告诉我的，其中一人曾在果阿（Goa）居住过，并且学习过一些葡语词句；同时，我在北京（Pekim）从该国的几个商人处也得知了这一点。Chin这个名字，看来是印度人对中国的称呼，可能来源于晋（Chin）朝；然而我认为更应该相信它来自公元前246年的秦（Cin）朝，该朝的国王统治全中国，并且统治范围远及距孟加拉不远的云南（Yûn Nân）省，因中国人读音重，从齿间呼出Cin这个词，印度人不能模仿他们，把它读成Chin，而葡萄牙人从印度人处得知这个词，因在他们的语言中没有以n结尾的词，就在末尾加上一个a。意大利人像葡萄牙人一样写作China，但把它读成Kina，所以他们都必须把它写作Cina，使它的读音如德国人所写的Schina。

如上所说，我们清楚地看到，Cataio、Hara、Kitai和China是同一回事，并非如克鲁维林（Cluverius）所说它们是不同的国家。他在《地理学入

---

① Can(Han)，汉语的"汗（罕）"，突厥王号，蒙古帝王也用以作称号，如成吉思汗、窝阔台汗等。
② Kitai，即契丹的译音，至今俄语仍称中国为Kitai。

门》第五卷第五章中，编造了几个诸如Catai、Tangut、Tainfu等国家，看来他是从马可·波罗的书中引用这些地名的。然而它们不是国名，仅是中国某些城名的错讹。这尤其可以从Tainfu一名看出来，它不过是山西省的省会太原府（Tai Yuen Fu），鞑靼人征服北京之前在那里建立过朝廷。克鲁维林对Tainfu的描写也完全符合该城及附属地区的情况，因为中国最好的葡萄产自那里。在路安①（Lû Gân）城一带有大量的铁，供应北京及其余的省特别是北方的省份，有铁钉、各种铁器皿及工具。马可·波罗谈到该省的另一地方，他叫作Pianfu，尽管中国人称它为平阳府（Pim Yam Fu）。克鲁维林还借用马可·波罗一个错讹的名字Cambalu，契丹的首都。因东鞑靼人和西鞑靼人的语音中都没有B音，我们在谈鞑靼字母时将适时指出，所以马可·波罗应是把Cam写作Han，即国王，把Balu写作Palu，其意为宫廷，最后，把Cambalu写作Hanpalu，它在鞑靼语中意为王廷②。然而他应知道有两个Hanpalu，即王廷。旧宫廷，今天仅为一不足道的地方，在北京以东约三里格，它被叫作都城（Tum Cheum）；而新宫廷即北京，马可·波罗称之为Taidu，而非Taitu，其意为大都。

有的作者提出，马可·波罗经常谈到的Mangi国和中国究竟是不是同一个国家，但可以肯定的是前者显然在中国的范围内。因为马可·波罗把中国分为两个国家——Catai和Mangi。以Catai为名的国包括所有北部省份，Mangi则包括南部省份。Mangi一名来源于蛮子（Mânt Zù），意为野蛮人。因为南方的中国人为嘲笑北方人，把他们叫作北狄（Pe Tai），意指北方的愚民；而另一方的人则同样对待南方的中国人，称他们为南蛮（Nân Mán），意指南方的蛮人，或仅称为蛮子（Mantzu），野蛮人。鞑靼人蔑视中国人，也称他们为蛮子。但因鞑靼人，特别是东鞑靼人，不能发好tzu这个音，他们读作gi，所以把Mantzu读作Mangi。我在与他们生活的二十三年中曾多次听他们这样读。因此毫无疑问，马可·波罗作为一名外国人，不懂语言的真意，但听见鞑靼人常称南方的中国人为Mangi，便误认为它是国家或民族的名字，而不是一种蔑称。

不管怎样，说Catai和Mangi截然不同，并非都指中国，大概没有疑问了。这里我将译一段马可·波罗书中第二卷第四章的话，从中可明显看

---

① 路安，今山西长治。
② 即汗八里，王城，Palu、Balu均为Baliq（城）的错讹。

出，我所肯定的，是确切而真实的。他在前一章中谈到一条大河，因其河宽阔，中国人称之为扬子江（Yam Cu Kiam），即海洋之子，接着他作了如下的叙述：

Caingui是这条河南岸的一座小城，那里盛产谷米，大部分运往Cambalu供应大汗的宫廷。这些粮食从水路运往Catai，经过河流湖泊及一条大而深的运河，这是大汗命令修造的，以便船只从一条河驶往另一条，从Mangi省到Cambalu，不用走海路。就位置和长度来说它是一个奇迹，使一些城市受益良多。为了便于旅客通行，大汗还命令在沿所述河流和运河两岸修筑非常坚实和宽阔的大堤。

以上是马可·波罗的话，我们将在第七章中谈及这一伟大的工程。

但马可·波罗提到的Caingui，恰当地说，非城非镇，中国人称它为子江口（Chim Kiam Keu），即河的儿子的口，因为在该地有一条分开的支流，它流经南京（Nan Kim）省后，直达浙江（Che Kiam）的省城杭州（Ham Cheu）。在这河口的两岸，有一座中国人称为码头（Mâ Teû）的堡，这是一个生意人经常往来的地方。因为船只到达这里并在夜间安全停靠。马可·波罗谈到的这个地方，因为船只云集，可以称为一个镇，尽管它没有城墙也没有建筑足以成为一座城市。

尽管在这个国家当传教士的人，现在对此已完全了解，但我仍然要把这件事说得更清楚些。为了阐明马可·波罗的其他篇章，我要从他书中提到的许多城市的名字开始。在第二卷第二十七章中他谈到Tainfu城，中国人称之为太原府，如我们前面所说，那是山西省的省会。在第二十八章中他谈到该省的另一城市，中国人叫作平阳府，属于第二等级，除南京省的苏州（Su Cheu）之外，它是全国最富有、最具实力的城市。第五十六章中他谈到Caiganzù城，即河间府（Hoai Gân Fû），它是一个商业兴旺的镇，十分富足，因为这里及其四周地区盛产盐，并从这里运往该帝国的其他地方，如马可·波罗在同一章中所说。第六十五章中他谈到Chian Gian Fu，即靖江府（Chim Kiam Fu）。在第七十章中他描写了Tapinxu城，即南京省的太平府（Tai Pin Fu）。第七十五章中他提到Fogiu城，即福建（Fo Kien）省的省会福州（Fo Cheu）。第七十六章中，他谈到Kuelin Fu，即桂林府（Kien Nim Fu）。他说这个城有许多狮子，在别处他几次重复如此说，这使我们明白他在许多事上的报道都有错误，因为中国人从来没有看见过狮子，图画上都没有。所以他们把狮子画得完全像另外一种动物，我认为马可·波罗把该国常见的大而凶猛的老虎误认为狮子。这个看法可用他的话作证。在第二卷第十四章中他说大汗用训练好的狮子去追捕野兽，而它们有白色、黑色和红色的线条即花纹，比巴比伦的狮子大。这些描写完全符合几个亚洲王公用来狩猎的老虎或豹子的形象，但根本不像对狮子的描述。他还提到另外一些城市，其名字变化甚大，以致它们远非中国的城名，不像中国的语言。不管怎样，我们清楚地看到，他所谈的契丹和蛮子的省份和城市都属于中国，因为它们一般都以音节fu结尾，中国话中其意为城。如广东省的首府是广州府（Kuam Cheu Fu），广州是本名，与其余部分分开来，而府的意思是城，有如希腊人的堡（Polu），所以君士坦丁堡（Constantinopolis）的意思是君士坦丁（Constantine）的城，还有阿德里安堡（Adrianopolis），即阿德里安（Adrian）的城。

我们获得的第二个证明，是马可·波罗在其著作的第二卷第十六章和第十七章中对北京新、旧城及皇宫所作的描述，因为他所说的都符合我们今天所看见的，也符合我们在本书中所描绘的。

第三个证明是宫廷中饮用的酒和烧火用的石煤，称之为煤（Muy）。这种煤从距该城两里格的山区运来，奇怪的是这里矿藏永不枯竭，尽管已逾四千年，不仅这个人口众多的大城市，而且该省的大部分地区都用这种煤，消耗数量之大，令人难以置信。任何家庭，不管多穷，都有一个用这种煤取暖的暖室（热炕）①，它的热度大大高于木炭。这种暖室（热炕）用砖砌成，如同床和卧榻一样。它有三四掌高，其宽窄视家庭人数而定。暖室（热炕）上铺有席垫或毡毯，人在上面躺卧、睡觉。白天则坐在席上或毯上，没有暖室（热炕）则难以忍受严寒。在暖室旁边，有一个添煤的小灶，它的火焰和热力通过管道使整个暖室温暖。暖室有一个通向外面的小口，人们用它烧饭、温酒、煮茶（Cha），因为他们总是吃热的东西。有钱人的厅堂和卧室都有暖室，但与穷人的不同，不是凸起的，而是在地下，以地板作为暖室。人们在上面吃喝、念书、行走和睡眠：或在毯上、炕上，或在椅上。贵人和曼达林的厨师，需用炉火的工匠，如铁匠、面包师、染工等，不论冬夏都使用这种煤。它的烟和热非常强烈，不少人因此

---

① 即北方的炕。

窒息，有时碰巧暖室（热炕）着火，睡在上面的人就会被烧死。因而，为了避免这种烟火的危害，就需要在暖室旁放一个大盆，盛满干净的清水。烟入水与水混合，第二天水味就和烟味一样奇臭难闻。

第四个证明是马可·波罗在第二卷第三十七章中描写的一座著名的桥，位于北京以西两里格半，文字如下："当你离开汗八里，行走十哩路后，就遇到一条河，叫作普里桑干（Puli Sangan）河，流入大海，可航行许多运载商品的船只。这条河上有一座非常美观的石桥，世上或许没有类似的。这座桥长为三百步，宽八步，十骑可以并排而行。桥有二十四拱，由二十五个石墩立在水中支撑，完全是用精美的蛇纹石建成。两边的护栏采用大理石板，桥柱排列得十分匀称。它的两端比隆起的顶端要宽，但当你走到桥上，就可发现它平坦得如同一条线似的。那里有一非常高大的碑，竖立在一个大理石龟上，靠近底部有一个大石狮子，其上还有一狮。与它相对有另一极美之碑及一狮，距前者约一步半。栏杆的支柱之间，相距一呎半，中间有大理石板，上面有各种雕饰，以防止人们掉进河里。总之，每根柱上都有一个大理石狮子，看起来十分悦目。"以上是马可·波罗的描述。看来印刷者在末尾忘记了一些话，使作者的记述含糊不清。不管怎样，我是按照原样、根据桥的结构将它译出。

这座桥是中国最美丽的桥，但不是最大的，因为还有更长的桥。作者说这条河叫作普里桑干河，这是西鞑靼人给它取的名字，他们当时统治全国，但有许多西鞑靼人在北京仍与东鞑靼人生活在一起。中国人称这条河为浑河（Hoen Ho），即浑浊的河，因为河水急湍，带来大量泥沙，使它全年浑浊。马可·波罗说这座桥有二十四拱，然而它只有十三拱，至于说船可在这条河上航行，则是不可能的。因为尽管它水位很高，由于落差很大，河道迂回且布满岩石，因而不能通航。导致马可·波罗出现这些错误的原因是，往西大约三里格远另有一条河及一座二十四拱的桥。其中五个在中央成拱形，其余是平的，铺以既长且宽的大理石板，结构精美，平坦宛如一条直线。在桥中间可以看见马可·波罗所说的石碑。这条河叫琉璃河（Cieu Li Ho），即玻璃河，因为它清澈、安静，并可通航。由此可发现作者是把这一座桥误认为另一座桥，头一座是中国最美丽的，由于它的优秀工艺和制作材料，可能也是世界上最美丽的。它全部用最好的白大理石，按照完美的建筑学规则精工修造。两侧共有一百四十个支柱，每边七十柱，柱与柱间相距一步半，中间装有大理石方板，上面雕刻着各种花朵、水果、鸟及其他动物；这是一件华丽而完美的工艺品，令人赞叹不已。在桥东进口处，有两个漂亮而高大的雕像座，覆盖以大理石板，其上是按中国人表现形象雕刻的两只大狮子，在这两只狮子的腿间、背上、两侧和胸前，雕刻着各种姿态的小狮子，有的站立，有的蹲着，有的头朝下，有的头朝上，其美丽精巧令人赞叹。向西的另一端，可以看见两个雕像基座，有两头象，均用同样的大理石制成，制作工艺之完美有如狮子。马可·波罗忘了描述这两者，除非他以后再予以补充。中国人断言这座桥已修建了两千年，至今一直没有受到丝毫损害。但在1688年圣劳伦斯（St. Laurence's）节前夜，在持续全年的特大干旱之后，天开始下雨，整整下了一天一夜，到八月十六日雨量达到顶点。八月十七日早晨约八点钟，洪水突然淹没新城及邻近的郊区和平地。人们马上关闭老城的城门，用混合的白垩、沥青堵塞洞穴和罅隙，防止水进入。但新城三分之一的房屋被冲毁，无数的穷人，特别是妇女和儿童，要么被淹死，要么被埋在废墟中。许多村落和房舍被凶猛的洪水冲走，邻近的城镇也遭受到同样水灾。所有的人逃往高处避难，或爬到树顶，惊恐万状；或缺食昏厥，落入水中，惨遭没顶。更加奇怪的是，在别的地方人们遇到由可怕的地震引起的意外灾害，看来这是上帝之意，要惩罚那些异教徒对基督教和福音布道者所施加的迫害。宫廷中的人们也从来没有如此惊慌过，所有的人都陷入绝望之中，不能推测如此特大洪水的成因。最后，因北京无船，皇帝派人驾木筏去探视情况，他们发现我们所说的那条惹祸的河，已经冲垮了闸门，冲出了一条新河道，河水越过田野和城郊，这时人心惶惶，十分恐惧，国王和贵族打算立即迁移到别处。汹涌的洪水猛烈地撞击着这座名桥的桥柱，并冲垮了两个桥拱。

第五个证明是，马可·波罗在同卷第三十二章中谈到那条鞑靼人称之为哈剌沐涟（Caramoran）的大河，中国人称之为黄河（Hoám Ho），即黄色的河，因为它带来的黏土使河水变成了土黄色。在第三十六章他提到另一条他用中国话称作的江（Ô Kiam），即大江，我们已说过中国人称它为扬子江。第三十六章中描述了他称为Kimsai[①]的城，他错误地称它为"天城"——这个名词，我们将在下面指出，意思是宫廷。他叙述了几个有关它的细节，例如该城位于一个大湖和一条大河之间，湖的周围有宏伟

---

① 马可·波罗的Kimsai也可读作"行在"，即皇帝的驻跸地，指杭州。

的宫殿、和尚（Bonzes）庙宇及其他许多真实的东西。他说城市方圆一百哩，这言过其实，他在这里表现得很像诗人而不像历史学家。总之，他对汗八里城和宫殿的描述足以表明契丹是中国的一部分。而他对Kimsai城的记载，足以证明蛮子是同一帝国的另一部分。因为他的大部分记述完全符合我们亲眼所见。然而，如果马可·波罗懂得中国语言，如他所说懂得鞑靼语一样，那么他就会更准确地记录、报道该帝国的城名和省名及其他情节。但他常把名字写错，这不足为怪。因为我们自己在初来时，就以难以想象的勤勉去学习中国文字和语言，学了几年后对一部分词句仍常常迷惑和误解，所以我们不必感到惊奇。如果一位骑士，他只考虑以他的军事计划邀大汗之宠，并且仅跟缺乏学识、不通别国语言的鞑靼人交谈，就会犯下同样的错误。由于他竟然把名字错拼到如此程度，以致我们这些十分熟悉该国情况和语言的人，也要费尽力气去领会他的许多错误的含义。通过对地理位置的严加审查，参照他记述的其他情况，我们终于明白了他的意思。

卫匡国（Martin Martini）神父以他的中国地图而知名，以他的睿智博学，仍不免犯同样错误。甚至我们这些在该帝国生活多年的人，都难以理解他所谈及的人物和地方，特别是应以m结尾的名字，他总是以ng结尾。例如，Pekim、Nankim、Chekiam、Yûmlie、Cûmchim等地名，他一直写作Peking、Nanking、Chekiang、Younglie、Cungching。其中必定产生混乱，因为那种写法绝不符合中文的读音，它相当于我们的m读音，而不是ng。这样说也没有帮助，德国人读I'm，几乎像ng的轻微开口音，因为德国人是用鼻音去读它。原来m这个字母，不管开口还是闭口发音，更相当于中文和拉丁语的读音，而不像ng的读音。尤其是，因为德语词尾I'm发开口音更像in或en，不像im或em。所以这位神父，如果他用高地德语写作，即只按德国人的读音，那么这个理由在某种程度上可以得到原谅；但既然是用拉丁语写作，而且为了全欧洲的方便，他应当遵照最准确和最通常的发音。

菲利普·克鲁维林在其著作第六卷第六章中，怀疑马可·波罗在第二卷第六十八章中提到的Kimsai城未必是鞑靼王即中国皇帝的宫廷。他还有足够的理由声称马可·波罗夸张地描写所谓的Kimsai城。为解决这些难题，必须提出，他应当把Kimsai写成Kimsu，即京师。因为Kim意为京，而Su是师：京城可以说是首善之区。当时Kimsai，即Kimsu是宋（Sum）王室的宫廷，马可·波罗的时候该王朝为西鞑靼人所推翻。百年后南京和北京成为明（Mim）王室的宫廷所在地，后来又被东鞑靼人攻破。确认这点后，我要说，卫匡国神父（为避免行文冗长，我介绍读者去读他的书）很好地解释了这些难点，纠正了马可·波罗这个年轻人的夸大说法，他大大脱离实际，增添了许多东西。然而，马可·波罗所称的Kimsai有一万两千座桥，卫神父认为是真实的，我却不愿苟同。因为不仅我们所见并非如此，中国人在他们的著述中也记载了许多细节，而不会略而不谈那样重要的事。马可·波罗还谈到，有几座大桥，船只在下面航行时不会碰着桅杆。这绝无可能，因为不能想象，桥已全被毁坏，而未留下丝毫痕迹。据我所知，有个中国作家写了一篇谈论这个宏伟帝国的文章，下面我将引用他的记述，他既未提到杭州（Ham Cheu）城，即同一Kimsai的五座大桥，也没有谈到那些桥的高度，除非他是故意隐瞒。马可·波罗对这个城市的其他描述倒是真实的，只是按他的习惯略有偏差和夸大。为了澄清有关这个Kimsai城的疑问，特别因为卫匡国神父在其地图集第109页记述杭州时，和他在记述东、西鞑靼人时有所不同，因此我在这里摘录一段中国史书中的话。

一支王族要想列入这个帝国的皇室家族内，就必须要征服全国或者大部分地区。因为如果它仅征服两三个省，该王族只能被叫作旁朝（Pam Chao），即旁系国家，它也不能被认为是皇族的直系，我们现在所谈的就属于这种情况。

公元1200年，东鞑靼的一个首领已征服这个帝国达数年之久，统治北京、山西和山东省，黄河将这些省和另十二个省分开。因此他自立为国王，称他的王朝为大辽（Tai Leao）。几年后，另一个东鞑靼的首领推翻了大辽，建立了新政权，称大金国（Tai Kin Que），即金国，一直延续到1260年。当时另外十二省在宋朝皇帝的统治之下。此皇帝的几个大臣劝他向不久前征服西鞑靼的大汗（Grand Han）献上丰厚礼物，求他帮助把鞑靼人从他们僭占的三省驱走。①但他的另一些谋臣向他提出，挑动那支可怕的西鞑靼族去进攻与宋已保持若干年友好关系的东鞑靼人，将产生严重后果；引狮驱虎，并非良策。然而第一种意见终被采纳。于是大汗及他的鞑靼人受到招请，他们征服了许多民族，不久就推翻大金朝，占领了那三个省。但他们结束这次征服后不久，就背信弃义地把兵锋转向中国皇帝，

---

① 这里记的是金灭辽、元灭宋的事。

后者当时以河南省黄河边上的一个城市为都城统治他的王朝。这位王公出于对他的蛮人邻居的惊恐，连忙逃往浙江省的杭州城，在那里建立他的朝廷。大汗很快得到有关消息，立即渡过黄河，几乎没有遇到抵抗就征服了河南、南京和浙江省，最后征服了杭州城，即马可·波罗所称的Kimsai。中国皇帝因此逃往福建省，从那里进入广东，登上船只打算逃往外国避难，他的船只在海南岛港湾失事，他悲惨地死去，所以中国的其余地方都自动地服从大汗。

这就是我从中国史书中所摘录的，由此可见，杭州和Kimsai明显是同一个城市，而Tai Kim这个词并非指一座山，而可以推测其意为金国。这是从前东鞑靼人取的王朝名。

注释和说明：

本书第46页："我们将在适当的地方对此加以叙述"。

作者在序言中已谈到，未能完成他的著作，按照他的许诺阐述东鞑靼人的起源。然而几位作者对此作了一些记述，如卫匡国神父的《鞑靼战纪》及《中国地图集》序言；《荷兰使节出使中国记》；汤若望神父1665年在维也纳付印的信札；还有柏应理神父本年付印的《中国年纪》。据这些作者特别是后两位所述，看来自从东鞑靼人统治中国后，就没有国王，而那些王公的起源也不清楚，即使在现今，它还完全掺杂了神话传说。

汤若望神父说，当今皇上之父顺治（Xun Chi）帝的大伯曾几次告诉他说，自从恩库伦（Augela）、正库伦（Chaugula）和佛库伦（Faecula）这三位女神自天而降，在鞑靼的一条河①里沐浴以来，共有大约十代。佛库伦在她留在岸边的衣裳底下发现一种叫作阿尔卡肯吉（Alkakengi）的龙葵，即一种草本植物结的红果，佛库伦把它吞食后怀了孕。她的两个同伴返回天上，她则留在地上直到生下一个男孩。她哺育了这个孩子，后来她把这个孩子留在一个岛上，告诉他说她将回到天上，但有一个渔夫会来抚养他。这确实发生了。后来这个孩子成为一名勇士，他的儿孙统治着当地。不过在第五代的时候，百姓反叛了这个家族，该家族被打败，几

---

① 即长白山天池。

乎被杀光，只有一个王子得以逃脱。这位王子遭到严酷的追捕，正当精疲力竭、濒临崩溃之时，一只喜鹊飞来栖在他的头上，蒙蔽了敌人，他们以为那是一根树桩而不是一个人。由此可以看出，如汤若望神父所述，这个故事纯属神话。它表明，中国皇帝的家世极为暧昧，没有什么灿烂光辉的故事。后来发生的事却是明确无疑的。那位开国的人物，生活在这个世纪之初，为对中国曼达林谋害其父及施与他民族的其他暴行进行报复，对中国发动血腥的战争，并由此变得十分知名。汤若望神父说，他是满洲（Moncheu）山谷的主子，卫匡国神父却认为满洲是一个大城。万历（Van Liè）帝命他管治那片山谷及邻近地区，条件是他应防御东鞑靼人的入侵，后者分为五支小部落。他的年号叫作天命（Tiel Mini），他死于1628年。他的儿子，一个更聪慧沉着的人，继续战争，直到1634年死去。天命的儿子崇德（Cumtè）在一定程度上完成了对中华帝国的征服，但他死于1644年满人占领全国之前。他的儿子顺治六岁在北京即帝位，死于1662年，以其子康熙（Camtri）为继承人，即当今的皇帝。汤若望神父的《鞑靼诸王表》为柏应理神父的纪年和鲁日满（Rougemont）神父的《中国鞑靼史》（*Historia Tartaro Sinica*）所证实。《荷兰使节出使中国记》让我们知道，安文思神父有理由说鞑靼人既无国王又无表示国王的词，因为在那个时代，他们的诸王来源于一个小游牧民族的首领，也就是游牧鞑靼人的头目。

　　南怀仁神父的信札使我们进一步看到，包括全亚洲北部的鞑靼地被中国人分为东、西两部，两者的居民大多是放牧羊群等牲畜的游牧民，住在帐篷里。但西鞑靼比东鞑靼要强大得多，因为他们占据了北京省边境和蒙古、波斯及莫斯科诸地之间的土地；他们在圣路易士（Saint Lewis）统治时完全占领了这片土地。东鞑靼地从辽东（Leaotûm）直达日本（Japon），包括朝鲜（Corea）以北的女真（Niuchè）省、女真以北的奴尔干（Niulhan）省、女真以东的玉披（Yupi）、日本东北和玉披以东的耶索（Yeco）①等地。但这些地方贫穷荒凉，人口稀少，一共有两三个小城，其余则是不毛之地，密布森林和山峦。然而当这些鞑靼人联合起来时却变得非常可畏，因为他们在严寒下劳作锻炼，而且几乎一直骑马，从事狩猎

---

① Niulhan、Yupi、Yeco，对音不明，现仅译其音，其中称Yupi、Yeco在女真东和日本东北，前者或在朝鲜境内，后者在西伯利亚。

或忙于征战。他们以在公元前两百多年侵入中原而知名。在公元12世纪他们占领了辽东、北京、陕西、山西和山东省。但统治中国的鞑靼王公的祖先远未主宰东鞑靼地，他们并不是女真省的统治者，如前所述，那里有七八个君主。汤若望神父说，当现今在位皇帝的曾祖天聪①（Tiencum）进入中原时，部下不超过八千人；后来由于其他东鞑靼人的加入，人数很快增加；还有无数西鞑靼人，为他胜利的声名及大量俘获物的传闻所吸引而去援助他。

本书第46页："撒马尔罕（Chahamalaha）国，其居民为回教徒，并与陕西（Xen Si）省相近"。

这个Chahamalaha之名，我确实相信，未出现在任何地图或其他记载上，但我认为我们的作者提到的正是卫匡国神父称为Samahania的国家；而且他说的地方，我把它当作乌兹别克（Usbegs）的土地，也就是河中之地（Mavralnara），其首府是撒马尔罕（Samarcand），因为我们知道在陕西以西除它外没有其他回教王国。那里有几座大城、宫殿及漂亮的房屋，还有黄金储存和银盘及其他，据卫神父报道的中国人认为在Samahania即Samahan国所有的东西。我们也不必惊奇于中国人称这个国家与陕西接境，因为他们从未向西旅行过，没有其他有关位于西部国家的认识，他们仅从那些每两三年一次以使节的名义前来中国贸易的商旅队伍那里得到消息。商人以此为借口前来中国，否则会遭到拒绝。他们集中在喀什噶尔（Cascar）国，如你可以在鄂本笃（Benediet Goez）的行纪中看到的那样，金尼阁神父把这篇行纪收录在他的撰述中。但从前特别在帖木尔兰（Tamerlan）时代，他把撒马尔罕作为世界上最主要的城市之一，商人们大多来自该城。所以很可能那些商人要表现声望，称他们自己都是撒马尔罕国人，而中国人缺少R字母，容易把C和H弄混，写作Samahand，而非Samarcand。基于同样的理由，中国人听说抵达陕西省最后一座城市肃州（Sucheu）的商人，自称是Samahan即Samarcand的土著，就误认为Samahan和陕西省接境。

本书第46页："乌思国（Usanguè）"。

---

① 即皇太极，与上文中提到的崇德为同一人。

这必定是卫神父叫作乌思藏（Usucang）的那个国家，在中国人叫作西番（Sifan）的国土内，位于四川（Suchuen）省之西。安德拉吉神父的报道中也称它为Ussanguè，并且说它在西藏之东，距中原地区有二十天的行程。

本书第46页："安东尼·德·安德拉吉（Anthony de Andrade）神父"，等等。

安东尼神父两次到西藏旅行。他的第二次旅行是在1624年，与贡撒罗·德·舒沙（Goncalo de Sousa）神父同行，其行纪在1628年刊发于里斯本，其中清楚地谈及中国。我们在那里看到，它距乌思国（Ussanguè）不超过二十天的行程；而乌思国距西藏王宫廷所在的加帕朗格（Caparange）不超过四十天的行程，神父们从阿格拉（Agra）动身，不到两个半月抵达那里，途经锡利纳加（Sirinagar）。至于契丹（Catai），因西藏百姓很愚昧，他们很含糊地向安德拉吉神父谈到它；他们向他声称契丹是一个大城。由此我们可以看到，这个报道、卫神父的地图集和《鞑靼战纪》都告诉我们四川省和西藏相邻，西藏则位于大莫卧儿（Mogul）国之东，并不如我们的大多数地图所示的那样，把它置于其北。尤其是，因鄂本笃神父在他的行纪中说他一直向大莫卧儿国北部行走，从乌兹别克国不断东行，直到中国。

本书第47页："我们在谈鞑靼字母时将适时指出"。

安神父未能完成他的著作，没有谈及这种鞑靼字母。但这将见于南怀仁神父即将在巴黎付印的一部文法书中。

本书第47页："Mangi一名来源于蛮子……意为野蛮人"。

龙华民（Nicholas Longobardo）神父1598年从中国写的一封信于1601年以拉丁语刊于马耶斯（Mayence），我们可以从中看出，中国人把广东省人叫作Mangi，也就是说蛮人。Manginos即蛮族，这证明了安神父的说法。

本书第49页："石煤"及"暖室"。

几乎所有谈中国的作者，都一致说北方诸省的寒冷大大超过应有的程度，以为其温度是在零下四十度或零下四十二度以下。他们还谈到普遍使用的炕，在北方诸省构造相类似。见金尼阁神父的著作第四卷第三章，曾德昭神父的著作第一部第三章，及卫匡国神父地图集中对山西、北京省的记述。卫神父说他们采煤的两座山离平谷（Pim Ko）城不远，叫作岐（Kie）和岁武（Siu Vu）[①]。

本书第50页："导致马可·波罗出现这些错误的原因是，往西大约三里格远……"；等等。

卫神父在记北京省时用下面的话来证实这一推测。"卢沟（Lu Keu）河，也叫作桑干（Sangean）河，流经皇城西南。你经过一座漂亮的桥，人们可以在上面数若干石拱，显然他谈到的建在这条流经北京以西的河上面的桥，就是马可·波罗所记述的桥。"因此卫神父称它为Sangean，和马可·波罗叫它Sangcan即Buli Sangan没有多大区别。聂仲迁神父在他的《中国史》第三卷第八章中谈到一座东面的桥，如下：在北京，有一座构造美妙的桥，长度超过三百步，它的两个桥拱破裂。安神父曾述及1668年8月9日两个桥拱坠毁的原因。聂仲迁神父补充说，桥的其余部分于同年8月26日坍塌。他还说它叫作卢沟桥（Lo Co Kaio），修建已有千年，距北京不超过六里格远。鲁日满和殷铎泽神父在他们的记述中肯定桥的余下部分于1668年8月26日毁坏，距它始建已有三千年。另外鲁日满神父还告诉我们，这座桥有三百六十步长。

本书第51~52页。

安神父的这些理由是很充分的，因为他的意见与那些在他之前和之后的作家记录中国的实际相符合，例如德国神父汤若望、法国神父聂仲迁、意大利[②]神父曾德昭、弗来明（Flemming）神父鲁日满等。而卫匡国神父的说法，只与出使记的作者的描述相同，后者要么抄录，要么引用卫神父记中国的话——除记使臣从广东到北京的行动及他们的协议外。所以不足为怪的是，在拼写上一个模仿另一个。聂仲迁神父也在他著述的序言中不同意卫神父的说法，说中国字应按我们作者告诉我们的那样读音。

---

① Pim Ko、Kie、Siu Vu，对音不明，仅译其音。
② 应为葡萄牙。

本书第52页。

我们还有种种理由证明契丹正是中国。马可·波罗谈到的丝绸、果实、植物和动物都只出自中国，而在鞑靼的任何地方都没有。这一点在这百年来常被议论到，除我们的作者提到外，谈这个题目的作者都用许多不同的理由去论证它，因此再去讨论它是没有必要的。此外现在没有人能对此说法提出有根据的质疑，除非他甘于盲目无知。我将仅指出过去人们迷惑的原因，大致如下：当西鞑靼人占领中国时，有两个皇帝，一个是宋朝的中国王室皇帝，他占据南方十二省；另一个是大金朝的东鞑靼王，他占据北方三省、辽东地区及东鞑靼地。这两个皇帝一个接一个被打败，他们的国家在1225年到1280年之间被征服。明白这点后，我们就很容易理解，为什么东方的作者及那些听说这些征服的人，容易相信真正的中国皇帝是全中国的统治者，如我们今天所知道的；而另一个大金朝的皇帝，他的国家更偏北，位于长城以北的鞑靼地。因此我们古代的地理学家把汗八里及其他许多城镇和地方置于该地。

第二章　中国的广度和分界：城市和有墙垣的村镇数目及其他中国作者提到的特点

自从中国副教区长、后来日本和中国的视察员傅泛际（Francis Fierrado）[①]神父命令我写一部《中华帝国史》以来，至今已有十八个年头；福音的宣讲自开始到现在已有九十三年。但传教的事务及我们遭受的迫害，使我不能继续这项工作。弗来明的金尼阁神父、葡萄牙的曾德昭神父和在特伦托（Trent）出生的卫匡国神父、何大化（Antony Govea）神父及郭纳爵（Ignatius de Costa）神父，他们的年度报告已相当广泛地述及这个题目。但这个帝国的美丽、宏大和古老是如此丰富的题材，尽管对此已有大量的描写，但仍然留下很多要说的话。因此我认为，这是我的责任，我要把采集到的主要情况在这里记录下来。

中国几乎在亚洲的极东。它从北到南有二十三度，从位于北纬四十一度、北京省边境的开平（Cai Pim）堡起，直到广东省南北纬十八度的海南（Hai Nan）岛的子午点；所以，根据中国书籍的记载，中国从北到南是五千七百五十里[Li，即飞朗（Furlongs[②]）]。它可换算为：

$402\frac{1}{2}$ 西班牙或葡萄牙里格　　$17\frac{1}{2}$合一度

575 法国里格　　25合一度

345 德国哩　　15合一度

1380 意大利哩　　60合一度

5750 里即中国飞朗　　250合一度

从宁波（Nîm Pô），浙江省的一个海港城市（葡萄牙人曾去那里做生意，费尔丁南·门德斯称之为Leani Po），到四川省的终点，从东到西作一

[①] 应作Francisco Furtado（Heutado），葡萄牙人，参看费赖之《在华耶稣会士列传》中"安文思传"注七，中华书局，1995年。

[②] Furlong，英国长度名，相当于$\frac{1}{8}$哩，这里仅把飞朗当作中国的里，下同。有关中国的长度和面积，下面列举的数字已无多大意义，仅说明当时欧洲人对中国的兴趣及当时所知的情况。

条直线，其长度为：

297西班牙或葡萄牙里格

426法国里格

255德国哩

1020意大利哩

4080中国飞朗（240合一度）

但如果你要知道从哪里起止是中国最长的长度，就必须认为，它是从辽东省最西北的一座城市开原（Cai Yven），直到云南省末端的城市镇滇军民府（Cin Tien Kiun Min Fu）①。这样认定后，那么这个国家的长度将是：

525西班牙里格

750法国里格

1800意大利哩

8400中国飞朗（四里半合一意大利哩）

中国真正的宽度，从辽东极东的地方，与朝鲜国相接的唐长（Tam Chan）算起，到陕西省西边的一个叫作通定（Tum Tim）②的地方，是：

350西班牙里格

500法国里格

300德国哩

1200意大利哩

5400中国飞朗

这个帝国有十五个省，它们以辽阔、富庶和丰产知名，足以称之为国。中国各省按照其历史的悠久程度和声望高低，排列顺序如下：北京、南京（又称作江南）、山西、山东、河南、陕西、浙江、江西、湖广、四川、福建、广东、广西、云南、贵州。辽东地区以其广阔应有省之名，但中国把它包括在山东之内。临海的省是北京、山东、南京、浙江、福建

---

① 对音不明，仅译其音。
② Tam Chan、Tum Tim，对音不明，仅译其音。

和广东。和外国临近的是北京、山西、陕西、四川、云南、广西。中央的省是河南、湖广、江西、贵州。由此可见克鲁维林太粗率地相信错误报道，把中国计算为十八个省，而且还包括交趾支那国。尽管这个国家及东京（Tum Kim）地区，先前曾隶属中国，但为期不长，而且很早以前，它们就已摆脱这种臣属关系。还有几个属于中国的岛屿，如大小琉球（Lieu Kien）、台湾（Tai Van）——葡人称之为福摩萨（Formasa），荷兰人曾在那里有一座堡垒，但几年前一个中国海盗①把它从他们手里夺走，使他们损失了大量的人、枪炮及货物。海南和香山（Hiam Xan）那里有澳门（Amagao，即Macao）城，在该岛南端及其他许多岛上，有的有人居住，有的十分荒芜。朝鲜国并非如克鲁维林所说是一个中国附近的海岛，而是大陆的一个大岬，从北向南延伸。山海（Xam Hai）关也不是如卫匡国神父在他的地图集中所说，并标在他的地图上，称之为一个岛，实际上它是一个由人工和自然形成的大堡垒，可与欧洲最好的关隘相比。它位于近海的陆地上，在北京省和辽东地区之间。

有墙垣之地，在这个帝国的整个领域上，有四千四百零二个，分为两类：民政的和军事的。民政类包括两千零四十五个有墙的城镇，这就是说，中国人叫作府（Fu）的头等城市有一百七十五座；二等的他们叫作州的城市有两百七十四个；他们叫作县（Hien）的城市有二百八十八个；还有两百零五个皇家馆舍，即接待站，叫作驿（Ye）；以及一百零三个守卫场，即第二等的皇家馆舍，他们叫作场站（Cham Chin②）。

在这个帝国的城镇中，有一些在云南、贵州、广西和四川省，我认为它们不向皇帝纳贡，也不归顺他，而是由特别独立的王公统治。这些城镇大部分有高山悬崖环绕，好像是大自然格外赐予它们的防御工事。山岭之间是几天旅程的田地和平原，从那里可以看见第一等和第二等的城市及许多乡镇村落。中国人把这些王公叫作土司（Tù Sù），即土官（Tù Quon），即是说当地的曼达林。因为他们相信，世界上除了中国皇帝外别无皇帝，所以他们自认为，没有别的王公、君主，只有皇帝封赐他们的那个头衔。曼达林的头衔也不赐给那些人，而用一种轻视外人的头衔，把他们与别的人区别开来。这些土司手下的人民，和中国人说同样的话，尽管

---

① 即郑成功。
② Cham Chin，按下面的拼写，Chin 应为站，但Cham的对音不明。

他们除此外还有特殊的语言。他们的风俗和习惯与中国人多少有所不同，但他们的相貌和体态与中国人相似。谈到他们的勇敢，你会认为他们完全是另一个民族。中国人怕他们，经过几次试验而领教了他们的英勇之后，不得不让他们按照自己的方式生活，同意与他们自由交往和贸易。我在记述著名暴君张献忠（Châm Hièm Chùm）劣迹的报道中，谈到其中一位君主的遭遇。关于这份报道，卫匡国神父从欧洲返回时致函于我，说他已把一份稿本留在罗马秘书处（Secretary's Office），另一份留在科因布拉学院（College of Conimbre），在那里让人公开阅读。这里我将重述几句话，为的是使人可以更加了解这个帝国的情况，那里的人并不重视这些君主的武力，尽管后者很强大，而且他们的领域位于中国诸省的中心。

暴君张献忠在自立为王后，宣布在他已奠定帝国基础的省份中，不允许有人拒绝臣服于他。他派遣一名将官去见其中一位王公，其公国与他的宫廷邻近，他要王公亲自前去承认张的君主地位，并向张缴纳贡赋。这位王公遣回使者答复说，无论他还是他的先人，都未曾向中国皇帝进贡。这个回答使暴君极为恼火，立即派一支军队去强迫这位王公归顺。但他的军队很快被打败。于是张献忠率领一支人数更多的队伍前往，亲自进入这个王公的领地。这位王公是个勇敢的人，倚仗熟悉的地形，向暴君开战，打败了他，迫使他撤退。这次失利使张献忠大怒，从而更激起了他的复仇之念。因此他召集第三支军队，派他的大义子孙可望（Sum Co Vam）指挥。关于此人，我在年度传教书简中时有提及。他是个有教养、有勇气、行事稳重的人，而且温和、天性善良，以至于有许多次他父亲用武力和残暴手段办不到的事，他却采用持重和怀柔的手法做到了。他确实深知如何控制这位顽固王公傲慢的思想，最后他不仅使这位王公承认他父亲为宗主，还使他提供人马和金钱去协助张征服中国。他陪同这位王公到宫廷去，由王公的四万名军士随同，他们都是精选的年轻人，穿一色服装，披戴胸甲和填塞棉絮的头罩。在到达时，这位王公在中国每个城市都有的操练场集合他的队伍。那个暴君在对面接待他，用特殊的关怀和礼仪表达他的友善和诚意，并公开邀请他第二天赴一个盛大宴会。这位王公受邀前往。但在宴席的乐声和欢乐声当中，那个毫无信义的凶残暴君叫人把一种最毒且速效的毒药放进酒杯中给王公喝，很快就将他毒死。这时张献忠命令他事先安排好的军队从四面包围，把不幸的王公的军士全部杀光，不让一人逃掉。这很容易做到，因为可怜的军士们不怀疑有阴谋，没有领袖、没有武装，在一片混乱中被消灭。这次事件我是目击者。我在这里叙述此事，是要表明这个帝国的庞大。

至于我所说的城镇数目比卫神父记载的更多，人们不要对此疑而不信，因为我把那些属于这类小王公的城镇计算在内，尽管他们的侯国不承认皇帝，却位于帝国的中央，在我所述的四省之内。我还把辽东及云南省的城镇都包括在其中，中国人尽量让它们保留自己的治理方式，不把它们列入直接管辖的名册，而是特殊对待，这就是我所说的作为某些家族的统治。

中国人出版了一种公开的旅行指南，包括从北京到帝国最远部分的水陆道路和航道。当曼达林从朝廷前往他们各个遥远的驻地和住所时，都要购买这种指南。其他旅客也需要，以便他们熟悉道路，从一地到另一地的远近以及每站的里数。这本小册子中记载了帝国的所有驿路，共划分为一千一百四十五日的旅程，每一程有一个供曼达林赴任时的住宿之处，由皇帝支付费用。但当他们卸任后，就会失去这种皇家接待的特权。这一千一百四十五个地方叫作驿（Ye）或站（Chin），即接待和住宿之地。取这个名字并非没有道理，因为它们小心翼翼地等候曼达林到来，那情形好像在防守一支敌军似的。这些地方有七百三十五处位于帝国中心，或在第一和第二等的城市、村镇及寨堡中。二百零五处叫作驿，三百零三处叫作站。两者都建在没有村镇的地方，所以也可以称作第二等的镇；因为它们有墙垣，有负责管理的曼达林，也有一些驿站比城镇大而且好。有一百零二处没有墙垣，但很大，人口众多。曼达林动身前，先派遣一名信差持一块小木板，中国人叫作牌（Pai），上面写着官员的名字和职务，底下有他的名字和印章。驿站人员一见到此牌，就立即整理和安排供官员住宿的馆舍。按照曼达林的职位高低，准备工作有简有繁，备好膳食、挑夫、马匹、椅、轿或船（如果他走水路），总之，备好一切需要的东西。这些馆舍也适当地接待各种各样的人，不管是中国人还是外国人，只是要让他们蒙受皇恩。前些年我被派往澳门时，亲身体会到它的方便。皇帝的急差在这些地方得到他所需的东西，或者为了尽快赶路，或者为了补充物品。他们在那里换乘的马匹已备好马鞍；为了使馆舍做好准备，在距那里一两里时，急差便用力敲打几下他背后带的一个叫作锣（Lò）的盆，这时驿站人员便以难以置信的速度为他备马，待他到后便立即换马前行。

中国有一千一百五十万两千八百七十二户，不包括妇女和儿童，也不包括在职曼达林、军士、学士、硕士、博士①、外派的曼达林、住在水上的人、和尚、宦官和有皇室血统的人，因为他们只计算那些耕种田地并缴纳皇租和赋税的人。所以全中国有五千九百七十八万八千三百六十四个男子。这是中国民政方面的情况。

在军事方面，中国有六百二十九个头等重要的大要塞。或在边境，作为帝国的要害，防御鞑靼人；或在各省境内对付反叛者和盗匪。中国人称之为关（Quan），如我们已谈到的山海关便是其中之一。

还有五百六十七个第二等的要塞，中国话叫作口（Guèi）。卫匡国神父在他的地图集第三十六页中记载的天井口（Tien Cim Guèi）即天井堡就是其中一个。由此可以得知其他第二等要塞。他们的第三等要塞有三百一十一个，叫作所（Sò）。第四等要塞有三百个，叫作站（Chin），它和第五等民政的站同名，意义也相同。第五等的有一百五十个，叫作堡（Paò）。第六等的有一百个，叫作铺（Pù）。最后，第七等的有三百个，叫作寨（Chái）。这一等的有好几种。有的建立在田地上，用作乡人的避难所，当鞑靼人、盗匪或叛逆者抢劫时，他们带着牲口和财物避入寨里，皇帝的军队进攻时他们也如此藏身。有的寨位于险峻山峰的绝壁上，除在岩石上开凿的梯级之外，无路可登，或者借助于绳或木制的梯攀援而上，他们可以任意抽掉它们。这些寨一般没有墙，因为不需要。另外一些位于山头，有路可通，因此在可通的一边他们用两三道墙保卫。上述的那种寨，我在四川省和陕西省见过几个。由此可见，有要塞的地方达两千三百五十七个，再加上民间建造的，共四千四百零二个。此外，围绕中国的长城内外有三千个塔即堡，叫作台（Tai），各有其名。这些塔上全年都有守卫防御，敌人一出现就报警，白天在最高的一座塔上竖一面旗，夜间点上火把。要是我们把这些塔或堡算在设防的范围之内，作为第八等，那么总共有五千三百五十七个。

大约一百五十年前，兵部一位曼达林②编纂了两卷呈献给皇帝的书，名叫《九边图说》（Kiu Pien Tu Xe），即九个边境地图实例。他用九边表示，把围绕中国部分地区的长城总共划分为四百零五葡萄牙里格，从东到西，从辽东末端的开原（Cai Yéun）城起，到位于陕西省附近的甘肃（Cân

---

① 利玛窦把中国的秀才、举人、进士比成欧洲的学士、硕士和博士，这里照原意译，下同。
② 即霍冀（1516—1575），官至兵部尚书。

So）城即甘州（Can Cheu），是二十三度十分。这还必须把这道防御工事看成是一条直线，因为如果我们把山和长城转弯抹角的距离算在内，全长肯定会超过五百葡萄牙里格。在这两卷书中他用三幅图标出所有可通行的山口，用另外一百二十九幅大地图表示大小一千二百二十七个关，他说这些地方都必须防御鞑靼人入侵。所以，如果中国人不那么大意、怯懦、贪心，而且不那样不忠于他们的君主，鞑靼人永远不能越过长城，更不能驻足于那些关隘之内。在一切紧要地方，关隘部署严密，且皆依天险而建，人工修筑的防御工事十分坚固。根据他们自己的史书，也根据我们当时所见，显然若非指挥官们由于胆怯或贪婪背叛，给鞑靼人开放一个通道，他们根本不能进入中国。鞑靼人明白这一点，因此提出把劫掠和虏获的东西分给对方一半，同时在返回鞑靼地时他们如约履行了慷慨的许诺。这笔交易在继续，指挥官们一直为这些入侵者开放通道，鞑靼人一年必定来两次。尽管皇帝严惩了几名叛徒，也未能阻止其余人和敌人之间的不忠诚交易。如果皇帝要某些官员恪尽职责，鞑靼人便增加他们的贿赂。正是由于那些不忠实的将领渴望增加财富，最后他们把世界上最富足、人口最多的国家奉送给了数量并不占优势的半开化的蛮人。

在同一本书里你可以看到守卫边境的军士人数，共九十万二千零五十四人。当鞑靼人入侵中国时，预备前往增援的辅助兵力非常多，供这些军队使用的马有九十八万九千一百六十七匹。皇帝支付给将领和士兵的费用每年为五百零三万四千七百一十四里弗尔（Livers①）。如果这些书的印刷以及书中地图的绘制，能像欧洲出版的地图一样技艺精良且准确，那将会使所有好奇者惊叹。希望有人会费心给我们生动地绘制出这个帝国的长城、要塞及其他最卓越的东西。

我们已提到有关派往守卫长城和边境抵抗鞑靼的军士的人数，由此可以判断用来驻守各省境界、城、镇及其他省内有墙地方的兵力，可以说无一处没有戍军，总共达七十六万七千九百七十人。他们在和平时期白天守护和照管曼达林、使者和其他由皇帝支付费用的人物，夜间保卫他们的船只和馆舍。皇帝供给军队以及驿站和信使使用的马，共计五十六万四千九百匹。但在发生叛乱或战争时，从各省征集的军队不计其数。

---

① Livers，应为Livres，英镑。

因时间有限、事务繁忙，我不得不从简，在这里只记述这个帝国的主要奇迹。

在十五个省中共有三百三十一座著名的桥，与我们所谈到的桥相比毫不逊色，也不次于卫匡国神父和马可·波罗在描绘中国时所形容的桥。因此我不再谈这个题目，如果我要详细描述每座重要的建筑，那就需要写好几卷书。

中国还有两千零九十九座山，有的山以其形状像某个偶像而知名（如我于1643年送回欧洲的一份从江南即南京到四川省的行纪中所提到的），有的以泉水、特殊植物、珍奇矿产，以及非常的魅力和其他异于别的山峰的特点而为人所知。

中国著名的水域，如盛产鱼类的湖、有医疗作用的奇妙的温泉及可供航行的江河，共有一千四百七十二处。

能够看到的古物有一千零九十九件，如雕像、名画及质高价昂的器皿。中国有一千一百五十九座塔、牌坊和其他华丽的人工建筑物，它们是为纪念著名帝王、英勇和有学识的名人以及贞洁和有美德的寡妇和处女而修建的。此外还有二百七十二座藏书丰富的图书馆，装饰着各式各样的美丽物品，造价昂贵。

在这里还可看到中国人在不同时期为纪念他们的祖先而修造的庙宇，有七百零九座，这些庙宇以建筑庞大和美观而著称。敬爱父母是中国人的风俗习惯，特别是在父母死后。因此，为了表明及向世人显示这一点，他们花费巨资建造庄严的祠堂，其中不设画像，而是摆设写有祖先和父母名字的牌位。管理祠堂的家长约定在每年的某几天，所有家族成员都聚集在祠堂内，在地上跪拜以示敬爱。拜完后，他们上香，然后摆上几张华丽而精致的桌子举行盛宴，盘碟里盛放有许多美味佳肴。

估计中国约有四千零八十座非常出名的偶像寺庙，由于其华丽雄伟和人们传说偶像显灵的奇迹，很多人常去参拜。在这些寺庙内及全国其他为数众多的寺庙中，居住的和尚不少于三十万。我必须承认，如此巨大的数字令人难以相信。于是，便向我的一个朋友、礼部的曼达林打听这是否属实。因为和尚受礼部管辖，由礼部颁发证书，他们叫作度牒（Tuite）。这位曼达林认真考察了一番，告诉我说，仅在北京城内就有六千六百六十八名单身和尚（Ho Xám）及五千零二十二名已婚和尚，与前者一样他们也有通行证和证书。他说，由此你可以判断分散在全国的数字。此外你将进一步看到，中国史书上所说的三十五万的数字，只包括有证书（度牒）的和尚。但由于在六七个和尚中，一般有执照的不超过一两名，如果全都计算在内，肯定超过百万。

这里还有以建筑宏伟而闻名的六百八十五座陵墓。因为在中国严禁所有人将死者葬在城内的任意地方，违者处以重罚。当他们把尸体放进棺材后，便用沥青把孔隙和接头处全都封严，防止死尸散发异味，停放在去世时的房间内几个月，通常是两年至三年，在此期间，长官无权限令他们下葬。这也是合法的：当一个人死在离他家乡远的地方，要把他的尸体从这座城市或这个省运送回家乡去。富人和曼达林通常这样做。不过他们运送的尸体不得从城内通过，而要在城墙周围绕行出城。这些棺材通常用贵重的木材制成，价值二百克朗，有时超过一千克朗。死者的子女对葬礼非常讲究，要花好几天时间运送棺材，有时要用几个月的旅程，花费巨资，把尸体安葬在他们祖先的墓地中。他们祖先的陵墓的确是非常宏伟的建筑物，值得一观，观之令人赞叹。陵墓是一个极漂亮的大屋，顶呈拱形，建在山上或平地上，他们把棺材放进去，盖上大量的土，堆成一个小丘，再按巧妙的顺序和对称的原理种植几种树木。在小丘前他们竖立一个白色磨光大理石材质的大坛，上置大理石、钢或锡质的大烛台，两侧是用同样材料制作的小烛台。人站在两旁，有几个纵列。你将看到排列整齐的许多曼达林、绅士、童仆、宦官和狮、马、套鞍的骆驼、龟及其他动物的塑像。他们的恣态、动作显得十分生动，你会把他们看成是活的。中国人善于用无生命的雕刻表述生动的思想感情，如快乐、恐惧、愤怒、悲哀等。

大约有三千零三十六名凭借高尚的节操或对国家有过杰出的贡献而著称的人物，还有两百零八名贞女和节妇，她们以贞节、勇气和德行被认为值得永久纪念，并在文章和诗歌中受到颂扬，中国人用尊称、铭文、庙宇和牌坊以示崇敬。

最后，中国有三十二位王公的宫室，它们比皇帝的要小许多，但形式相像，厅、室、花园及其他部分的安排和设计是按照皇帝居住的宫廷的模式。

注释和说明：

本书第60页。

在葡文原文中，在这部分的旁边，作者在页边写下如下的话："一里

（Ly），包括一百六十步；一步，六腕尺；一腕尺，页边的长度。"一里是中国的一飞朗，一腕尺是中国的一尺。我还实地量了一下原葡文本页边的长度，据作者说，相当于一中国腕尺，并且发现它相当于八分之七巴黎呎。这就是说，巴黎的一呎是中国的一腕尺的七分之一多。然而我们必须知道这些度量的比例，应明了在地理中所有路线的度量要折合为地球大圆的一度。

为了确定这些度数中一度的长，各个时代的所有优秀民族都尽了最大的努力，但成效甚微，而且很不确定，你很难看到两个地理学家在这点上是一致的，这可从他们的著作中看到，特别是耶稣会士利西奥里（Riccioli）神父的新《地理学》中搜集了那些不同意见。

要深究他们的错误原因，或者精确地探讨一度之长的巨大困难，都是无意义的。因此只需指出，由最有学识的人及欧洲最聪慧的天文学家和几何学家组成的巴黎皇家科学协会，最后极慎重、认真和确切地彻底地解决了这一难题，以致我们不能相信未来的世纪对他们的发现还能增添什么东西。现在根据几个国家的度量标准，表示出地球大圆的比例即长度如下：

地球大圆的长度：

巴黎的呎（Fathoms）	57060
意大利波伦亚的步（Paces）	58481
莱茵的珀切（Perches），12呎合一珀切	29556
2000呎的巴黎里格	$28\frac{1}{4}$
约2282呎的法国中等里格	25
海里格，即一个时辰所行的长度	20
英里，每英里合5000呎	$73\frac{1}{200}$
3000呎的佛罗伦萨哩	$63\frac{1}{10}$

地球的圆周：

巴黎的呎	20541600
每度合25的里格	9000
海里格	7200

地球的直径：

巴黎的呎	6538594
每度合25的里格	$2864\frac{56}{71}$
海里格	$2291\frac{59}{71}$
一度之长	57660呎
一分之长	951呎
一秒之长	61呎

假定1440派里斯（Paris）的巴黎呎：

莱茵即莱顿的呎	1390
伦敦的呎	1350
波伦亚的呎	1686
佛罗伦萨的呎	2580
一度之值	57060呎
一分之值	951呎
一秒之值	16呎

　　从这些度量可以明显看出，要说一度包括若干法国或西班牙呎，或者多少意大利或德国哩，是无意义的，除非你同时算出这些哩和里格所含的呎和呎的数目及所说呎和呎的比例和度量。

　　明白了这一点后，迄今欧洲仍不明确路线的度量就不足为奇了，在中国更加不明确，特别是因为中国人对几何学一无所知，仅仅懂得点天文学，所以传教士很难找到时间和必不可少的便利条件去测定一度之长，以及核对中国度量和欧洲度量之间的比例。但他们仍然做过几次观察，大大改正了这个大帝国的地图，而且阐明许多情况。不过他们仍常常不得不求助于中国作者，正如安文思神父在这里所承认的，因为腕尺、飞朗的长度及与欧洲度量的比例还是未知数。利西奥里神父根据卫匡国神父的著作，认为中国的腕尺相当于古罗马的维拉潘杜（Vilapandus）呎，但我发现按安文思神父所规定的度量，它大约少十七分之一。

　　马菲（Maffei）神父、金尼阁神父及曾德昭神父称里（Li），即中国飞朗，包括三百中国的步，每步合六腕尺，而卫匡国和安文思神父认为它包括三百六十步。

金尼阁和曾德昭神父把一度定为五中国飞朗，合意大利的六十哩。卫匡国神父把一度定为四又六分之一飞朗。安文思根据他自己做的计算，四飞朗半相当于一意大利哩。

金尼阁神父认为三百中国飞朗合一度。曾德昭认为是二百五十五飞朗。但汤若望、卫匡国及安文思诸神父认为不超过二百五十飞朗；根据最后两神父的估计，它折合九万中国步，即五十五万中国腕尺即尺。但如我已谈到的，古代和近代的地理学家，在科学院发现一度之长前，都处在一团迷雾中。所以当国王派往中国的耶稣会士把该国确切的路线长度告诉我们之前，所能做的仅仅是遵循卫匡国和安文思神父的意见，符合后者所提出的，并根据科学院诸公测定的中国腕尺的长度。

我们清楚地知道，中国有两种度量：一是尺（Chè），即中国腕尺，也就是呎；另一是步（Puù），即步尺，也就是中国的呌。尺与巴黎的呎长之比是七比八。所以一度包括三十四万两千三百六十巴黎的呎，折合三十九万一千二百六十八呎，即中国的尺，又七分之四。现在根据所有记述中国的作者所述，步即中国步尺是七尺即腕尺，而步对巴黎的呌是七比八；因此五万七千零六十巴黎的呌，包含在一度内，折合六万五千二百一十一步，步尺即中国的呌，又七分之三。

汤若望、卫匡国及安文思诸神父，他们看来最可靠的是把二百六十飞朗作为一度，至于一飞朗包含多少步即步尺，则一无所知。它不像那些神父们所说包括三百六十步，因为这样一来，一度会包含九万步，即七万八千七百五十巴黎的呌，结果会大出三分之一。因而，他们必须酌减更多的步折合一飞朗。我们认为，这是由于神父们信赖中国的计算，或者安文思神父依据卫匡国的地图，或者可能出自印刷之误，容易把二误作三。最后一说更为可能，因为不用三百六十步即中国的呌折合一飞朗，而只用二百六十步折合，然后用二百五十飞朗去乘它，结果将是六万五千步即中国的步尺。这接近六万五千二百一十一步即步尺，等于五万七千六十巴黎的呌，按科学院的测定为一度，其差别不超过一飞朗。

明确以上情况后，那么地球大圆的一度就等于：

巴黎同业工会的呎	342360
几何步，每步为五巴黎呎	68462

巴黎的哷，每哷五呎	57060
尺即中国呎或腕尺，它与巴黎呎之比为七比八	391268
步，即中国步尺或哷，每六尺即呎合一步，与几何步之比是$10\frac{1}{2}$比10，与巴黎哷是7比8	$65211\frac{1}{7}$
里，即飞朗，合260步即步尺，大约相当于希腊和罗马飞朗的一倍	250
哩，60合一度，每哩$4\frac{1}{6}$飞朗，又合$1086\frac{5}{6}$步即步尺，或更准确为$1086\frac{6}{7}$	60
一小时的海里格，合$12\frac{1}{6}$飞朗，或者一海里格合$3260\frac{4}{7}$步	20

这些计算可用来校正本书及其他著作中所叙的测量，直到国王遣往中国的耶稣会士告诉我们腕尺或呎、或步哷，以及中国飞朗的确实长度，由此将容易知道一个中国大圆度之长。

本书第63页："我在记述著名暴君张献忠（Châm Hiêm Chùm）劣迹的报道中"等。

卫匡国神父将本书中有关张献忠的事迹写进他的《鞑靼战纪》中，这是他自己承认的。其中，他说我们的作者告诉我们有关中国某些省的一些独立女郡主时，提到一个女郡主①的例子，她在四川省，身穿男装代替她的幼子去救援中国皇帝。他谈到了这位女郡主在抵抗鞑靼人及平叛中建立的许多丰功伟绩。柏应理神父在他的编年史中也提到过她。

安文思在这里极为赞扬孙可望，他是暴君张献忠的义子，这也许会引起读者的好奇，想知道他最后的结局。为此我在这里摘录在鲁日满神父的史书中见到的记载，他是唯一提到孙的：

残暴的张献忠被杀，他的军队被鞑靼人打败，孙可望率一小股人马退

---

① 即秦良玉。

入云南省，英勇抗击鞑靼人达数年之久。他在战斗中屡次打败他们，以作战勇敢赢得很高的声誉，由于战绩光辉，他于1650年被自己的军队拥戴为王。但在当时，还有另一位明朝皇室的皇帝，叫作永历（Yum Liè），他是万历（Van Liè）皇帝之孙。这位年轻的皇帝在广西、贵州及广东大部分地区称王。但在1650年，鞑靼人重新征服广东省，进攻广西，迫使永历逃到云南省避难，孙可望是那里独一的君主。孙可望的友人和亲信劝他把逃亡的皇帝处死，维持自己取得的君王权力。但他断然拒绝这个不合宜的做法，反而宣布承认永历，认为因其出身就有权当皇帝。不久他拥立了这位逃亡的皇帝，他的将官和士兵也都追随着他。他的兵力十分强大，纪律严明，人们非常希望这位勇敢的将军重新解决中国的事务，把鞑靼人赶走。但是由于皇帝腐败，不顾自己的事业，完全沉湎于酒色，致使战事不顺；孙可望后悔把王位让给了他，于是仅留给永历皇帝空名及其本人和皇族所需的供养。然而这种对皇帝的苛刻做法激起几员将领的不满，其中最主要的一个叫李定国（Li Tim Qué），他曾是孙可望的密友、义弟，因为两人都是暴君张献忠的义子。于是，两员大将之间争斗加剧，他们友谊破裂，分军对阵，最后在激战中孙可望的士兵抛弃了他，倒向敌军。他只好率领仍忠于他的三百人逃走。由于他对复兴中国感到绝望，便投向了鞑靼人。鞑靼人非常赏识他的才能，给他晋爵为小王。不久后，永历由于失去这样一员大将的支持，很快被鞑靼人夺去他的帝国和生命——李定国的英勇不足以维持他们的政权。不过这位永历皇帝的长子、妻子和母亲在1648年由耶稣会士瞿西德（Andrew Kaffler）施洗礼，子名当定（Constantine）。

这是从鲁日满神父的史书中摘录的。

本书第66页："在同一本书里你可以看到守卫边境的军士人数"等。

关于中国庞大军队的数目，作者之间意见有分歧。金尼阁神父断定约一百万，卫匡国认为将近一百万。曾德昭神父在他的报道中说，骆入禄（John Rodriquez）神父是一个奇特的人物，曾在中国旅行过很多地方，据他说，他从研究中国的书籍中，发现中国各省的士兵人数有五十九万四千人，在长城抵抗鞑靼人的士兵人数是六十八万二千八百八十八人，不包括船队士兵。但我们宁可相信安文思的记载，他是距今更近的作家，他称他是从一本上呈皇帝的书中得知这个数字的。不管怎样，我们认为这些士兵不像我们欧洲的士兵，他们既无勇气又缺乏纪律，大多不过是乡村民兵。

因为曾德昭神父在谈诸省的士兵时，说他们缺乏良好的素质，而且我们不要认为他们除当兵外不干别的工作。他们一般是当地居民，被征入伍，仍从事他们的职业，有的是鞋匠，有的是裁缝，等等。金尼阁神父在他的书的第二章告诉我们，我们终于知道士兵竟如此之多，令人难以置信，几乎北方三省的一半百姓都被录入皇帝的军籍。安文思神父进一步证实了这一情况，他说皇帝每年发给防守长城的九十万二千零五十四名官兵的军饷，达五百零三万四千七百一十四里弗尔，每人每年不超过半皮斯托（Pistole）①，这点钱不能供养他们，如果他们不从事自己的职业就不能养活自己和家庭。因同一理由，我们并不认为士兵的人数之多是不可思议的。安文思神父引用中国史书的记载，把防守边境和各省内部的士兵人数算在一起，共计一百六十七万零二十四人，特别是考虑到这个帝国幅员辽阔，人口众多，士兵既缺乏士气又无纪律。因此卫匡国神父告诉我们说鞑靼人是比中国人更好的士兵，但他们两者都不能和欧洲军士相比。

---

① Pistole，西班牙曾使用过的一种金币。

第三章　中国的古代及中国人对此的高见

这个国家如此古老，它的统治方式长期保持不变，在二十二支皇族的统治下延续，在四千零二十五年的时间内，产生了两百三十六位皇帝。据中国人确定无疑的看法，从它创建以来已有很长时间。如果我们对此感到满意，那么从这个国家创建伊始，到今天的1668年，它已有四千六百二十年。然而中国人对这件事有三种意见。

第一种意见是，他们的一些书籍把他们国家的开始说成在创世之前数十万年。尽管平民百姓相信这是真的，但聪慧而有学识的人则认为这些书籍不过是无稽之谈，令人难以相信，尤其自孔夫子以来把这些书斥为伪书。

第二种意见认为伏羲（Fohi）是这个国家的创始人。他最初在当时中国最西部的陕西省境内统治，后来又在几乎位于帝国中部的河南。根据他们的文献记载，这个帝王开始统治是在基督诞生前两千九百五十二年，大约在大洪水之后两百年，这是根据七十家注释所说。有学识的人认为这好像是真的，其中许多人认为是没有疑问的。

第三种意见是，这个国家在四千零二十五年前由一个名叫尧（Yao）的君王奠基。这最后一种意见，被他们当作金科玉律，若有中国人拒不相信，就会被看作是异端，而且这样的人要受严惩。所以福音的布道者一旦用文字或口头的方式对此表示怀疑，就足以关闭我们的圣教之门，把我们都判处死刑。仅仅因为毫无根据地怀疑某人对此不相信，就会成为充军的充分理由。因为这一缘故，传教的神父们获得圣主教的许可，承认七十家的说法，教会在第五次宗教大会上批准；同样也承认后两种意见，这很有可能，以避免上述的麻烦及许多其他容易想象得到的问题。的确，必须承认，世界上没有任何一个国家能够吹嘘有那么多古老的帝王系列而且如此完善地延续下来。亚述、波斯、希腊和罗马的诸王，都有他们的期限，而中国的帝王仍在继续，像一条从源头落下的、沿河道流动的、永不止息的大河。

我们已经谈到，而且将在本书中继续谈论这种长期延续的中国的其他优点，它使中国人形成一种令人难以置信的骄傲。他们对自己的国家及属于他们的一切东西都给予可以想象的最高评价，但对于外国人，他们极端蔑视，对于外国知识学术的长处，也同样蔑视，尽管他们自己对此也一无所知。这毫不奇怪，因为骄傲总是来源于盲目和无知。在他们的地图上，他们把中国的范围画得很大，但把它四周的国家描绘得没有顺序、方位，微小而狭窄，也没有规范地理上的任何其他标记，并给予它们可笑和卑贱的名字。例如，小人国（Siaò Gîn Que），即这个国家的居民均为矮人，很小，他们必须几个人捆在一起，以免被鹰鸢叼走；女人国（Niù Gîn Que），即这个国家的居民全系女性，她们从井里或河中望见自己的影子而怀孕，并且只生女孩；穿胸国（Chuen Sin Que），即该国居民的胸口上都有一个洞，并有一根木棍穿过胸口，这样把人从一地带往另一地；有一个国家，那里的居民是人身狗脸；还有一个国家，那里的居民之臂长可触地，还有其他许多荒谬的描写。总之，他们把四邻，诸如鞑靼、日本、朝鲜半岛及周边的其他国家，都呼之曰四夷。他们说，中国之外，有七十二国，都在海中，非常小，像许多坚果壳，其居民怪模怪样，体态滑稽或者可怕，更像猿猴和野兽，不像人。近年来他们知道欧洲的一些情况，把它增加在他们的地图上，好像它是帖纳利夫（Tenariff）岛，或一个荒岛。因此，1668年广东总督在上呈皇帝的奏章中，谈到葡萄牙使臣之后，补充如下的话："我们清楚地看到，欧洲只不过是海中的两个小岛。"

他们把天空分为二十八个星座，同时把中国分成许多地区，每一地区与这些星座中的一个相对应，用星座名称去称呼它们，不留一个给其余国家。他们对自己的国家用最高尚伟大的称呼，但对外国则用最难听和轻蔑的名称。其目的是，贬低其他国家，借以抬高自己的帝国。

我和利类思神父住在四川省省会的时候，从省内各地来的几千名和尚聚集一起，挑起一场对基督教教徒的迫害，同时向省的法庭，即特别刑事法庭，叫作按察司（Gán Chan Su）控告我们，该司的首脑对和尚诉讼作出如下回答：

如果这些外国人安居不惹是生非，或者传播新的东西，中国之大无所不容（Chum que chi tá vû sò pù yûm，这就是说，这个国家是那样大，它能够包容本国和外国人，有充分的余地收容更多的人）；但如果他们传播新的教义，异于我们在本大帝国推广的圣典和经文，或者如果他们去煽惑、诱导百姓，那么将他们各打四十板，逐出本省。

龙华民神父有时向几个太监讲述神律，用充分的理由和论证，使他们内心折服，他们仅作出如下回答："中国之外还有道（Chum que chi vâi hûan yeù tao，这就是说，我们看见的这个是什么，我们听见的这个是什么；在这个帝国的境界之外，可能还有律法，或者有达到真理的道路，还有其他信仰，或其他律法）。"同时我多次观察到，当我和有知识之人谈论基督教及欧洲的科学时，他们问我，我们有无他们的书籍，我回答说没有。他们都惊异地挥动着手表示反感，称："如果你们欧洲没有我们的书籍和著作，你们能有什么学识和科学呢？"不管怎样，这些异教徒既值得怜悯又值得原谅，因为，难以想象的是，不管是大贤人和有学识的人，还是平民百姓，都抱有这个帝国所持有的偏见。的确，除了我们的天性一直使我们重视我们自己及一切属于我们的东西，这个国家的特别宏伟和优越，也大大促使中国人思想中充满愚蠢的幻觉和无比的傲慢。

注释和说明：

本书第75页。

中国的历史，因它的古老，格外显得重要；我相信，无论是葡萄牙人还是卡斯蒂尔人，他们在旅行中都未能有更重要的发现。迦勒底和埃及的编年史或许可以和中国的相比，或许还有梯尔人（Tyrians），以及约瑟夫（Josephus）提到的另一些东方民族。但是他们早已消失，如迦勒底的伯罗速斯（Berosus）及埃及的马纳通（Manathon）等的历史，我们仅有一些没有什么用处的片段。希罗多德之前，希腊人和罗马人没有给我们留下确实的东西，因此希罗多德被称为历史之父。然而他在约公元前450年才写作。如果我们追溯奥林匹亚人（Olympiads）的起源，他们大约在公元前777年才开始。但中国人的时代和编年，始于公元前2697年黄帝的统治。相信第二种意见的人，他们认为始于公元前2952年，认为伏羲是中国的第一位皇帝。我们倾向于第三种意见，以尧为中国的第一位皇帝，他们的编年史应始于公元前2357年，这就是说，比最初的奥林匹亚人早一千五百六十九年。确实，我认为没有理由不相信这一编年史，因为它是有根据的：它比希腊罗马早期的神话传说少；另外，其中记录的几次天文现象和近期我们最有学识的天文学家的计算完全一致。这是我在几份论述这个题目的文稿中看到的。我们还可以补充说，几乎所有中国这部分的历史都是由生活在同时代的作者撰写的。例如，帝尧的典故是由他的继承人舜的秘书们撰写的。舜和他的继承人禹的历史是由当时尚存的作者编写的，连同帝尧的历史，包含在中国人最古老和有价值的书中，这本书叫作《书经》（Xu Kin）。它分为六部分，其中最后四部分包含一部第二和第三皇族的历史。不要怀疑《书经》头两部的古老和真实性，因为生活在公元前550年的孔夫子常提到它，并且很勤奋地收集了若干可信的史料，记述早期帝王生活和统治的许多情节。

另一个哲人叫作老君（Lao Kiun）①，孔子的同时代人，还有另一个比他早两百年的作者，其名叫作太史鲁（Tai Su Lum），常引用这些古史。孔夫子自己也写了一部二百四十一年间的中国数次战争史，始自平王（Pim Vam）四十九年，第三皇族周朝的第十三位皇帝，这就是说，在公元前722年。自此以后每代都有许多历史著作，中国人仍然保存着，他们据此编写通史，是皇家图书馆中许多中文典籍之中的一部。

我们可以补充说，这段历史的真实性可由许多与《圣经》符合的事件来证实，在其他的历史上尚未发现。比如，他们最初的皇帝，其高龄与亚伯拉罕时代的长老相似。他们这样告诉我们，伏羲统治了一百五十年；他的继承者神农，统治了一百四十年；黄帝活了一百一十一年；继承黄帝的少昊（Xao Hao）统治了一百年；帝喾（Ti Co），一百零五年；尧，一百一十八年；尧的继承人舜，一百一十年；禹，一百年。在他们之后，皇帝们的年龄就没有什么特别的了。我们还发现伏羲开始是在中国极西部的陕西省统治，这表明他或者他的父亲来自诺亚及其儿女洪水后所在之地。他的国土仅仅是一条狭小地带，他的臣民人数不多，所以看起来他像亚伯拉罕一样，是一个强大的家族之长，不像一个国王或皇帝。他和他的臣民靠草木和野果为生，喝兽血，穿兽皮；他的继承者神农发明耕作用具及其他许多这类的东西。这些记述大多见于卫匡国的关于中国历史的著作，以及柏应理的《中华帝国年表》，此书曾附于其《中国贤哲孔子》一书之后在巴黎付印。还见于我们作者的著述，主要是第五章和第六章。

可以提出的反对意见有：这段历史不符合《圣经》的通俗译文。但

---

① 即老子。

是，上帝赐给我们圣典，并非使我们有学识，而是使我们有德行；同时还可能出现某些遗漏或日期错误。此外，我们可以回答说，大洪水后世界的延续，是一个尚未解决的问题。他们的历史符合七十家的译文，这是真实的，并为教会及世俗所接受。关于这一题目，在此不能详谈，对此感兴趣的读者可参看巴纳丁（Barnardine）的伯彻隆（Pezeron）神父新近付印的著作中有关这个题目的论述。

我们也不能说神父们全都误传这段历史，因为我们发现在他们著作的其他部分所述是真实的；当有错误的时候，他们毫无顾虑地相互纠正，这可在我们作者的著述中见到。雅可赛、奥古斯丁及方济各会士在有关传教方法上曾几次与耶稣会士争论，而在这点上却与他们看法一致，从未指责他们在年龄上的错误。最后，荷兰人曾数次遣使访问中国，因为在巴塔维亚（Batavia）有好几千中国人，从未在这点上指责耶稣会士的错误。反之，他们很推崇卫匡国的著作，如在荷兰刊印的吉克尔（Kirker）神父的《图解中国》①。

---

① 当为Kircher的 *China Illustrata*，1667年刊于阿姆斯特丹。冯承钧在《在华耶稣会士列传》中译作吉尔切尔《附图中国志》。

第四章　中国的文字和语言

　　尽管埃及人自夸他们首先使用文字和象形文，但可以肯定的却是中国人在他们之前就有了文字记录。所有其他民族都有共同的书写方式，包括大约二十四个字母，发音几乎相同，可是形状不同。但中国人使用的是五万四千四百零九个字，这些字表达他们要说的事，很优美、很生动且十分有效，以致你不会把它们看作是字，而是说话的声音，或者更是表示与他们生活有关的图画。他们文字的结构如此之巧妙，为证明这点，我将在这里转录我撰写的一篇有关中国语言的文章中的一段话。

　　中国字或是单形或是复合。单形的字由线、点和钩组成，如心（sin）、木①（mo）、吐②（tú）、主（chú）。复合字是由单字组成，如恕（xú）、柱（chú）。恕（xú）字的意思是"诚实的""诚实"，由意思为"如"的iu和意为"心脏"的sin组成，因为一个诚实的人，其容貌和言辞一如其心。柱（chú)这个字意思为柱子或柱，是由意思为树木或者木材的"木"（mò）和意为君主或主子的"主"（chú)结合而成，因为柱子犹如房屋的主子，支撑它的基柱。又因为树林有若干株树，表示这个词的林（lin），由两个木（mo)组成。当树林很稠密时，就用森（sen），三个木（mo)组成。这样，你可以判断其他许多种构成中国字的方法，它们有这样的力量和效果去解释和阐明自身的含义，以致常常发生在诉讼中改变一个字就足以使被告或原告一方丧失财产或生命的事。

　　在这里考察一下中国字是否为象形文字，将是适当的。或者它不是象形？
　　第一，我充分相信，如果我们考虑中国字的起源，它们肯定是象形文字。因为中国人说中国最早使用的古字，是形象和符号，尽管不完善，但表达出了他们所见事物的形象。例如，表示太阳的古字是"☉"，而现今

---

① 原文写作"本"，显误，兹改正。
② 写作"哎"，据注音tú，应为"吐"，但"吐"为复合形，非单形，或应作"土"。

使用的字写作"日";另如表月亮、表物体根基的字的情况也是如此。由此可见,古代的字是表示所含意义的事物形象,这部分中国字是象形文字。

第二,考虑到现代字本身,可作同样的说明。因为它们大多由单形字组成,始终保留某件事的含义。例如,所有与女人有关的字,都由表示女人的女(niù)字与其他的字组成。因而,娶(ciu)字,意为"一个人结婚"或"娶女人",由"取"(ciù)和"女"(niù)复合而得。嫁(kiâ)字,意思是"一个女人出嫁",由表示房屋或家庭的"家"(kiâ)字和表示女人的"女"(niù)字组成,它表示一个女人在她的房屋或家庭中。因为中国人认为一个已婚妇人是在她丈夫的房屋或家里,并不在她父亲的家里。由这些复合字的例子可以看出,它们是象形文字,因为它们如此优美,用巧妙的方式表示人们要说的事物的形象。

第三,象形文字的性质是,它并不是表示事情的自然形象,而仅是自然地表现它,或者用人类的约定去表现。原来的中国字,或者是自然的形象,如古代表示太阳、月亮的文字等;或者是用以表示某件事的形象,如那些用来表示没有形状的字:灵魂、美丽、德行、邪恶及人和兽的行动。

第四,我们的字母不能说是象形文字。因为每一个别的字母都不代表或表示一样东西,除非把它们连在一起。然而中国的每个字都有自己的意义,并且尽管与别的字结合,仍保留其意。例如,铃(lìm)这个字,意思是"铃",它由"金"(kin)字和"令"(lìm)字结合而成;因为没有比铃声更容易发号施令的了。由此显而易见,复合的这两个字保留了它们特殊的含义。

第五,因为中国字不仅仅是笔画和字体的符号,它还用来表示某件事物,结果它们不像我们的单字,倒像象形文字。这里我们要引起注意:这些象形字极其有助于我们运用思维去记住它们,并且十分利于认识和区别它们所表示的东西,因为每一种和每一类都有不同的字,在所表示的事情中找得到,蕴含在同一种类中。例如,所有与火有关的字,必定蕴含有火(ho),即火的复合字中。所以灾①(cai)字,意为"灾难",由"宀"(miên)字——房屋与"火"(ho)字构成,因为房屋被烧毁对人来说是莫大的灾难。煌(hoâm)字是由"皇"(hoam)字——意为大王,和"火"

---

① 作者采用"灾"的写法,而非用灾。"宀"音绵,与此处之miên读音同,"交覆深屋也",见《说文解字》。

(ho)字构成,因为世界上没有比国王更光辉灿烂的了。所以它出现在其他任何与火有关系或者类似的东西中。磴(tem)①字意为岩石山,也用以表示阶梯。属于山的字也可作出同样的说明。从我们谈到的这两种情况,可知道其他的例子。这些理由和事例不仅明显地说明了中国字是象形字,而且显示了中国人的机智聪慧。

中国的语言文字发明有着惊人的巧妙之处,考虑到它们都是单音节字,如Pa、Pe、Pi、Po、Pu、Pam、Pem、Pim、Pom、Pum、Ta、Te、Ti、To、Tu、Tam、Tem、Tim、Tum等,还有其他中国人不使用的单音节字,如Ba、Be、Bi、Bo、Bu、Ra、Re、Ri、Ro、Ru、Bom、Mom、Nom等,所以他们的词本身的数目不超过三百二十个。但如果考虑到它们读法的不同和差异,那么现在已形成一种完善的语言文字。例如,音节Po,有十一种写法,构成十一个字,表示十一种不同的东西。这确实是惊人的事:每个单音节应是一个名词、代名词、实词、形容词、副词及分词。它应当是一个动词,表示现在、命令、虚拟和不定式;单数和复数人称。也就是现在式、未完成式、完成式、不定过去式及未来式。这些变化来源于声音、音调或重音的读法,有轻有重,也有低、高或低昂音,还有明显或不明显的气音。发音中重音的不同,由音调的变化得知。例如,单纯的重音或音调有如我们发平滑和均等的声音。我们用符号c代表气音,希腊人也用它表示气音。这些可由下面Po这个音节的十一种例子看出:Pō、Pò、Pó、Pǒ、Pǒ、Pǒ、Pǒ、Pǒ、Pǒ、Pǒ、Pǒ。②当这个音节用平滑和均一的音调去读时,Pō的意思是玻璃;用低音Pò意为烹;用高音Pó表示播谷米;用低昂音Pǒ表示朴实及直率;在Pô上面的闭塞低昂音符号^,表示准备;当用强烈送气的低昂音,Pǒ意思是婆;用均一气音,Pǒ意为破,即打破;用低送气音,Pǒ意为扑;用高送气音,Pǒ意为颇,即"几乎";用开口送气音,Pǒ意思是泼;用闭塞送气低昂音,上加一点,Pǒ意为奴仆。

我为那些前来这个帝国的布道者编写的论文中,详细地解释了这十一种读音方式,从以上所述及下面将谈到的,可清楚看到这点。不管怎样,我在这里所说的足以表明这种语言的巧妙。它虽然仅有为数不多的单音节

---

① tem似为"磴"的对音。按:磴,"岩磴也",参看《辞海》。
② 安文思试图用符号表示中国字的四声。以下我们概括他的方式:Pō玻、Pò烹、Pó播、Pǒ朴、Pô备、Pǒ婆、Pǒ破、Pǒ扑、Pǒ颇、Pǒ泼、Pǒ仆。

字，却是如此丰富，如此有表达力，因为它用多种不同方式把字结合、演变和混合，而且这些是如此动人，以至于再没有比之更妙的东西了。这一点你可从下面的例子看到。木（mō）这个字，本身的意思是"树木"或者家族的姓名等，但在复合词中它却有多种其他含义。木公（mō cūm）①是神仙之名，中国人认为他们永远不死，从一棵树或一座山上飞往别处。木铎（mô to）的意思是铃舌，它用来使人听见铃声，中国人适当地用这个名字称呼师傅、博士和布道者，他们用声音、著作和身教让人们听见和受教，如《圣经》所说的"他们的声音传遍世界"，因为这个缘故，中国人把木铎这个头衔作为尊称，用来称孔夫子，因为他教授古代的自然法则，并且是该国的老师和博士。木料（mō leáo）的意思是为建筑准备的木材；木香（mō triām）是一种香；木偶（mo ngen），意为一种图像，即俑，中国人用来给死者送葬；木槿（mō kin）是一种在早晨开放、在晚间凋谢的花，中国人恰当地在他们的复合词中用它来比喻人间幸福转瞬即逝；木盆（mō puen）意思是木制的盆；木天（mō tien）②是皇家学院的学者，mo意为树，tien为天，犹言皇家学院的学者像一棵种植在天上的树；木瓜（mo qua）意思是一种榠楂，一种只生长在山西省的果树，中国人从不吃它，仅作药用；木屐（mō kie）意为木拖鞋；木栏（mo lân），木格即木栏；木楔（mo cien），木楔子；木棍（mo quai），一种杖；木讷（mo no），寡言之人；木杆（mo quem），杖，或鲁莽之人，或挑夫；木箱（mo hia），箱或柜；木膳（mo siam）③，宫厨；木鱼（mo yu），一种像鱼的木制乐器，和尚在念经或求施舍时使用；木耳（mo ûl），一种菌；木匠（mo ciám），即木工（mo cum）；木牛（mo nieu），隐喻负重的一种发明物，中国人说发明者是从前一个巧妙制造木牛的人，木牛自己行动并搬运重物；木奴（mo nu）④，一种小柑橘；木难（mo nun）⑤，一种宝石；木星（mo sim），行星；木锲（mo kiun）⑥，一种镂刻，也是一种钩。mo这个音节有若干种结合方式，为简要之故，略而不谈。这如同我们的二十四个

---

① 木公，道教的神仙，"先天真圣"。
② 指翰林院为"木天"。参看《辞海》"木天"条。
③ mo siam，对音不明，或为木膳，即御厨。
④ 木奴，橘之异名。参看《辞海》。
⑤ 木难，宝珠，见《南越志》，也作莫难。参看《辞海》。
⑥ mo kiun，或为"木锲"，锲，有雕刻之意，也解作镰，"刈钩"，即割草用之镰刀，古称刈钩。

字母可以拼成我们所有的词，中国的字也是把音节彼此组合成不同的词和句。他们极其聪明、美妙且乐意这样做，在某些方面他们和希腊人及拉丁人相同。在这篇谈论中国语言文字的论文结尾，我已提到，我曾按字母收录我们的神父们在为中国人编写的书中使用的神学和哲学词句。而且我注意到，有许多表示意义的语汇比我们的更恰当、更便利，这种语言是极其奇特和动人的。

或许可以向我提问：一词如何能够多义？懂得它们的人如何区别它们？我对此回答说，不同的意义来源于把单音节字用不同的方式结合起来，我们在谈mo这个音节时已表明；而重音和音调的变化，我们在谈po这个音节时也已说明。对中国人来说这个区别是自然的，用不着考虑重音或音调，他们轻易地知道同一音节的不同意义。我说用不着丝毫迟疑或思考，是因为人们确实不懂得音调或重音是什么，只有诗人才懂得，还有我们在中国的神父，他们有了这种知识，就容易学会这一语言，否则他们不吃大苦就不能懂得它。我们把音调的这一奇特和有益的考察提交给郭居静神父（F. Lazaro Cataneo）。同时我尽力用音乐家的譬喻去解释它：音乐家靠努力和熟练，容易懂得和表达六个音阶——ut、re、mi、fa、sol、la，但另一个天生具有所需才能的人，不需乐律之助就能自己表达和区别它们。虽然如此，我们仍不能得出结论，如我们在澳门的一位神父所想象的那样，中国人说话时是在念唱他们的词，或者如果我们听不懂的话，他们在脖子上挂一块牌，上面写着他们要说的事。当我首次进入这个帝国时有人让我相信是这样。或者如我曾一度认为的那样，中国人不能给人耳语，认为他们必须提高嗓子才能表达他们的音调和重音。相反地，这个例子表明不是这样。如果我在欧洲说拉丁词totus和totalites的音节to，其音调有所不同，那我难以相信；然而再明确不过。因为在totus中，to的发音是嘹亮的强音，张唇；但在totalites中，同一音节发弱音，紧闭唇。同样，在中国语言中，音节to，发高昂重音，和totus中的to同音，意为懒惰或者堕落，因为一个懒人看来每走一步都在跌跤；但to在中国语言中用一点来表明音调符号，和totalites中的to发同样的音，意思是读书，或者孤独的人；因为一个人必须退隐才能读书学习，求得知识①。中国语言有许多特点和长处，彰

---

① to，可以是"惰"和"堕"的对音，但安文思解释说懒人每走一步都在跌跤，则是把"懒惰"和"堕落"相联系，望音生义。另一个to，作为"读"和"独"的对音，但和独自读书没有联系。

显着创始之人的聪明智慧。为了简洁起见，我略而不谈。

不管怎样我不得不断言，中国语言比希腊、拉丁或欧洲的其他语言都容易。至少我不能否认它比我会（耶稣会）布道用的其他国家语言要容易得多，这是一个很大的便利条件。毫无疑问，根据我的看法，它既符合理性，又符合经验。首先，无疑的是，没有比记忆更有助于学习语言的了，由此可见语言必须是字词越少越容易学，因为少量的词汇比大量的词汇容易掌握。中国语言是所有语言中最简明的，它由三百二十个单音节组成，而希腊语和拉丁语则有无数的词、时态、语态、数、人称等。而中国语言只需用脑子记住用以区别词义形式的音调，并学会怎样读三百个单音节字。

其次，完全可以肯定，勤奋的人用有效的方法去学习中国语言，可以在一年内学会，而且讲得很好。我们发现，我们现在从事传教的神父们凭经验，在两年内就能充分掌握这门语言，他们能作忏悔，作教义问答，布道和撰写，其方便一如使用其本国语言，尽管他们的语言和我们的语言之间没有丝毫相似之处，而且一般来说神父们是上了年岁的人。他们在欧洲从来做不到这点，在那里语言总是相互依赖。

这个明显的事实是毋庸置疑的，我们看到神父们撰写和翻译了大量的书，每天都在写作并译成中文，且受到中国人的重视和称赞。如利玛窦神父因撰写了有关我们圣律及其他几个题目的书，中国人至今仍说他是一位知识渊博的天才，在该国地位高的人都知道他，并且赞扬他。有学识的人在他们的著作中把他称为著名的学者并引用他的话；工匠为了高价销售他们的货物，向买主保证它是那位名人利玛窦神父的发明。总之，他们对他尊崇到如此地步，以至于有些人认为，犹如孔夫子是中国之王、圣人、教师和博士，利玛窦神父在欧洲人当中也有同样的地位，这是孔夫子的信徒对他的最高赞扬。庞迪我（Diego Pantoja）神父也撰写了几篇有关七种大罪及与之相对的七德的学术文章[①]，论天主（Pater Noster）、圣母（Ave Marie）和信仰（Credo）。高一志（Alfonso Vanhone）和艾儒略（Julio Aleni）神父写了几卷谈基督教、基督生活、圣母和圣人及其他一些题目的书。阳玛诺（Manuel Dias）神父把福音书全部译出[②]，附有神父们的注释和解说，这使它在信仰和学术方面都是一部重要著作。傅泛际神父刊印了

---

① 即《七克大全》。
② 即《圣经直解》。

一篇有关修辞和逻辑的文章及其他几部有关逻辑和宇宙的书[1]，还有一部关于人的灵魂的。邓玉函（John Terencio）、罗雅谷（John Roo[2]）和汤若望神父写了大量有关我们的圣律和各种数学的书。利类思神父一直是我最大的安慰者，是我三十年颠沛、苦难和囚禁生活中不可分离的伴侣，他翻译了圣托马斯书的第一部[3]，有高深学识的中国人对它极为推崇，我听到其中一个读过《天主性体》[4]的人，用下面的话来表达他的看法："这部书肯定是我们认识自己无知的一面镜子。"利类思神父还写了几篇文章，其中有雄辩和博学的《辩护》，作为对那个邪恶异教徒杨光先（Yam Quam Siem）在京城和全国刊印的反基督教及其布道者书籍的答辩。他给这部答辩书取名为《不得已》（Pu te y），"因为我不能再忍受"[5]。神父为了符合中国的语言风格，把他的答辩题目定为"我作出回答，因为我不能再容忍"。这个题目在中国语言中很有意义，但更因它有双重含义而备受重视。第一，"我驳斥，因为我不能再容忍"；第二，"我驳斥一部有标题的书，因为我不能再忍受"。更令人惊奇的是，这些书的撰写绝大部分是在船上、道路上或旅舍中完成。神父受到叛逆和蛮人的控制，在监狱里，腿上系着三条链子，脖子上系着三条，手上系着六条；总而言之，是在不断受到迫害中写的。如果不是因为我和他同受苦难，我们之间的友谊密切和怕人怀疑我过于偏心，那么我可以更多地颂扬这位信仰虔诚、声誉卓著的人物。与此同时，南怀仁神父对杨光先为反对欧洲数学而写的一部书，做出了博学的回答，杨光先的那部书可以说是错误百出，像个愚昧无知的怪物。何大化神父写了一部教义问答。孟儒望（John Monteiro）神父写了两部书，一部是有关神律的，另一部是关于真诚礼拜的。毕方济（Francis Sambiesi）写了四篇有关灵魂不朽、道德、绘画及声调的文章，虽然极短却受到高度重视。我本人写了一篇基督复活的文章，另一篇是关于大复活的。金尼阁、郭居静、费奇规（Gaspar Ferreira）和曾德昭等本会的神父们，编撰了大型和实用的词典，而费奇规写了二十多篇不同题目的文章。苏如望（Soeiro）神父把基督的律法加以简化。仅在几年前死于这个

---

[1] 即《寰有诠》和《名理探》，李之藻笔授。
[2] John Roo似为Jacques Rho之误，即罗雅谷。他写了不少有关宗教、历算方面的书。
[3] 即《超性学要》。
[4] Treatise of God，或即《超性学要》中之《天主性体》六卷。
[5] 即《不得已辩》，利类思为回答杨光先《不得已》一文所作的答辩。

皇城，享年九十六岁的龙华民神父，写了几篇有关神学的文章，还有一篇谈地震的，受到中国学术界人士的高度重视。总之，神父们创作了大量关于基督教及各种科学科目的书籍，除手稿外付印的总数达五百多卷。在中国刊印了一部所有在中国传教的神父传略，所有他们撰写的著述都载入其中。由此我得出结论：如果不是语言极易学习，在如此短的时间内绝不能把那么多的书用一种外国语写成和译就。所以由此可以推论，中文比其他语言更易学习，而且它非常优美，非常丰富，极富表达力。因为它不需要用词句去解释和阐明神学、哲学及其他科学的微妙和奥秘。

在本章末我将引录孔夫子著作中注释的第一篇第一段，我们的神父们总是在他们初学中国语言和文字时由此开始，以便从这个简短例子中较好地领略中国语言之美以及中国人民的智慧。他们是从上往下、从右往左读，但我为了符合欧洲的习惯，把第一行放在左边。为了解释它们，你必须按页码的顺序去读。文字的顺序及经文的阐释，摘自两位中国的诠释者，其中一个大约生于三百年前，叫朱熹（Chū Hī），另一个是阁老（Co lao），叫张居正（Châm Kiù Chim），死于1610年，与我在本章内谈到的利玛窦同时抵达京城。

tá	4	cái	1
大	Great men	在	Consists in the second place
hiǒ	3	ciń	2
学	teach	亲	to renew
chí	2	mîn	3
之	to	民	the People
táo	1	cái	4
道	the Rule	在	Consists in the 3rd place
cái	5	chì	5
在	Consists in the first place	止	to stop
mim	6	yǔ	6
明	to enlighten	于	at
mìm	7	chí	7
明	reasonable	至	the Sovereign

tě	8	xén	8
德	Nature	善	Good

其意即为，大人学习之法，包括三件事。第一件是表露理性的本质，第二件是教化人们，而第三件是止于最高的善行。

至于第一件，理性的本质即人心，因为中国人对悟性和意愿不加区别，而归之于心，我们则始终归之于理解力。心是纯洁和理智的本体，不蒙受任何暗昧，而在那里，人一直具有种种所需的理性，可应付出现的一切困难。不过，因为就在我们诞生的时刻，这个智慧和理性的本质，被禁锢在肉体的牢笼内，同时因我们无节制的情欲把它束缚，它终至昏暗和困扰。为此，人必须投身于学习，用询问求得知识，以致理性的心能够解脱它的束缚和奴役，打破情欲的锁链，重返它本来的美丽、光明和悟性，犹如晦暗的镜子在擦拭后重现光泽。

第二是教诲百姓。假如我是国王、长官、家长等，如果我已经涤净了自己的本性，那么我的责任是把它伸延到能与他人沟通的程度，使他们改掉各种不良习惯，而且我应当这样对待我的百姓，犹如我在衣服被玷污时之所为，因为衣服被洗干净后，它就会又像从前一样清洁和漂亮。

第三是达到和止于最高之善。这一至高之善是事物和理性的至高融合。当大人照亮了他们智慧的本性，使百姓的德行升华，他并不是偶尔或无计划地这样做，而是为了使他们的德行达到完善，最终使所有百姓的德行都得到改善。当他们达到如此崇高的境界时，他们就可以确信他们已达到至善；犹如长途跋涉的人最后到达自己的家，可以称他已到达旅程的终点。这是那本书中最基本、最重要的三件事，可以说，这些是罩在衣服上的披风和外套，或者把珠子连成一串的绳。这就是中国注释者的阐述。

这里顺便说一下，我们可以看到，孔夫子的这番话对于解释福音牧师的职能可能再恰当不过了。他首先必须得完善自身并及于其邻，最终可以达到至善，这就是上帝、万物之神和终极。不管怎样，中国人是异教徒和持世俗观念的百姓，他们把这三点用于治国，一如政治家在其中获得所有乐趣，达到目的。

其次我们看到，古代中国人确已知道有一位神。因此在辩论时，当我驳斥他们的文人时，经常引用这个两端论。孔夫子要么确知他阐述的东西，要么他不知道。如果他知道他所阐述的，那么他知道有一位神，这正是他说的至善，你也应如他一样知道和崇拜这位神。如果他不知道他所阐述的是神本身，那么他极端无知，因为如你自己所认为的，至善是包容一切的至高之善，它不能指任何不管多么高尚的生物，只能指神。有些接触到天惠的人，服从这一真理；另一些人不知如何回答，不愿承认孔夫子无知，宁愿坚持他们的错误，表现出他们的骄狂情绪，并且喊叫，他们将再来争论一次。

注释和说明：

对于我们的作者有关中国语言以及中国人的天性和才赋的论述，我不再作补充，这些他已谈得足够了。至于那些想知道更多的人，可以参看曾德昭的书第六章，其中他完全证实了安文思神父在这里的记述。我必须顺便再提一点，他在这里告诉我们有关中国语言的概念，和他从前所告诉我们的大不一样。

第五章　中国人的智慧和他们的主要典籍

　　古人告诉我们，亚洲人赋有大智。如果他们有关于中国的知识，他们就会更加坚持自己的看法。因为，如果说最快和最易做出最好发明的人，可以说中国人是比其他人更精明和聪慧的，中国人应当被视为优于其他民族，他们首先发明了文字、纸、印刷术、火药和精美的瓷器。尽管他们因缺乏与其他人民的交流而对许多科学无知，但他们擅长道德哲学，在极大程度上他们独立致力于此项研究。他们才思敏捷，所以在阅读我会神父撰写的书籍时容易理解，尽管这些书涉及数学、哲学及神学方面最微妙和最困难的问题。或许有人不愿相信我的话，但我敢向他们保证，最明确不过的是，我知道有些信仰基督教的文人，还有异教徒，他们曾读过利类思神父翻译的《圣托马斯》的第一部分，在没有任何指导的情况下，我们发现他们在谈话中已懂得有关神和三位一体的问题。

　　有没有这样的国家，无论其国内有多少大学，能像中国那样有一万名硕士？其中六七千人每三年在北京会聚，经过几场考试，三百六十五人获得博士学位。我不相信任何其他国家有那么多学者，如中国的学士，据说人数超过九万；也没有任何其他国家像中国那样，文学知识那么普及。在所有的省份，尤其是南方各省，无论穷人还是富人，无论市民还是农夫，都能读写。总之，我不相信除欧洲外，任何地区能像中国那样出版那么多的书籍。

　　中国的编年史几乎和大洪水一样古老，它始于洪水后约二百年，并由一些作者继续编写至今。由此人们可以推测他们的历史到底有多少卷帙。他们有几部论述自然界及其特性和偶然的自然哲学书。他们确实在真理中混杂了错误和偏见，但这是因为缺乏技术和知识，而不是智力的缺陷。他们也有几部论述数学和军事的书及几篇优异的关于医学的文章，表现出他们的智慧之美，有几篇论述脉搏即血脉跳动的论文，内容充实而博学，对此他们具有特别的知识；他们以这种方式认识和区别不同的疾病。他们有一些像《阿马笛·德·高尔》（*Amadis de Gaul*）、《奥兰多·傅利奥索》（*Orlando Furioso*）、《堂吉诃德》（*D.Quixote*）等那样有趣的侠义小说和书籍，有关于子女孝敬父母、臣子忠于君主以及关于农业、雄辩的论说的书，充满新奇妙语的有趣诗歌、悲剧和喜剧，还有许多论述其他学科的论文。

他们有五部名著，总称"五经"（V Kim），即五部经典著作，犹如我们的《圣经》。第一部叫作《书经》，这是中国人尊敬和崇拜的五位古王的编年纪。最后三王是三支不同家族的首领，他们统治了几乎两千年，也就是说，时间之长几乎相当于继承他们的十九支家族，也包括现今鞑靼人统治的时间。第一位帝王叫作尧（Yao），从本年即1668年算起，按中国的编年，他于四千零二十五年前开始统治，或者按七十家注释的计算，大约在大洪水后五百年。这位帝王是中国人的立法者，以优良的品德而知名，特别是他极为仁慈、公正和持重。当他发现自己的儿子不具备作为良好治理者的品质时（因为按中国的说法，他们看重品德胜于其他才能），便选择他的一个名叫舜（Xùn）的臣属作为国家的共同治理者。尧在临死时宣布舜为帝王，并将两个女儿许他为妻。中国人利用这位帝王主张一夫多妻，而我会的神父们，按照教会诸神父和博士的意见，反过来答复说，上帝在那时允许多妻是因为需要人类繁衍，增加人口。中国人对这一回答感到满意，因为他们的第一部圣书告诉他们，当时中国人口极其稀少。不过他们更赞同艾儒略神父在《口铎日抄》（Keù To Ge Chaǒ）书中一段话的诠释，这部书是福建（Fo Kien）省的有学识的基督徒根据他们所知的那位博学神父公开和私下的讲话编写而成的。艾儒略说，尽管第一部经书的文字写的是"二女"（Cil Niù）①，但这两个音节却不表示"两个女儿"，仅表示帝尧的第二女，尧把她嫁给了他的继承人。因为中国人按现今的习惯，除了按出生的顺序，不再有其他称呼以示区别，例如第一、第二、第三子。所以他们读到的尧把二女嫁给舜，意思是说这位帝王把他的第二女嫁给他，"二"（Cil）这个字，不过是我们"2"的符号。

这部书歌颂了舜的许多品德，特别是他对父亲的孝顺及对他的兄弟的感情，此二人几次想杀害他，但舜不但容忍而且宽恕了他们的不轨行为。在有关他品德的范例中，有两个哲学家说，有一天舜的父亲和他的兄弟（此二人之歹恶与舜之善良形成鲜明对比）让舜下到井里去清洗，舜立即

---

① 据《书经·尧典》："降二女于妫汭，嫔于虞"，二女指娥皇、女英，此处传教士误解"二"为第二。

服从。但当他到了井底，那两个野蛮人就为怒气和恶念所迷，抽走梯子，把巨石和木块及在附近所能找到的东西都扔下去，要把他杀死在井里。然而他从井底发现了一条通道逃了出去。舜对那种过分的暴行和凶残并没有报复，相反，他对他们更加敬爱。

第三位帝王叫作禹（Yù），他在舜活着的时候非常忠实和尽力地为之工作。舜临死时选择他为继承人，因为舜发现自己的儿子除了恶名昭著，还缺乏治国之能。这位帝禹，在先王统治期间治理洪水，那时洪水淹没了中国的大部分土地，中国人称之为"洪水"（Hûm Xùi），即大水。这个帝王效仿前人的做法，想选择他的臣属益（Ye）作为继承人，益曾协助他治理国家。但百姓不同意，声称帝王之子必定是个具有治国安民德行的人，所以他们拥立他①统治国家。继承这最后一位帝王的诸王，是以继承而非通过选举来统治，一直到这个第一支家族的最后一个帝王桀（Kie）——一个邪恶凶残的帝王。

第四位帝王，叫作成汤（Chim Tam），是第二支皇族的创建者。他以优异的品德而使前代帝王让他当亳（Po）国的王，即包括今天河南（Hô Nan）省的地方。他起兵攻打帝桀，当他把百姓从暴君统治下解放之后，自立为帝国的君主。这位帝王统治期间，适逢大旱，整整七年无雨雪，天空好像是黄铜铸成的。泉源和河水几乎枯竭，土地荒芜，饥荒和瘟疫接踵而至。在这致命的灾害期间，这位帝王抛弃他的宫室，离开御苑，披上兽皮，前往一个叫作桑林（Sam Lin）的山头，匍匐在地，发出如下的祈祷："上天啊，如果百姓触犯了你，不要惩罚他们，因为他们只是因为无知；处罚我吧，我作为祭品投身在你面前，愿意接受上天的任何惩罚。"

他的祈祷刚一结束，大雨便从天而降，整个帝国的土地恢复了从前的肥沃。由此可见，当中国人对神化身为基督的奥秘有所怀疑时，我们就极力用这个例子去说服他们，告诉他们说，这个国王披上羊皮，自愿作为献祭以赎百姓的罪愆，但这丝毫不降低他的身份。同样，尽管神愿意披上我们人类的常服，为百姓之罪作为献祭的羔羊，他也绝不有失尊严，而是更提升他全能的力量、他无穷的仁爱和善心。从这里可以更清楚地看到，神远远高于这位国王，后者不过是凡人，仅仅是生物。中国人立即信服这一论证，这既因为他们觉得它是合理的且充满了说服力，也因为他们喜欢听

---

① 即禹之子启。

我们用他们的历史和事例去证实我们宗教的真实。

这位帝王用一个圣洁和有学识的名人作为他的谋臣，此人因不愿归顺暴君桀，躲进山里与野兽共处。这位成汤王的后人统治了六百多年，直到帝纣（Cheu）登位，而纣之邪恶凶残与桀一样。所以中国人称某个君王为桀纣时，有如我们称某个国王为尼禄（Nero）或迪奥克利辛（Dioclesian）。

第五位帝王叫作武王（Vù Vâm），周（Cheu）文王（Ven Vâm）之子，周国现为陕西（Xen Si）省之一部分。他因不能忍受帝纣的邪恶和专横，便兴兵伐纣，在战场上击败了他，自立为帝国的君王。这位帝王有一个以谨慎及其他品德而备受尊重的兄弟被封为鲁（Lù）国王，鲁现为山东（Xan Túm）省的一部分。武王在临终时选择他辅佐自己年幼的长子。据中国的传说，正是他在两千七百多年前首先发明了指南针。因为他的侄儿是国王，曾接受来自东京（Tum Xim）①国和交趾支那（Cochin China）即交趾国（Kiao Chi Que）使臣的祝贺和进贡，一切都在他这位保护人的精心安排之下进行，这位秉政者送给使臣一个指南针，让使臣在它的指引下可以从近道返回，不必像来朝时迂回曲折，跋涉劳苦。所以这位王公是中国的圣人和英雄，中国人对他格外怀念尊崇。当武王打败暴君纣从战场上胜利归来时，纣的两个兄弟——伯夷（Pe Y）、叔齐（Xeo Cî），以德行和高尚著称，在武王经过时去见他，他们抓住马笼头拦住他，勇敢地用极尖锐严厉的言辞斥责他篡夺国家政权，逼迫帝王在宫里自焚而亡，大量珍宝亦随之同归于尽。尽管这位帝王邪恶残忍，上天仍注定他当君主和王公，所以武王应作为忠臣尽责去规劝他改正，不应作为叛逆将他置于死地；最后应把国家交给已死君主的子孙，让全世界都看见，他这样做不是出自个人野心，而仅仅是出自推翻暴虐统治的愿望。但当两兄弟发现武王不愿听从他们的劝告时，他们就退隐到荒山里表示抗议，他们宁愿饥饿而死，也不愿食武王夺取的领土所生产的粮食，以免被认为他们认同他的叛逆行为。

被中国人视为圣人的这五个国王的历史，特别是前四个及其子孙，是头一部书的主题，在那些异教徒中其名气之大一如基督徒之《列王纪》。

---

① Tum Xim，对音不明。按中国史书的记载，指南车最早系黄帝发明，但也有称是周公发明的。据载，周初越裳氏重金来献，使者迷其归路，周公以指南车载之，周年至国。越裳，古越南地，可能安文思在这里直称交趾使臣。东京，泛指越南北部。

其文体很古老，但十分精妙优美。邪恶受到谴责，德行得到赞颂，帝王及其臣属的行为，叙述得非常真实。总之，好奇的读者可以看到中国语言文字的魅力，这是当时流行的文体。我将在这里从我已提到的书中转录有关帝尧的五个颂词："钦明文思安（Kin, Mîm, Vén, Su, Gūn）"。这就是说，帝尧是伟大的、值得尊敬的，是最聪慧和持重的。他本性十分谦逊有礼。他一直表现出忧心和关爱，不断寻求采用最好的方式去治理百姓和国家，因此在他统治期间人民都生活得安乐、恬静和悠闲。

第二部书叫作《礼记》（Li Ki），即典仪之书，包括法律、风俗及礼仪。这部书的主要作者是我们已提到的武王的兄弟。他名叫周公（Cheú Cūm），以他的品德、老成、学识及善行而同样受到敬重。这卷书还包括其他一些作者的作品，孔夫子的弟子和别的更晚的学者的，但由于阐释者不可靠，因此应更加小心地去阅读，其中有许多事是属于神话传说。

第三部书叫作《诗经》，包括韵文、传奇和诗歌。它分为五类：第一类是雅颂（Ya Sum），即颂词和赞歌，为赞颂以德行和才能著称的人物而歌。还有在他们丧礼、献祭，以及中国人为纪念祖先和在隆重节日上念唱的几种格言诗，即包括格言的韵文。第二类叫作国风（Que Fūm），即国之风俗。这是些传奇或者是从个人创作中选择的诗句。它们从不用来演唱，只在帝王及国之大臣前诵念。因此其中毫无雷同地描写百姓的风俗、国家的治理及现时的情况，这看来和古希腊的喜剧是相同的；它不放过对个人恶行的谴责，也揭露官吏的过失。第三类叫作比赋（Pi Que），就是譬喻。因为其中的诗都可用比喻和类比来解释。第四类叫作兴赋（Him Que），也就是起兴①。因为这类诗以奇异和高尚的事作为开始，以便对下面的叙事做准备，引起注意。第五类叫作逸诗（Ye Xi），这就是，被遗弃即分开的诗歌，因为孔夫子把这卷遗弃的诗视为有误或者无稽之谈。不管怎样，它们仍被引用，而且保持原状。

第四部书是孔夫子撰写的，包含他故乡鲁（Lù）国——现在山东省境内——的历史。中国人对这部书评价甚高，称阅读它会令人心醉神迷。他按编年的方式撰写这部记述两百年事实的历史；在那里他用正邪两种诸侯的例子作为一面镜子，按事件发生的时代和季节来叙述，所以他把这部书题名为《春秋》（Chun Cieu），即春季和秋季。

---

① 兴，诗六义之一，诗先言他物以引起所咏之事，和下面的解释相符。

第五部书叫作《易经》（Ye Kim），据认为它比其余的书更古老，因为中国人认为这是他们的第一位帝王伏羲撰写的。这部书确实值得一读并应受重视，因为它包含警句和道德格言。我认为这部书记录的良好箴言是伏羲帝撰写的，但其余部分则是另一些人以这位著名帝王之名义，来表达自己的观点所增添的。不管怎样，可以确定的是，中国人对这部书格外尊崇，把它视为世上最深刻、最博学和神秘的书，基于同样的理由，他们认为它几乎不可理解，而外国人不应读它或接触它。

中国人还有与上述几部书同样重要的典籍，他们称之为"四书"（Sù Xu），也就是四部优秀的书。这是摘录或简述，可以说正是上述五部书的精华和精髓。曼达林从中摘录引句和文字，给那些投考学士、硕士和博士的学子出题；学子则据此撰写文章和注释以求功名。它分为四部分：第一部分涉及律法，以及以学识和德行著称的人物所持有的原则。第二部分谈中庸之道。第三部分包含大量简明的道德警句，对所有国人都是实际和有益的。这三部分是中国的第一位圣人孔夫子撰写的，由他的弟子刊布。第四部分和前三部分分量等同，是由哲学家孟子（Mem Su）所撰，他大约生于孔夫子之后一百年，中国人把他敬为第二位圣人。这是一部具有极大智慧、精妙且充满雄辩的书。论述贴切，文句有力并富有寓意，文体自由奔放，具有说服力。我会的传教士都极勤勉地学习这部典籍四个部分的文字和语言。这些书及上述五部，有古代和现代学者撰写的文章和注释，注释者非常多，使我们有机会从许多方面赞赏该民族的智慧、勤劳和雄辩。

注释和说明：

关于《易经》的补释：这部书的主题和原则，不过是六十四个图形，每个图形包括六画，每画由这样一条线"–"及两条线"– –"组成。中国人认为这些图表是由第一位帝王伏羲创作的，但没有人能说明创作者想要表达的含义。不管怎样，可以确定的是约公元前1200年，第三个朝代的创建者武王之父文王及其次子周公，对这个神秘的图表曾作出阐述，五百年后哲学家孔夫子对这两位王公的阐述也作出注释。但这三个著者对这一题目的论述，仅仅是从基本原理及其他自然事物的一致性和变异，得出政治和道德的警句和结论，还有对王公及其居民有益的格言。而这一图表有害之处在于，所谓道士（Tao Su）、和尚的偶像教徒及算卦者，误把它用来作为证实迷信的算命的依据，编造各种变化，而且他们在其中掺杂了其他许多东西：无穷的数字组合、空虚和不恰当的隐喻，因此他们自诩能预言人的吉凶。关于伏羲图表早期注释者的情况，可详细参看新近出版的孔夫子书的前言，以及其他几部书的作者在有关章节内提到的关于中国主要典籍的一些细节。

第六章　中国人的礼节、典仪和节日

关于中国人的礼节、问候方式及仪式，可以写几部书。他们有一部记述三千多年前礼仪的书，令人惊异的是在那些细节上他们是那么正规有序。在婚礼、丧葬、访问和节宴上，尽管主人的身份地位比他的宾客高，他也总是把首座让给最年长者。年长者又让给来自最远方的客人，最后都要让给外国来宾。当使臣到来时，从接待使团之日，一直到他离开之时，皇帝要供给他各种食物、马匹、轿和舟船。使臣在京城寓居宫廷，皇帝每两天要赏赐御宴作为皇恩浩荡和善意的表示。因为中国皇帝首先考虑的是以盛礼和豪华壮丽的场面接见和款待外国人，这是利类思神父和我本人，在从四川省赴京途中及寓居皇家馆舍两年之中所经常见到的。这种礼节的确并不都是那么庄重和正规，不过那绝不是皇帝的过失，而应归之于官吏的贪婪和私心，他们暗中窃取，把皇上接待外国人的格外恩赐攫为己有。

中国人在礼节上使用的称呼和尊名，花样繁多，没有任何一个民族可与之相比。这点我不能作出解说，因为无论我们的语言还是希腊语和拉丁语中都没有可以表达的词汇。他们还有许多区别不同亲属的称呼。例如，我们仅有父方或母方的祖母和祖父之称呼，但中国人有区别四种亲属关系的不同名字。同样我们只有表示父亲和母亲兄弟的uncle一词，但中国人不仅有区别父、母亲兄弟的称谓，还告诉你，父或母的兄或弟，由此及于其余的亲戚。这个民族对衣着的关注也超过其他民族。一个人不管多穷，穿着都大方而体面。看到他们在新年穿着时兴和整洁的新衣，真令人惊叹。所以你见不到一个可怜的人。这个民族的谨慎同样令人称赞。文人始终具有这种品质，他们把稍不符合礼仪的举止行为视为罪过。妇女守礼、忠贞且诚实，以至人们会以为她们天生具有这些品德。她们永远隐居，甚至于从不裸露她们的手，因此她们的衣袖很长很大；如果她们必须送东西给其兄弟或丈夫的兄弟，就用衣袖把手盖严，将东西放在桌上，然后兄弟上前接受。这就是中国人看见我们赤裸双脚的圣像极其不悦的原因，在我看来他们确实很有道理。因为这种表现法根本不符合圣人宣称的天使般的优美和纯洁，所以这些图像具有缺陷，它们既不像原作，也未充分表现历史或自然绘画艺术的完美。此外，年轻的贞女赤裸双脚也不真实，把她们画成身穿华丽服装却不着鞋袜的样子，也是可笑的。

中国人把他们的礼节，即彼此之间的交往分为五项，即君对臣、父对子、夫对妻、兄对弟、友人对友人。这些规则包括了他们的大部分道德，但我对此不做过多谈论，因为这要涉及他们所写的有关臣子对君王的忠诚、子女对父母的孝顺、妻子对丈夫的服从、弟兄间的友爱及朋友间应有的尊敬和情谊，谈起来将会没完没了。我只能谈谈他们在政治方面奉行的高尚制度，但我将在本书结束前保留一整章去谈它。

在中国人的节日中，他们感到最欢乐且隆重庆祝的是新年头一个月的第十五日。这一天，他们点上许多烛火，燃亮许多灯笼，如果当时从高山之顶去看全国，你会认为它在一片烟火的光辉之中。无论城镇还是乡村，无论海岸还是河畔，到处都装点着各种形状的彩灯，或者鸣放烟花爆竹，在天空发出亮光，似舟、似塔、似鱼、似龙、似虎、似象，一般有上千种令人惊奇的烟火。这使我有机会谈谈我在1644年的亲眼所见。我和利类思在四川省被暴君张献忠拘留时，他邀请我们观看他命令在正月十五日那天晚上燃放的烟火，确实有无数奇异新颖和美妙的表演，但最令我惊奇的是下述的装置：这是一株覆盖着红葡萄藤的树，它的各个连接部分一直在放光，而在另一边，葡萄藤的干、枝、叶及葡萄的光亮逐渐熄灭。然而不仅如此，你还可以辨别葡萄串的红色、树叶的青葱、藤干的褐色，栩栩如生，以至你会坚信那是天然的东西而非仿造。但更令我惊异的是，作为一种元素的火，非常活跃，可以吞噬一切，此时却如此徐徐行动，看来它抛弃了自身本性，服从艺术的指挥和安排，只表现树的生命力而不烧毁它。

灯笼同样令人赞赏不已。如我所说，任何家庭，不论贫富，都在大厅、庭院、窗前悬挂灯笼。灯笼的样式各异，各种形象都有。穷人的灯笼没有价值。但为富人制作的灯笼，绘画和工艺奇特，它们值五、十甚至二十皮斯托，另一些为曼达林、视察员、总督、王公及皇帝制作的灯笼，值一两百甚至三四百皮斯托。这些灯笼，尽管看来令人难以置信，却是真实的。最大的灯笼挂在宫殿内，或者挂在宫内为此而立的灯架上。它们直径为二十腕尺，有时更大。每个灯笼内有许多灯和烛，在笼内交错安排，非常巧妙得当，灯光的映衬给彩绘增添了美丽，烟雾使灯笼内的人物活灵活现，设计甚为巧妙，看来他们似乎在行走、转弯、上升和下降。你可以看见：马在奔跑、船在航行；国王和王子带领一大群随从，进进出出；许多人骑马或步行；军队行进；喜剧、舞蹈及其他上千种表演节目和活动。全国的百姓通宵守着这些可爱的灯笼，在乐器的音乐声中和家人、亲友共享欢乐。有时候，他们同时用小木偶表演喜剧，木偶由隐藏的牵线牵动，或者用为此制作的极为精细和透明的白丝布显影。这些小木偶在舞台上表演国王、王后、队长、士兵、虚张声势的丑角、文人或戏剧中的其他人物，真是奇妙。他们会哭泣，能表达愉快、悲伤、愤怒等许多种情绪。艺术家用勤劳熟练的技巧使人物和影像活动，而且有时候你几乎会认为他们也在说话，因为表演者在人物活动时，极巧妙地模仿小儿的声音，人们会把所看的一切当成是绝对自然的。这个民族是如此机智和具有创造力。

中国人关于灯节起源的记载，记述如下。他们说，在他们国家建立后不久，有一个以其德行和高尚品质而受到百姓爱戴的曼达林，在河畔丢失了自己心爱的独生女儿。因此他哭泣哀叹，沿着河岸去寻找她。百姓出于对他的热爱，打着灯笼火把，跟随着曼达林。尽管他花了很长时间沿河上下去寻找，就像色列斯（Ceres）[①]寻找他的女儿一样，但一无所获。这是百姓的普遍说法。与这个故事非常相似的是阴历五月五日庆祝的隆重节日，如果我没有记错的话，澳门居民称之为Lumba Lumba，中国人则叫作"龙舟"（Lūm Chuen），即是说龙形的舟，他们于那一天在河里划船，文人在他们的著作中对灯笼节的起源则别有解说。

大约三千五百年前，第一个朝代夏朝的末代国王，叫作桀，我们在前面已曾提及。这个国王是个非常残酷的人，纵情于游乐，有一天他与最宠爱的妃子谈话，向她抱怨今世的欢乐苦短，没有几个人能活到一百岁，也没有人能把时间都用来寻欢作乐。在冬季，白天太短，夜晚苦长；而在夏季，恰好相反，夜短昼长。这种不均等的情况正是人们不能尽情欢乐的原因。日出不久即落，夜晚也一样，时间迅速流逝，人生不足以满足我们的欲望，不可思议的老天对人如此严酷。妃子回答说，陛下，这些都无意义，我知道一种延长时间的方式能让陛下得到满足。把一天变成一整月，一月变成一整年，用此法可使年、月、日变长，活十年你将享受一百年的欢乐。国王回答说，如果你有能力停止和延缓天空、日、月和星辰的运行，这将是出色的创新。妃子说，我认为，无论是贵为天子，身为如此大国君主的陛下，或者是我自己，或任何人力，都不能改变自然规律，但你

[①] 罗马的农神。

可以按照如下方法制造你自己的新的天空、新的时间，以消除你对时间、天空和星辰的记忆。只需命人修筑一座宫殿，其中的房间和卧室的设计既无门又无窗，也无丝毫缝隙，不让日、月或星辰之光进入。当陛下的宫殿完工时，所有房间都很漆黑，把你的金银财宝和贵重家具搬进去；在里面准备好你最喜爱的东西，我说的是精心挑选的完美的童男童女。然后陛下和我亲自前去，不着衣裳，天然裸露。一切备妥，陛下立即命人同时点上千支火炬和千只灯笼，让你得到新的光明，观看你喜爱的东西，忘掉时间、星空、太阳、月亮，乃至最后忘掉自己。你将乐而忘返，对你来说一月不过是一天，一年不过是一月。火炬和灯笼将代替日、月和星辰的功能，每间房屋都像点缀着星星的天空。用这个方法将为陛下创造新天空和新时间。皇帝为欲念所迷，被空虚的欢乐支配，采纳了妃子的主意，按照这个妖后的意见，命令准备一切。当所有东西如愿完成时，他就整年居住在这座宫里，沉迷于酒色肉欲，不顾朝廷和国家。这些荒唐的做法，加上其他种种暴虐行为，使他的臣民发起了叛乱，选择了汤帝，也就是我们已提到的另一个新王朝的首领代替他。暴君桀死后，中国人摧毁了他曾干尽坏事的新宫，废除了这个暴君制定的律法，但保留了他发明的火炬、灯笼，作为前面提及的节日的庆祝方式。

中国人还说，大约两千年后，另一个王朝唐（Tam）的皇帝被称作道士教派的术士所欺骗和制约。这些道士的职业是用化学炼丹术炼丹，吹嘘能不断变出金银，能使人长生不老，并且给人一种能力，在霎时间从一座山头、城镇或一省飞往另一处，以此来欺骗百姓、贵人、文人乃至君王本人。于是这个皇帝向其中一个骗子即术士表露他的心意，告诉他说，他很想到江南（Kiam Nan）省的扬州（Yâm Cheu）城去观赏灯笼，那里的花灯以美丽、华贵及工艺精良在全国知名；然而，他说，我担心的是如果我乔装前往，不让人知道，则可避免将在朝廷或国中引起的混乱不安，如果我在这次行动中携带随驾的扈从，不顾我对百姓的责任，恐怕百姓都会谴责我的蠢行，并认为这是件非常稀奇的事———一位大皇帝为了片刻娱乐而作如此之长途跋涉。术士回答说，陛下无须忧虑，我答应陛下，无须如陛下所说亲身去惹麻烦，我会把事情安排妥当，在即将来临的灯节，陛下将会如愿以偿，满意地观赏花灯后返回皇宫。几个时辰以后，天上白云中出现车骑和御座，由天鹅拉着，皇帝和皇后登上车，随同的有许多贵妃宫女，还有宫里的乐师，天鹅以飞快的速度飞行，顷刻间到达扬州，白云自行消失。这时皇帝悠闲地观赏百姓的花灯，为回报百姓，他命令乐师歌唱、奏乐以使百姓欢娱。最后他返回皇城，转瞬间他发现自己已在皇宫里。一个月后，一名信差照例送信给皇帝，称灯节之夜，看见扬州城上空有几个神人，坐在天鹅拉的白云宝座上，乐师优美的歌声和音乐令人陶醉。

最后他们会告诉你，大约五百年前，宋（Sûm）朝一位国王，以他的品质和德行，特别是以其宽宏仁慈而闻名。这位国王为了表示他对贵人和百姓的仁爱，每年都要在他的宫里公开露面八个夜晚，没有护卫，宫门全部打开，让群众进宫观看烟火和灯笼（灯笼大而华丽，有好几种类型，摆在殿内和院中），同时演奏符合帝王崇高气概的音乐招待他的臣民，与民同乐。

这就是中国人就全国著名灯节的起源及其发展所讲述的故事。这样，我继续照此往下叙述，读者可从中推测其他题目的内容。

注释和说明：

本书第100页："江南（Kiam Nan）省的扬州（Yâm Cheu）"。

扬州城位于大运河口。这个富足、商业兴隆的城市里有许多豪华的宅院。这些宅院大多是由靠盐业致富的商人修建的，在该城的东面有几个盐池，大量产盐。因此该城市非常富庶，居民也沉溺于游乐，养育美女，教以歌舞，指导她们如何具有女性的魅力，使她们讨人喜爱，经过这种教养后，便以高价将她们卖给有钱人家做妾。不足为怪的是，其居民在玩乐上毫不吝啬，让他们的灯节在全中国成为华丽盛大之最。所有关于这次节日的报道，大体和我们著者所述相同，没有过多的细节。江南是大江以南的一个省。在中国皇帝的统治下，这个省叫作南京，它的首府也叫此名——这犹如说南方的京城，就像北京被称为北方的京城那样。因为当时有两个京城，南京与北京同样享有特权和豁免权。但鞑靼人剥夺了它的权力，把南京的名字改成江宁（Kiam Nim），意思是大江的安宁。在中国，改名字的习惯由来已久，有时对其他城市也这样做。

第七章　中国人的土木工程和建筑，特别是大运河

据我的看法，中国的公共工程和大建筑物，在数量和规模上都超过我们所知道的其他国家。王公和大曼达林的宫室看起来像城镇，富豪的私人宅第则像许多宫殿。它们由五或六所房屋组成，不像欧洲房屋那样一层高过一层，而是一座接一座，同在一平地上。每一所房屋都有大庭院并与另一所房屋分开，你由庭院登上六七级台阶，进入厅堂和卧室。我曾在第二章中谈到他们的工程和建筑，还在第一章中谈到北京附近著名的桥，最后我将详述皇帝的宫廷。总之，我可以对中国工程的雄伟壮丽做出更真实的描绘，我将在此重述我在1659年《每年信札》①中对大运河的记述，如果我没有弄错的话，它超过了世界上所有这类工程。

大约四百年前，自从西鞑靼人征服全中国，他们的皇帝就居住在新建立的北京城，以便统治他们的领土。因为他也是西鞑靼的君主，所以其领土从北京省一直延伸到蒙古、波斯和里海。由于北方诸省不能向这样一座巨大的城市供应足够的粮食以维持生活，朝廷便命令建造大量船只，从南方诸省运送粮食、香料和各种商品到北京。然而，由于旅途不安全，无风和有风暴都可能造成大量粮食和商货的损失，他们便征用无数的工人，付出巨大的代价，以无比的勤劳，开辟了一条穿越几省，长达三千五百中国飞朗，即二百四十五葡萄牙里格的运河。这条运河，为了减弱水势和储存深水，安装了七十二道水门，中国人称之为闸（cha）。闸门很大，由巨木制成，夜晚关闭，白天开放，让船只通行。绝大多数闸门都可顺利通过，但有些闸门难以迅速通行，非常艰险。特别是中国人所称的"天妃闸"（Tien Fi Cha），即天上女后和女主的闸门，用夸张的话说，犹言它特别高。当船只逆流而上，到达这座闸下时，船夫在船首系上许多绳索，由四五百人，有时更多人，视船的轻重和货物重量而定，在运河两岸拖拉。同时，另一些人推动闸门墙上的绞盘。闸墙很宽，由砂石筑成。除已提到的绳索外，还有很结实的绳索绕在大石柱或木柱上，以便在纤绳

---

① *Annual Letters*，应即《传教年鉴》。

万一断裂时把船只系住。当这些绳索都系好时，他们开始逐渐用力拉拽，并与一个敲打水盆的声音合拍。刚开始时只是轻轻敲打，敲打之间有较长的间歇，但当船只至少升到上面渠道的高度的一半时，这时因水流更为凶猛，他们便加紧敲打水盆；同时那四五百人和高喊"嘿嘿"的男子一起拉纤，一鼓作气，使船只迅速上升，并且停靠在运河两侧和潮流之间的死水水面上。另一侧的船只迅速且轻易地下降，但危险更大。为了防止出现险情，他们将许多绳索系在船尾，由那些在运河两岸执索的人小心观察，放松或者拉紧绳索。这时候船的两侧有另一些人，用铁头长竿，指引船只穿过运河中央，避免碰到关闭闸门的巨石。当船只通过时，他们放开防止船只降落的绳索，这时潮水把船只推着前行，迅如脱弦之箭，直到水势逐渐减弱，船只停住，再按正常的航道行驶。这条运河始于距北京两里格半的通州（Tum Cheu）城，在同一地点还有一条河，船只沿着河道向前航行，到达此河注入另一条河的近海处。船只在这条河上行驶数日，然后进入一条人工开凿的运河，当你航行了二十或二十五里格之后，到达一座分水庙（Fuen Hui Miao①），即把水流分开的神庙。在到达这个地方之前，你一直是逆流而行，但当你一到达这座庙前，你就顺流而行了，只用桨划就行了。现在我真想问问我们欧洲的工程师和著名的智慧之士，这怎么可能呢？它是人工的还是自然的工程？一艘船横躺在运河中央，船头朝向庙的西面一侧，船尾却朝东。而河水一边流向北，另一边流向南。要解开这个谜，你应当知道，在东面大约半天行程距离的高山间有一人湖，湖水使一条转向东海的大河满溢。现在中国人堵塞了那个出口，打通了山，开辟一条运河把水引向寺庙。在当地他们开凿另两条运河，一向北，一向南；两河确实相对称，渠道大小一致，所以河水到达庙前中央时分开，一部分水仍流向北，另一部分水流向南，如图所示：

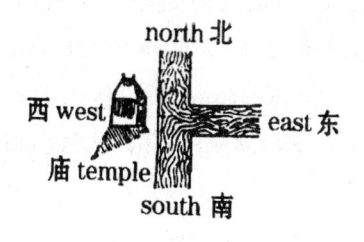

———————

① Fuen Hui Miao：从对音和形式看，应为分水庙。

这条运河有些地方经过城镇中间，有些地方沿城墙而过。它经过北直隶省的一部分，然后流向山东省，再进入南直隶省，汇入中国人称之为黄河的那条奔流迅速的大河。在这条河上你航行两天左右就会进入另一条河，当你航行约两步枪射距，又会遇到一条运河，它是中国人从这最后一条河的南边开凿的，流向淮安（Huai Ngan）城，然后这条运河经过许多城镇到达扬州——全国最著名的海港城。紧接着它注入大江，距南京城足足有几天的路程。当然这是十分伟大的工程成就，虽然另外一千一百四十五个皇家旅舍的建筑也不逊色于它。此外，几千座堡以及横亘在中国北方的五百里格的长城更让人惊奇。

注释和说明：

本书第102页："大约四百年前，自从西鞑靼人征服全中国"等。

世界上有史以来最大的鞑靼帝国，其创建者成吉思汗，或者他的儿子窝阔台汗，大约在1220年开始征服北中国，进攻东鞑靼人，据柏应理神父所著的《纪年》，东鞑靼人已统治了北中国大约一百一十七年。但直到1271年，中国才完全被继成吉思汗之后的第五个皇帝[①]——我们的史家仿效东鞑靼人称之为忽必烈汗（Cublay Can，即Cobila）所征服。中国人对他赞颂有加，称他为世祖，并且称他原名是忽必烈（Ho Pie Lie）。我认为这就是Cublay或Cobila一名的错讹，因为中国人的发音欠佳，对其他民族的名字和语汇都读错，如本书作者在第一章中所表明，马可·波罗对北京的古名发生误读，把Han Palu读成Can Balu。中国人在读外文时也犯了同样的错误，为读音方便而改字或添加母音，因为他们语言的词都是单音节。我看见一份中文的手稿，很值得刊印，谈做神功的必要性，其中的Crux读作Cu lu cu, Beatus他们读成Pe ja su su, 而Baptizo他们叫作Pa pe ti so, Bartholmeus他们读作Pa ulh to lo meusu。所以他们极有可能把Cublay即Cobila读成Ho pie lie，把b换成p，于是读成Hopili以代替Cobili，并加上e以便于读音。

这个世祖皇帝，即忽必烈，命令修筑大运河。本书作者一如既往予

[①] 即太祖成吉思汗、太宗窝阔台、定宗贵由、宪宗蒙哥及世祖忽必烈。

以真实地记载，无疑它是世上最雄伟惊人的一项工程。只有一桩事我们想知道，这些闸门是否和法国、荷兰的一样？也即是说，它们是不是彼此有一段距离的两道门，其间水位较高？因为据安文思神父及金尼阁神父的记述，中国的闸不过是用坚实木料制成的门，垂直降落把出口完全关闭，水涨时，他们把木门打开，再让船只上升或下降，有时因运河缺水，如果不用这种方式把水拦住，船就不能航行。但这不如有两道门的闸及两门间有一个槽的闸方便。因此《荷使行纪》的作者称：中国的闸很难开启，对航行是极大的阻碍。不管怎样，这都是非常了不起的事：人们在任何时候可从中国的一端到另一端，越过六百多里格路程。要不，就只有走广东到江西之间的陆路，即南雄（Nan Hium）和南安（Nan Gan）两城之间的路，然后你再在赣（Can）江登船。这里指出《荷使行纪》作者的一个大错：把赣江和大江混为一谈，后者源自云南（Jun Nan）省，而且仅流过江西省的最北端，赣江在那里把它一分为二，从南流往北。

第八章　非凡勤勉的民族

　　中国许多巨大的公共工程，不仅是花费巨资的结果，而且是这个民族非凡勤劳的成就。他们所做的种种机械工程，仅用少量的工具，却比我们做得更容易。因为在这个国家，没有一尺荒废的土地，所以无论男、女、老、少，瘸子、聋子或盲人，都有谋生之道，或者有一种职业或工作。中国人有一句俗话说："中国无遗物"（Chúm qúe vù y vo），即在中国没有丢弃的东西。不管多么细微之物，都有其用场，可以加以利用。例如，仅在北京城，就有一千多户人家，他们没有正当职业，只靠出售取火盒的火柴及做蜡烛的蜡为生。还有许多人别无谋生之道，只在街头和屋舍的垃圾堆里捡破丝绸、棉布和麻布、废纸及其他破烂，把它们洗干净，再卖给他人用来制造种种东西。他们搬运东西的发明也很奇特，因为他们不像我们那样费大气力搬运物品，而是用技术。例如：他们把要搬运的东西挂在绳或钩上或放在篮筐内，然后把它挂在为此制作的一根扁平的木棒①的两端，用肩平衡地挑着走，重量就分别落在两边。这一发明十分方便，两边重量相当，搬运就更轻松。

　　在国内所有的城镇，都有两座楼，一座叫鼓楼，另一座叫钟楼；用来夜间报时。中国人把冬夜分为五个时辰，因为冬夜长于夏夜。在夜晚开始，看守人值班时打几次鼓，于是钟声做出同样回应。然后，在第一个时辰，看守人打一下鼓，另一看守人用木槌敲一次钟。在第一个时辰时他们这样做，注意时间间隔能让人在钟鼓齐鸣之间念经；当夜间第二个时辰开始时，他们在同样的间隔内打两次鼓、敲两次钟；第三个时辰开始时，他们敲打三次；第四个时辰开始时，他们敲打四次；第五个时辰开始时，敲打五次；在黎明之时，他们像在夜晚开始那样加倍敲打。所以，人们在夜里不管任何时刻醒来，都可以根据城里的钟鼓声得知夜间的时刻，除非刮风听不见声音。

　　在北京的皇宫内，你可以看见高楼上的鼓和钟，在城里另有两座钟、

---

① 即扁担。

鼓楼。城里的鼓直径有15腕尺，它是我第一次提及的那面鼓。宫廷钟的大小如我在葡萄牙所见到的一样，但声音非常响亮、清脆和悦耳，与其说它是钟，还不如说它是一种乐器。

吉克尔神父在他的第十六卷《乐理》（*Musurgie*）即《谐音和非谐音艺术》的第二章中，向我们肯定说，艾福特城（Erfort）迈耶斯（Mayence）的选帝侯（Elector[①]）下面的那口钟不仅是欧洲最大的，也是全世界最大的。然而据我们亲眼所见及在1667年我们所做的观测，它比汤若望和南怀仁神父利用机械装置安放在我们上述钟楼上的钟要小，当时震惊全朝。现在将吉克尔神父书里所说的艾福特钟和北京的钟的尺寸做一比较，人们更易信服。根据南怀仁神父的比较结果，叙述如下：

1. 艾福特钟的底部直径为 $7\frac{1}{10}$ 腕尺
2. 艾福特钟周边的厚度为 $\frac{3}{5}$ 腕尺
3. 吉克尔神父称之为内圈高度（Altitudinem）的内深为 $8\frac{1}{2}$ 腕尺
4. 艾福特钟的重量为2.54万磅

1. 北京钟的底部直径为 $11\frac{1}{5}$ 腕尺。
2. 北京钟周边的厚度为 $\frac{9}{10}$ 腕尺
3. 北京钟的内深为12腕尺
4. 北京钟的重量是12万磅

这口钟是北京城夜间用来警卫和报时的。我有把握断言，欧洲没有类似的钟，它完全可能是世界上最大的。当夜里敲钟时，它的声音，或者说可怕的响声，竟如此之大，那样强烈又非常响亮，遍及全城，越过城墙，传到郊区，响彻四方。

在中国皇帝命令铸造这口大钟的同时，还铸了七口钟，其中五口钟仍躺在地上。但这五口钟中有一口值得一提，因为上面全是中国字，很漂亮、整洁，而且很真实，看来不像是铸上的，而是由一位造诣深厚的书法

[①] Elector：不详，或指建筑物或塑像之名。Elector意为选举人，古代亦用以称呼有权选举神圣罗马帝国皇帝的诸侯。

家写在纸上的。

中国人为了调准和区分夜间的时辰，还发明一种方法，成为该民族惊人的创作。他们把一种树木刮去皮，捣成粉，制成一种糊，揉成线和各种形状的线香。有的用贵重木料制作，如檀香、沉香及其他香木，约一指长，富贵人家及文人在他们的寝室里焚烧。还有其他价值低廉的，有数腕尺长，粗如鹅毛笔管，他们用来在浮屠或偶像前焚香。他们也把这种香当作蜡烛，为他们在夜间行走时照明。他们用特制的模子，把这些木粉线做成一样大小的圆周线，然后在底部盘绕，减少底部的圈，直到它成为圆锥形，每圈本身增加直径两三掌宽，有时更多。而这种香，根据制作的大小，可烧一至三天，甚至我们发现在他们的一些庙里可持续烧数十天。这些香像渔网，或像绕在锥体上的线，他们从中间悬挂，点燃下面的香头，火从那里缓慢地沿着盘绕的木粉线燃烧，一般来说有五个标志区别夜间的五个时辰。用这种方法测定时间，稳妥可靠，不致发生大错。文人、旅行者及因事要准时起床的人，在标记上挂一样小东西，指示他们要起床的时刻，当香火燃到这一点时，它就落在下面的铜盘中，坠落声把人惊醒。这个发明弥补了我们的劳鲁钟（Larum Watches）的缺点，它不但简单实用，而且很便宜，一个这样的东西，可以用四到二十个钟头，价值不过三便士。然而装有许多齿轮和其他机械的钟表，价钱很贵，只有有钱人才买得起。

注释和说明：

本书第106页："他们把要搬运的东西挂在……"等。

这个所说的发明，和荷兰女人（可称为英国的男子）用来在街上送牛奶桶的方式极其相似，安文思神父对此肯定不知道。但在世界上尚未有用一根棍运送东西的。

本书第107页："城里的鼓直径有15腕尺"等。

我在第二章注释中提到，1中国腕尺是$\frac{7}{8}$巴黎尺，那么15腕尺就是$13\frac{1}{8}$巴黎尺。这表明鼓很大，因为按直径圆周的比例，这鼓的周长超过了$41\frac{1}{4}$尺，或将近七哹。

本书第107页："吉克尔神父"，"艾福特钟"等。

吉克尔神父肯定没有听说过欧洲有几口钟比艾福特钟更大。因为在法国罗昂（Roan）的钟，据上面的铭文所记，叫作乔治·德·安布伊斯（George d'Amboise），重约四万磅。罗得（Rhodez）的钟，里昂圣约翰（St. John of Lyon）的钟，以及巴黎圣母院的钟，几乎和罗昂钟一般大。可以确定，吉克尔神父从未听说过北京的钟，直到白乃心（Gruber[①]）神父把南怀仁神父信内谈北京钟的一段话给他看，他才在他的《图解中国》（China Illustrata）中承认错误，并把这段话录用，刊印在《图解中国》上。安文思神父也未看见吉克尔神父这部最近的著作。

至于北京的钟，南怀仁神父在他的书简及柏应理神父在他的《编年史》中告诉我们，它们大约是1404年由成祖，即永乐帝下诏铸造的。永乐帝是建文帝之叔，洪武帝的儿子。洪武帝把西鞑靼人逐出中国，建立了大明王朝，后为东鞑靼人所灭。永乐帝命铸造五口钟，每口重十二万磅，肯定已铸成，当时它们是世上最大的。但詹姆士·鲁坦菲尔（James Rutenfels）在他的《莫斯科纪》（Relation of Muscovie）中，用拉丁文写道：在莫斯科大公的宫里有一口大得多的钟，重有三十二万磅。因它的巨大重量，人们无法抬起它，也不能把它挂在依万维里奇（Yvan velichi）的塔里，它的底部放在木头上。

鲁日满神父在他的史书中告诉我们，汤若望神父仅靠两百工人的帮助，便设法把两口钟吊起，放在150中国腕尺，即$131\frac{1}{4}$呎高的楼里，这使中国人大为震惊，他们以为他必定要使用成千上万的人；两年后，他用同样的方法把第三口钟吊起，并且更容易，只用了一百二十名青年。殷铎泽神父在他的纪事中说，中国的钟没有钟舌，他们只用一根槌打击外层，让钟发出声音。

[①] Gruber：即Jean Grueber，奥地利人，1659年至华，1680年殁于匈牙利。他于1664年5月10日在威尼斯致吉克尔神父书，言及北京大钟。见冯承钧《在华耶稣会士列传》，第326页。

第九章　中国人的船舶

这个国家的水上交通十分便利，很多城镇，特别是南方诸省的城镇，大都利用河流、湖泊、运河，或可航行的海湾，以致住在水上的居民和住在陆地上的几乎相等。其景象之可观，真使人惊奇。一个异邦人傍晚来到某个港口，会看见水上有一座船舶的城，同时也会看见陆上有另一座房屋的城。那些早出晚归的人，不得不乘帆船或桨船在两岸停靠的船只中间航行几个钟头。再者，某些港口生意兴隆，一个人需要半天，有时需要更多时间才能穿过城镇前的船只。因此可以说，中国有两个王国，一在水上，一在陆地，好像有许多威尼斯城。这些船是船主当房屋使用的。他们在船上做饭，生于斯、养于斯、死于斯；船上有他们的犬、猫，还有猪、鸭、鹅。他们的船有的相当重，有的轻些。有的属于皇帝，有的属于曼达林，有的属于商人，有的是百姓的。属于皇帝的船中，有一种他们称作艚船（So Chuen①），是用来送官吏上任及返乡用的。这类船像我们的加拉维（Caravels），但船高且绘彩，特别是曼达林住的船舱，好像是为公众仪式而修盖的房屋，不像一般货船（Hoy Chuen②）船舱。还有一种粮船（Leam Chuen），即是说，它们是派往各省把粮食运回朝廷的船，约有九千九百九十九艘。我经常打听，想知道为什么不再加一艘凑足一万之数，但我的询问始终没有结果。直到几年以后，当我进一步了解这个民族的风俗习惯，方做出对其原因的有趣推测："一万"仅有两个中国字"一（y）"和"万（van）"，它丝毫不表示雄伟壮丽，既不表现在书写上，也不表现在读音上，其结果不足以用来体现皇船之多。因此他们从"一万"中减去"一"，变成一个堂皇气派的数字，更宜于迎合他们的虚荣心和傲气，称之为九千九百九十九，与他们喜欢的数字"九"一致。这类粮船比前一种艚船要小，不过他们把前船楼、后甲板及中央的厅室造得极像曼达林的船。皇帝的第三种船叫作龙衣船（Lum Y Chuen），即

---

① So Chuen：对音不明，或为艚船。
② Hoy Chuen：一种独桅沿岸行驶的商船。

运送衣裳、丝绸、纱缎到皇宫的船。船的数目和一年的日子一般多，即三百六十五。考虑到皇帝称为天子，与他有关的一切，中国人都跟天上的事物联系起来，如天、日、月、行星等。如龙衣，表示龙的衣裳。因为中国皇帝的标记是龙，有五个爪，所以他的衣服及家具，无论用绘画还是刺绣，都必须用龙做装饰。所以，当你说龙眼——龙的眼睛，或龙衣——龙的衣裳，中国人都明白你说的是皇帝的眼睛和皇帝的服装。最后还有一种叫作兰舟（Lám Chuen），与别的船相比则很轻很小，它的长度和宽度差不多一样。这类船供文人及其他富人和有地位的人往返于京城时使用。它上面有一间漂亮的舱房，床、桌、椅都有，你可以在那里睡觉、吃饭、学习并接待来访者，其方便一如你在家中。船头属于水手、船夫，船主及他的妻儿住在船尾，他们还为租船的人做饭。这最后一类船，有几种不同的形状，私人的船只之多几乎难以计算。我本人在1656年，奉皇帝之命，从北京到澳门，水路走运河及其他几条河，大约六百里格，只走了一天的陆路，以越过江西和广东分界的山岭。

　　世界上肯定没有一个国家像中国那样辽阔和交通便利。不管怎样，我现在要讲的，看来更加可信。真的，如果我不是亲眼看到，我很难相信自己。1642年5月4日，我离开浙江省省城杭州，同年8月28日到达四川省省会成都。在这四个月的旅程中，我航行了四百里格的水路，把河流转弯抹角都算上了，其中有整整一个月我在两条不同的河上航行，另三个月我一直航行在那条大江即所谓的扬子江上。在这乏味的水路旅行期间，我每天都遇到大量的编扎在一起的各类木材，如果全部捆在一起可以造一座足可以让人走几天的桥。乘这种用木材编扎的木排随水漂流到岸边，要用一个多时辰，有时半天。原来中国最富有的商人是盐商和木材商，别的商品都没有这么大的利润。这种木材在四川省砍伐，他们把木头运到大江的岸上，再运往全国各地。然后他们把木头锯成板，花一点儿钱把它们运往各省的大部分地区，在那里出售并获得大利。这些木排的宽度约十尺，或长或短，视商人的木材而定，但最长的约半里格。木排露出水面约四五尺，按如下的方式做成：他们根据需要尽量采用四或五尺厚、十尺宽的木材，然后在每根木材的两端钻孔，用茅草或弯柳条穿过孔，和别的木头编排在一起，顺流漂浮而下，木排全长按其所需。所有漂流的木排都这样，顺水漂动。视情况的需要，木排像一条链那样可以弯曲。他们只在木排的前部派四五个人用桨或竿指引木排向他们去的地方漂流。在这些木排上，他们按一定的距离建造小木屋，旅途中他们在停留的地方把它们全部售出。商人在船上面休息和安身，如同在家里一样，做饭进食，船上有家具和器皿。这些商人还从他们伐木的山区和树林贩运各种草药、鹦鹉、猴子及其他东西，然后在城镇及所经过之地卖给别的商人，再转售到国内各省。这种木材大量运往北京，尽管北京距开采木材的山区有七百里格。因此，从上所述可以断定，在利用水路运输和进行贸易方面，世上没有一个国家能与中国相比。

第十章　中国物产的丰富

可以完全肯定的是，航行便利和物产丰富即一个国家拥有各种各样的商品，是贸易的两个源头。中国具有这两个优势，没有别的国家能超过它。在山区发现大量金子，不仅拿来铸币及购买东西，而且它本身也是商品。因此在澳门流行一句中国的谚语："钱是血，金是货。"说到钱，现今这个国家已延续了四千五百年，他们对钱的贪求，为得到钱所做的努力，一点儿不比古人少。所以中国人积累的钱财，其数量之巨大，令人难以置信。尤其是东西一旦进入，再不许带出，因为法律严格禁止。你很少在欧洲听说送五百或一千克朗（Crowns）的礼物，但在中国，送一千甚至送一万至四万克朗的礼，都是寻常之事。的确，在全国，特别是在京城，礼物和宴乐要花上几百万克朗。每天都看得见古代有关罗马的说法：万物均可出售。一城或一镇的官职，想得到的人，无不花费几千克朗，有时甚至两三万克朗，按比例给予大小官员。一省的总督即州长，在得到正式任命前，得付出两三万甚至六七万克朗。而这种钱，皇帝一丁点儿都没收到，他根本不知道这种丑行——这些往往都是国家的大臣、阁老，即国之参议、朝廷的六部官员干的。他们私下把官职卖给总督和各省的大曼达林。相应地，各省的总督为补偿自己的损失，又向地方和城市的长官勒索财礼，后者再从村镇的官吏那里得到报偿。所以他们都在充实自己，用可怜的百姓的钱填满他们的腰包。因此在中国有句俗话说：皇帝任命治民的新官时，也就是在不知不觉地放出许多刽子手、凶手、饿狗、豺狼去吞噬可怜的百姓。总之，在三年任职期满时，没有哪个总督、省的巡察使或诸如此类的官吏，不带着六七十万甚至百万克朗返回的。我由此得出结论，如果我们考虑到中国人的天性及难以满足的贪欲，那么在中国这点钱不算什么。但如果我们考虑到它本身拥有的财富，那么没有任何国家可与它相比。

中国有大量的铜、铁、锡及其他各种金属，特别是铜和锡，它们被用来制造大炮、无数的偶像、各种不同形状的盘碟，其价值甚高。这些器皿中，有些因古老、在某个王朝生产或由某个匠人制作而身价倍增，尽管很普通而且粗糙，但仍价值几百克朗，有时甚至上千克朗。澳门城确实为我们提供了这些丰富金属的证明。因为就在这个城里，铸造有许多大炮。这些大炮以其质量、庞大及工艺而备受称羡，它们不仅用来保卫该城，也供应印度，甚至葡萄牙。而且，从全国大量通行的铜和锡钱币可以判断中国铜、锡之丰富。这种钱币中央有方形的洞，用绳串连，每串确定为一千个币（Deniers）。一般来说你可以用一千个钱币换一克朗，即中国的一两（Tael），而这种交易是在专门设置的银号和公家地方进行。

这里顺便指出，在中国现存的文献中没有提及并且我们也没有在他们的史书或别的书籍中看到中国曾使用纸币，如马可·波罗在他的书第二卷第十八章所说。但因马可·波罗是一位著名的作家，我将在这里说明他犯此错误的原因。中国的铜钱是圆的，一般说大如一个半葡萄牙的黑奥（Real）。它上面印有字，一边是统治的皇帝之年号，另一边是铸造它的部门之名。金银块并非铸造成币，而是打铸成像小船一样形状的锭（Lingots），在澳门称之为Paes，即金饼、银饼。两者价值各不相等。他们随身携带一把钢剪，把银子剪开，按购买商品所需的价钱，把它分成大小不等的块。这点清楚后，你将知道，每月初一、十五以及中国人埋葬死者的时候，他们要焚烧大量用纸板制成的钱和锭，包以锡纸，饰以金叶，涂成黄色。这种纸钞很像真的锡钱及金银锭，不甚知道这个民族风俗习惯的人，很容易上当，尤其是当他们看见在街道和拐弯处的市场（Piazza）有人售卖，商店也摆满这种假钱。中国人焚烧纸钱，是因为他们相信灰烬可以变成铜钱及金银锭，他们已故的家人可以在阴间用来租房屋，购买衣服、粮食，向阎王、判官和小鬼行贿。总之，他们可用来少受罪，免受酷刑；同时也让他们不再拖延，而是尽快投胎转世，让灵魂转到有学识、地位或有财富的贵人体内，不要转为禽兽。这是这些异教徒的极端愚昧无知。我们还看到，在古代，当中国皇帝缺钱的时候，他们把一种盖有御玺的纸票给官吏、士兵作为部分报酬。这种纸票大如半张纸，由纸板制成，上面标有价值。因此当有人要接受一百克朗，他们付给他五十现钱，另五十则付给这种纸票，称之为钞（Chao），由此出现"钞子"（Chao Su）一词。但因人们不愿接受这些票子代替钱，皇帝下诏称：接受这些票子并把一百送回御库的人，将赐予官职；送回一千的人将得到更大的官职，以此类推。不仅皇帝得到大利，有钱人收获也不小，因为他们除了这条道路，无法得到官职，而当官是国家给予他们的最大荣誉和幸福。不管怎样，此一方法并不令一般人满意，他们用商品和粮食换得纸板，心里不情愿且牢骚满腹，这是引起争吵、闹事的原因。所以朝廷最后禁用这些纸票，以避免他们每天都将遇到的麻烦及种种困扰。于是几个世纪后，这些纸板不再使用，也不存在什么问题，只有马可·波罗在他的游记中几次声称，中国人使用纸板即纸币。

中国的白丝和蜡值得一提。前者是世上最好的，后者不仅最好，而且独特，除中国外别国尚未发现。大家都知道全中国生产的丝又好又多。古人根据所知信息，把中国称作丝国，今人则从经验得知，所以亚洲和欧洲的许多国家都通过商队和大量船只装载中国的生丝和熟丝。由于这种丝的产量很大，丝织品甚多，其数量之大令人难以置信，既有素花的也有交织金银的，看来颇为丰富。全国人民都穿丝绸。王侯、王子、贵人及其仆人、太监、曼达林、文人、富人及所有妇女和四分之一的男人，都穿丝绸衣服，上层和最下层的人全一样，而且在朝廷很普遍，就连给主子牵马的脚夫都身着锦缎。人们仅从我们所述的给皇帝运送服装、丝绸的船就有三百六十五艘，即知丝绸的丰富是难以形容的。仅从南京和浙江省每年运往朝廷的不仅有各种颜色的纱、锦缎、花缎和天鹅绒，还有供皇帝、皇后、王子及宫中嫔妃穿的华丽值钱的衣裳。此外再加上其他省份向皇帝进贡的几十万磅生丝和熟丝。我即将对此进行叙述。因进贡的数量很大，所以中国必须不停地生产充足的丝。

中国的蜡是世界上最漂亮、最干净和最白的；尽管它不像欧洲的蜂蜡那样普通，仍然足以供应皇帝及宫廷之用，也供应贵人、王侯、在职的曼达林、文人及富人。它在好几个省都有发现，但湖广省最丰富、最白且最漂亮。它产自一种树，这种树山东省的小，湖广省的大，如同东印度的榕树或欧洲的栗树。但蜡不是像松树脂那样从树里渗出，而是产自一种特殊的自然过程。在这些省有一种小虫，没有蚕大，但它们不停地活动着，噬咬有力而渗透迅速，不仅能飞快刺入人和动物的皮肤，还能钻入树干、树枝。山东省产的最珍贵，那里的居民从树里取出这些虫的卵，储存起来。这些卵春季变成小虫，他们把虫装在大空竹筒里，运到湖广去售卖。春初他们把这些虫放在树根处，虫子并不停留在根部，而是以难以想象的速度爬上树干，可以说本能地占据枝杈。它们在那里始终以惊人的能力活动着，噬咬并钻进每棵树心。然后，从它们在树皮上钻的孔里渗出液体，经过风寒，凝结成囊一样悬挂在树上。这时树的主人去采集，把它制成蜡饼，在全国售卖。

这个国家的任何地方，都没有毛料可与我们欧洲使用的毛料相比，但有几种哔叽，灰色或肉桂色的哔叽很细、很贵，老人和有身份的人冬天穿。乡下人和低层百姓都穿棉衣，其数量之多、色彩之丰富，令人难以表述。而更难以表述的是这个国家的人们在北方省份，尤其在北京宫廷穿的裘衣，花色繁多且昂贵华丽。最典型的例证为：皇帝每月在金銮殿公开露面四次，这时前去朝拜的四千曼达林，从头到脚都穿上极为贵重的黑貂皮。妇女也穿同类的衣服。中国人不仅把他们的靴、帽镶边，还用几种毛皮镶他们的马鞍，而且他们还用毛皮镶座椅，帐篷内部也用毛皮。老百姓中，有点儿钱的穿羊羔皮，穷的披羊皮。所以在冬季无人不包在动物的毛皮中，如黑貂皮、羽绒、狐皮、狼皮、羊羔皮等，有一些毛皮我不知道其葡文名字。有的毛皮价值很高，一件衣服值数百克朗。

至于肉、鱼、水果及其他食物，完全可以这样说，我们欧洲有的，他们都有，而且有许多是我们所没有的品种。中国语言本来非常简明，书写也一样，因此他们用六个字即音节表示这些物品。头两个是"五谷"（Ù Co），其意是五种主要的谷物：稻、黍、稷、麦、豆。另两个字是"六畜"（Lo Trio），意思是六种主要的家畜：马、牛、猪、狗、鸡、羊。最后两个字是"百果"（Pe Quò），意思是百种水果，如梨、苹果、桃、葡萄、橘、胡桃、栗、石榴、香橼等及其他几种我们欧洲也生产的水果，但有三种我们没有。这三种中第一种叫作柿子（Sū Sù），在澳门叫作中国无花果，并不因为它外形类似无花果，而是因为其与无花果的味道多少有些相似，它很好吃，可以称之为糖块。最大最好的有榅桲一般大小，但要扁些，看上去更像是压扁的，颜色深黄而鲜艳，真像金苹果。第二种叫荔枝（Li Chi），第三种叫龙眼（Lum Yen），在澳门分别称之为Lichia和Longans。这两种水果，无论新采摘的还是干脯，味道都极佳。有人或许会提出异议，我们有榅桲、山楂及花楸（Services）作为代替，而这几种水果在山西（Xan Si）省也有生产，但彼此的味道却大不相同，特别是后两种，只有在腐烂时才可食用。

那里的禽兽也很多。冬季时，在几个划定的猎场，人们布下了好些罗网，彼此间有两火枪的射距，罩在食物及成堆的几种水陆野禽上，野禽僵硬地立着，可以说因严寒而防腐。其余野兽中，可看到三种野熊，中国人称之为人熊（Gin Hium）即人形熊，狗熊（Keu Hium）即狗形熊，及猪熊

（Chiu Hium）即猪形熊，它们有好些相似之处，特别是头和爪。烧煮的熊掌在中国人的宴席上极受重视，尤其受鞑靼人的青睐。由于熊很稀少，所以极为昂贵。不过还有大量其他禽兽，如鹿、野猪、羚羊、野兔、野猫和鼠、鹅、鸭，以及树林里的各种鸟，如不同种类和大小的鹧鸪和鹌鹑。这是欧洲所没有的，而且都很便宜，以至我难以相信，如果我不是在宫廷住了二十二年，亲自见闻的话。

注释和说明：

本书第115页："中国的蜡是世界上最漂亮、最干净和最白的"等。

关于产自树上的这种蜡，也有别的书提到，但没有那么多奇异的情节。金尼阁神父说，它的光很亮，比一般蜡要白，不太油腻。另有作者写道，它是透明的，你可以看到它里面的闪亮。金尼阁神父又说，中国人还从一种树上采集另一种很白的蜡，但没有头一种的光那样亮。另外还有关于这种树和果实的描述：

在福建省有一种漂亮的树，高大而枝叶繁茂，叫作苦艾树（Ku ei Xu），长在河畔。它在十二月结深绿色的果实，大如榛子。它的绿皮会自然干掉，逐渐脱落，然后露出一种白如雪的物质，像精炼的板油。老百姓在十二月末或一月初采集它，然后把它熔化，制成蜡烛，类似白蜡，无异味。他们全年使用这种蜡烛，价钱不超过每磅十四便士。这种果实的渣滓，他们用来榨油、点灯。这种果实十分特别，向我们展示上天对中国之照顾胜于别的国家。

本书第116页："僵硬地立着，可以说因严寒而防腐"。

这不必视为难以置信的事，因为它是寒冷的结果。西班牙史书报道，在迪奥戈·阿马格罗（Diego Almagro）赴智利国之旅，他同行的人有几个在越过安第斯山时，被寒冷冻僵，或在马背上，或站着倚靠着岩石，都被冻死。很久以后发现他们仍保持同样的姿势，但没有腐化。先前我曾引用过有关莫斯科的报道，它告诉我们说，每年冬季有大量非洲鳕鱼在莫斯科市场出售，因严寒冻僵所以保持新鲜，还有大量其他鱼类也用雪覆盖保鲜。

第十一章　中国的贵族

如果说，"高贵"这个词一般是用来指中国本身的崇高，那么不过是表示它的伟大与辉煌已延续了若干世纪。它大约始于大洪水后两百年，并一直繁荣至今，约四千五百三十二年。肯定没有别的国家比中国更著名。但如果我们把这个词局限于指个别家族的高贵，那么我们就必须承认，中国很少有贵族后裔，因为所有大贵人，即许多小王、公爵、侯爵、伯爵等，从不比统治的王朝延续的时间更久，他们与统治王朝一同灭亡——因为取代前朝的王朝要把他们全都处死，我们这个时代也经历过这样的情况。由于这个原因，在这个国家最高贵的家族是周（Cheu）朝，它延续了八百七十五年，约在两千两百年前覆灭。从此以后没有家族能延续三百年之久。

然而我们现在所说的贵族，仅涉及用武力取得政权的那类贵人。至于文人出身的贵人，其延续时间非常有限。因此，尽管某人当了尚书（Xām Xu），即朝廷最高部门的首位官员，或阁老（Co Lao），即国之总理，官阶极高且非常富有，他在国内可以提升臣属，一般来说他的孙子仍将沦为赤贫，不得不去做生意、搞小买卖，或者跟他的曾祖一样成为普通文人，总之，没有文人的后人能与王朝延续的时间一样长久。据我所知，在被鞑靼人征服前的王朝，有几位小王、公爵及其他贵人，尽管他们是皇室血统，或者是征服全国有功大将的后裔，被宣布为与王室一样古老的贵人，然而不幸与王室一起灭亡。我从未看到或听说文人的家族能延续同样长久的时间。不管怎样，后者遇到的仅是一般的灾难，前者则是被他们的敌人残害的结果。其中有几个家族，如果不是被屠杀，他们的光辉和权势可与国家本身共存。不过仍有一支遗留的家族，不仅保存了它的辉煌，而且至今仍受到皇帝的礼遇，贵族和百姓对它都同样尊重，二十个世纪以来始终不衰，的确可以说是世上最古老的家族。这就是著名的孔夫子的家族。孔夫子生于中国第三个王朝——周朝，公元前551年。他的家族延续至目前的1668年，共存在了两千两百一十九年。古代的帝王授予他子孙国公（Que Cum）的称号，与公爵或伯爵相当。这个家族在孔夫子诞生之地——山东的曲阜享有特权，免予承担赋役。尽管国家和朝代屡次更替，却未受到骚扰或者有所变化。中国人也用极崇高的名字去称呼这位哲人，主要有孔子、孔夫子及圣人。前两个名字意思是尊师，犹如我们说司各图（Scotus）师或师长；第三个名字意为神圣的人。所以当他们说圣人时是表示尊崇，意指孔夫子，指有大智大勇的人。这个国家对那位哲人极为尊敬，尽管他们不把他当作神祇崇拜，但为他举行的典礼的规模之大却超过祭拜偶像或浮屠的仪式；他们不能容忍把他叫作偶像或浮屠，反把这种称呼当作是大不敬。我可以再补充几个中国人对这位哲人的说法，实际上他是一个有学问的人，天赋种种品德。他们在他死后给予他的爱护、尊崇及种种美称，他生前却未得到。因此他们称他为素王（Su Vam），犹言无权、无笏、无冕和无珍宝的国王。白身，没有权势。他们由此要我们知道，他具有为王或当皇帝所需的种种条件和品质，但命运和上天不帮助他。

第十二章　国家良好的政体、曼达林的差异以及朝廷的各部门

如果中国因我们所述之事而值得称羡，那么它的优良治理当然就更加享有声誉。但在我们进一步谈论这个题目之前，有必要谈谈学者如何谈论他们的帝王，以及他们政府的组织。这个国家所奉行的三条律法，他们称之为文人的律法，是首要的和最古老的。其宗旨在于国家的良好治理，为此他们撰写了许多文章和注解，这是值得称赞的事。古时孔夫子写了一篇论述这个题目的文章，叫作《中庸》，即 *Golden Mediocrity*[①]，其中他教导说，一个有德行的君王应具有九德并做九件事。第一，要自我约束和管治好自己，为的是给他的子民做出榜样和示范。第二，尊敬和关怀有学识和德行的人，常和他们交谈，跟他们商讨国家的大事。第三，友善对待他的叔伯和子侄及其他皇室血统的王公；赏赐那些值得奖励的人，让他们知道他敬重他们，并优先选用其中的佼佼者。第四，对非皇室血统的贵人表示礼遇，使他们拥有财富和声望，以至全国都可看到君王器重他们超过普通人。第五，使他自己融入于（如果我可以这样说）他的其他臣属，将心比心，对他们之重视一如对他自己。第六，真诚爱护他的百姓，与他们同欢乐、共忧患。这样，他国内最贫贱的人可以完全相信皇帝爱民如子。第七，招请各类工匠艺人来他的国家，以便迅速从事生产。第八，对外国使臣尽可能优礼相待，让他们看到皇帝的仁慈之心，做到言行一致，并采取措施，在他们离开之时，使他们平安、满意地返回本国。第九，爱护国内的贵族，善待他们，那么他们心里不会萌生丝毫反叛之念，而会成为国家的坚强柱石。这些是孔夫子的九项箴言。以下是阐释：

他说，如果帝王实施这九条原则，就可以使他的王朝传之永世，不仅获得盛名，还可得到天助。因为，如果一个王公善于自理，同时他也将达到中庸的至善尽美。他将是一面镜子，其子民可用以自照，也是效仿的榜样和典范。如果他尊敬有学识和德行之人，那么他们会同样满意地为他

[①]　也作 Golden Mean，即中庸之道。

寻求治国之道。他将日益开明,并得到约束自身和治理百姓的智慧、判断力、经验和知识。同时,他会时时发现自己在治家治国的事务中更加准确无误。如果他爱他的叔伯、兄弟及亲戚,他们会与他一起,同心同德为他效劳。如果他关怀他的贵人,他们会忠实勤勉地为他服务,犹如工具为巩固他的统治服务;他们会在所有要务上诚实公正地办事。总之,他们会在一切事务上协助他。而当他采用他们的意见时,将不至于没有指导,犯下治国中轻率的错误,危害他的统治。如果他重视他的臣属一如重视他自身,他们会尽力为他效力,并保持绝对忠诚,作为君王对他们重视爱护的回报。如果他爱民如子,他将使他们心里愉快和感激,他们则满怀感情和敬意拜倒在他们的帝王、他们的父母和师长的足下。如果他邀请各类工匠艺人赴他的宫廷,他们会竭尽本职去安排或发展商业、农业及有关贸易和技艺的事。这样,国家会富有,采用这个方法,百姓和全国及皇帝本人将会生活充裕,享受足够的持久和平。如果他对使臣及其他外国人殷勤仁慈,他的德行之美名将传遍世上各地,遥远的民族将乐于臣服于他。如果他善待国内的大贵族,就自然会激励他们竭尽己能去为国家做出最大的贡献,而怀着对主公的敬畏和挚爱,他们将遵守德行,成为皇帝的护卫,国家的堡垒。这是解说者对九条治国良方的阐释,我将它从中文译为葡文,其目的在于,通过这篇文章,读者将更加清楚下面的叙述。

全国的曼达林分为九等①,每等分为两级。这一划分意味着皇上仅赐给曼达林级别,而不管其职位。一般来说曼达林是根据他的职位来确定他属于上等或下等,但这并非一般的规律。因为有时会出现这样的情况:为表彰某人的功劳,其职务通常由下等的曼达林担任,皇帝可以赐给他第一或第二等曼达林的头衔;另一方面,为惩罚一个担任上等曼达林职位的人,皇帝可把他贬为下等曼达林。这些等级的规定、区别和隶属性是完整和实在的,下级对上级的礼敬和服从是很严格的。最后,皇上对他们的君主权力是绝对的。在我对我们世俗或教会的政府所作的研究中,还没有发现有类似于此的。

第一等的曼达林是皇帝内阁的顾问,这是中国文人所能达到的最荣耀和最高的等级。他们的职位有古今几个名字和头衔,最普通的是内阁(Nui Co)、阁老(Co Lao)、宰相(Cai Siam)、相公(Siam Cum)、相

---

① 即九品。

国（Siam Que）。这些名字的意思不过是皇帝的助手、辅助官和高级顾问，没有什么区别。皇帝宫阙内有几座殿，既以其建筑，也以其宽敞和家具而显得壮丽，它们按照皇帝在其中所处理的事务的不同而有高低之别。当皇帝要赐给他的某位顾问以殊荣时，就赐给他一座殿的名字，如中极殿（Chum Chi Tien，即中间的至高皇家大厅），再把这个新名字附于他的本名之前。如果他们有较大的业绩，皇帝也把其他的头衔赐给他们，由此他们获得极高的荣誉，如国柱（Que Chu），其意是支撑国家的柱石。

　　这些顾问并无限定数字，有时多有时少，视皇帝之意而定，他按己意从其他部门的曼达林中挑选。不管怎样，总有一个叫首相（Xeu Siam）的人作为他们的首脑，他可以看作是皇帝的总理和宠臣。这些顾问的衙门，是皇帝之下最高级的，所以在皇宫内被安置在大殿的左侧，皇帝在出巡时要在大殿接受曼达林的朝拜。这里顺便提一下，中国人视左手为荣。这个衙门叫作内苑（Nui Yuen），犹言皇宫内的部门。它由三个曼达林组成：头一个是我们已谈到的皇帝的顾问。这些人要审阅六部上呈皇帝的奏章，它们涉及国家大事，或有关战争与和平，或民事、刑事案件。当他们决定后，就以简要摘录上呈皇帝仲裁，皇帝按照己意批准或否决，然后详阅奏章，按他认为的理由做出自己的决定。

　　第二等相当于皇上顾问的助手和辅助官，很有权势，备受人们敬畏。他们一般来自曼达林的第二品级或第三品级，常常是从省的总督、六部首要而提升为皇帝的顾问。他们通常被称为大学士（Ta Hion Su），即有大学问的文人。这个头衔也用来称皇帝的顾问。此外，皇帝也授予这两个品级的曼达林别的尊贵头衔，按他们的业绩而定：如太子太〔保〕（Tai Cu Tai）①，即皇太子的大保护人；太子太傅（Tai Cu Tai Su），即皇太子的大师傅；和殿大学士（Hotien Ta Trion Su），即太和殿的大学士等。

　　第三等的曼达林，叫作中书科（Chum Xu Co），即曼达林的训练所。他们的任务是誊写文件，也就是这个衙门的事务，皇帝赐予他们行使职能的宫殿。他们一般是曼达林的第四、第五或第六品，但他们比前两个品级更令人生畏，因为事情的成败在很大程度上有赖于他们。他们若改写、增添或遗漏一个字，就可以使一件诉讼案产生巨大的差异。因为他们若有意篡改，即使最无辜的人也会身败名裂甚至家破人亡。对于这个国家来说，

---

① Tai Cu Tai：按解释应为太子太保，"保"字遗漏。

贪污腐化有强大的支配力，而中国文字中的同义词及简明含义也具有如此的能力。除了这三个等级，尚有无数的书手、卫士、检查员及其他官吏。

第十三章　文官六部、武将五部

除了我们在上一章中提到的部门，还有十一个主要的部，中国皇帝在公元前2000年已与这些部共理国政，而且一直保留到今天。它们包括六个文官的部，叫作六部（Lo Pu），及五个武将的部，叫作五府（Ù Fu），下面我们将予以说明。

文官六部中的第一个部叫吏部（Li Pu），它的职责是管辖全国的曼达林，具有授予或剥夺他们职位的权力。第二个部叫户部（Hu Pu），监管皇帝的赋入和税收。第三个部叫礼部（Li Pu），组织和安排典礼仪式。第四个部叫兵部（Pim Pu），管理全国的军事、将官和士兵。第五个部叫刑部（Him Pu），承担对罪犯的审理权，处罚违法者。第六个部是工部（Cum Pu），负责皇帝的工程建筑。这六个部对朝内的衙门都有管辖权，对各省的衙门则更具有绝对的权力，尽管距离十分遥远，各省仍畏惧和服从它们，犹如在它们眼底下。不过考虑到六部权力过大而且涉及面很广，为防止其中有人利用职权谋逆，乘机反叛，所以按下述方式对它们的权力进行节制：如无各部共议和批准，六部中任何一部都不能决定它所经办的事。这是我们亲身经历到的，我们受迫害期间悲惨的经验证实确实如此。在这期间，我们有几次被送往所有六个部，以便作出判决。在属于这六部中每一部的衙门内，有一个大堂供一位叫作科吏（Co Li）即监察官的曼达林使用，他公开或私下查访其部内的行为。如果他发现有失误或违法的行为，就立即上奏皇帝。这位曼达林不属于也不领导他所在的部。

这六部的首脑，因其职位，属于第二品曼达林中的第一级，他们叫作尚书（Xam Xu）。例如礼部尚书，即礼仪部的首脑；户部尚书，即皇室赋税部的首脑。每位首脑有两个助手，第一个叫左侍郎（Tso Xi Lam），即左手的头目，另一个叫右侍郎（Yeu Xi Lam），即右手的头目，这两个助手属于第二品中的第一级。这三个首脑还有其他几种头衔，例如头一个叫大堂（Ta Tam），第二个叫左堂，第三个叫右堂。

这六个部，按照它们的等级，设在皇宫附近，在东侧一座宽广华丽的方形建筑物内，每一边的长度为一个半火枪射距。这些建筑各有门户、庭院及房舍。第一位首脑在中间，从街道开始，有一座三扇的大门，经过其他几个门、正门和庭院，饰有门廊及用漂亮柱子支撑的回廊，你就来到了一座大堂，第一位首脑及他的助手在其中就座，尚有另外许多各有所司的曼达林，一般称为大堂曼达林。穿过这座大堂有另一个庭院，过此庭院另有一座小厅，当第一位首脑要审理秘密事件或特别重要的案件时，就和他的助手离开大堂来到这里。穿过此厅，两旁有几间房和另外的厅，房间是供首脑、他的助手及其余曼达林休息用膳之用。他们的伙食是皇帝供给的，因此他们没有必要返回家中，以便有更多的时间处理公务。厅是供秘书和书吏及其他低层吏员使用。另外两座房屋和庭院属于低等的部门，它们隶属高级部门，官府则是为六部所设立的。这些小部门根据它们的职责，数目或多或少，我们将在适当的时候予以叙述。

这六个部的办事程序如下：当某人有事申诉时，他把事由写在一张状纸上，状纸按照规定的格式书写。然后他前往官府，击响在第二道门旁的一面鼓，然后跪下，双手将状纸高举过头。这时一个负责的吏员将它收下，送给大堂的曼达林，曼达林呈交给第一位首脑，若首脑缺席，交给他的助手，他们看了申诉，或批准或拒绝。如果他们不受理，就把状纸退还给申诉人，有时命令责打他一顿鞭杖，因为他无理扰乱公堂，或者由于其他令他们不快的充足理由。如果申诉被接纳，第一位首脑将它交于负责管这类事情的下属部门，审查事由，提出意见。这个部门审阅后，提出他们的意见，再送回第一位首脑处，这时首脑作出裁决，或有所增添、删减，或对下级法庭所作的判决不加改动地予以批准。如果事关重大，他命令同一部门对案件作出书面说明，然后与他的助手一起审阅，再交给监察官。监察官交给皇宫内的内阁顾问，内阁审查案件，上呈皇上，皇上通常命令该部再审。然后内阁顾问把案子交给监察官，监察官阅过皇上的旨令，将它送给第一位首脑，这位首脑再命复查。然后送回给监察官，监察官交给内阁的顾问，然后再上呈皇帝，这时皇帝作出他的最终判决。这一判决以同样方式送回给第一首脑，他把有关的判决通知当事的两方，于是案件结束。如果案件是由省的法庭送往朝廷，那么案情要密封，直接交给皇帝的监察官。监察官开封阅读，再送交给第一首脑，首脑按前述程序进行。

如果曼达林在审判的过程中按律法办事，符合皇帝之意，那么中国会是世上最完美、治理最好的国家。但实际上他们外表一本正经，内心则是虚伪、邪恶和凶残的。他们干了无数诡诈欺骗之事，罄竹难书。因此我只谈这一件事：要想遇见一个不贪赃枉法的曼达林，简直是天大的难事。他们不管执法公正与否，只管谁送的钱多，礼送得大。这些贪婪和血腥的官员置人民的生命、财产和尊严于不顾，就像许多饿狼一样去满足他们亵渎神明的贪欲。而我们所说之事至今在六部都是普遍的。现在详细说明每一个部。

六部中第一个部是吏部，它的职责是为国家提供大小曼达林，考核他们的得失，并呈报皇帝，以便皇帝提升或贬抑、奖赏或处罚他们。属于这个部的有四个小部门。头一个叫文选司（Ven Sinen Su），挑选具有知识或所需才能的人充任曼达林官职。第二个叫考功司（Cao Cum Su），考核上述曼达林的行为端正与否。第三个叫验封司（Nien Fum Su），它的职责是管理任命官吏的印信，把印玺授予每个曼达林，并负责检验携往朝廷或送出的印玺真伪。第四个叫稽勋司（Ki Hium Su），其职责是审查大贵人的功绩，如皇室的小王、公侯等，中国人称之为勋臣（Hium Chin），即古代的藩臣，他们在征服全国时在战场上做出了很大贡献[①]。

第二个部叫户部，它是皇帝的高等司库官。这个部监管皇帝的财务、收支、赋税贡纳，发放皇帝付给王子及其他贵族，还有曼达林的薪俸、大米、丝绸和金钱。这个部保存有档卷或簿册，每年确切地登录所有人户、人口、土地的丈量和应纳的税以及公仓的储存。为了更好地理解以下所述，我们应当知道，中国尽管有十五省，但在公家的簿籍上，按一般的说法，他们只说十四省和一京。因为，中国人说朝廷所在的省，不在下，而在上，所以他们不把它算在其他省内。这样一来，在六部内，没有设置管治北京事务的部门。但各部的首脑按照他的意思把有关事务交给为其他各省而设的一两个下属衙门。大国库部在府衙的两侧，有十四个下属衙门，标有它的省名。例如，河南省的衙门，广东省的衙门，依此类推。前朝[②]治下只有十三省和两京，因为南京和北京同样也是皇城，也有六部，如同今天的北京，下有属部。但鞑靼人取消南京的京城之名，撤除了各部，城名也更改了，称它为江宁及江南省，这是它先前之名。

第三个部叫礼部，负责管理典礼仪式、技艺和学术。这个部掌管皇室音乐，考核学生，批准他们参加文人考试；对于皇帝赐予有功者的头衔

---

① 指朱元璋建立明朝后分封功臣，分为公、侯、伯、子、男等爵位。
② 指明朝。

及职位提出建议；皇帝应在哪座庙宇向天地、日月及祖先献祭，这也属于他们的职责，当皇帝为臣子或使臣设宴时，由他们安排宴席，接待并遣送皇帝的宾客及使臣；他们照管文艺和工艺；最后，全国有三种宗教，一是儒生的宗教，二是道士即结婚和尚的宗教，三是独身和尚的宗教①，这个部有权收押、鞭打和处罚他们。我们在受迫害期间正是在这个部，被囚两月，每人都给系上九条锁链，受害者有汤若望、利类思、南怀仁和安文思诸神父，后来他们被送往世俗衙门。这个部的四边有另四个下属衙门，分掌上面已谈到的几个方面。一是仪制司（Y Chi Su），即处理要事的部门，及有关王子、公爵、大曼达林等封赠的事。二是祠祭司（Su Ci Su），照管皇帝的祭飨、庙宇、历算、三教等。三是主客司（Chu Ke Su），负责迎送皇帝的宾客，不管国内或国外的。四是精膳司（Cim Xen Su），安排为皇帝设的宴席，或皇帝恩赐给人的膳食。当中国人是自己国家主宰的时候，仅有两名学识和功劳最享誉的博士能进入这个部。所以他们极受尊重，这也是最佳的升迁途径：因为皇帝从中选择阁老及他的顾问。但现在鞑靼人介入，要按照他们之意安排这些事务，而且对于他们来说，曼达林只不过是哑木偶，其余各部也如此。我们确实相信，这是天主有意对这个民族实行惩罚，打击他们极端的狂傲，让他们服从于一小撮穷困、无知、粗野的蛮人，一如天主为惩罚欧洲，要把它交给安哥拉和莫桑比克的卡菲尔人（Cafers）手中。

但是，尽管这个部的名字和第一个部的名字完全相同，在中文中它们却区别甚大，因为第一个音节的Li，中国字写法完全不同，读音也有异。第一个发尖高音，所以我们使用尖音符号Lí；相反，第二个降低声音，所以用重音符号Lì。这样，根据第一个Lí的涵义，意思是曼达林，Pu为部，合在一起是曼达林的部；第二个读音Lì，意为礼仪，与Pu结合则是礼仪的部。在鞑靼语中绝不会出现这种相同的含义，他们把第一部称作Hasan Xurgan，即曼达林的部，因为Hasan的意思是部，Xurgan意为曼达林，而第二个Toro Xurgan，即礼部。

第四个部叫作兵部，负责管理全国的军事。这个部选拔和提升军官，

---

① 指儒、道、释三教。原文Bonze，有和尚、僧等之意。Bonze来源于日语Bonzu，应即"和尚"的日语发音，安文思把道士称为Married Bonzes，意思是有的道士可以结婚，即婚的道士。而Batchelaur Bonzes则指出家的和尚，不能结婚。

任命他们担任军队、边境戍军、内地堡塞及中国各地军队的军职,负责士兵征发和操练,给大军械库及许多武器仓库补充进攻和防御性武器、军火及给养等。这个部下面有四个下属部门。头一个叫武选司(Vu Siven Su),负责选择和任命武曼达林的军职,让他们操练兵士。第二个叫职方司(Che Fam Su),负责把士兵和军官派往国内各地和哨所,以便追捕盗贼,防止其扰乱社会安宁。第三个叫车驾司(Che Kia Su),管理皇帝的马匹,既有在边境、要地的,也有为驿站配备及供皇家旅舍所用的马匹。他们还要负责运输粮草和士兵的舟车。第四个叫武库司(Vu Cu Su),负责制造各类进攻和防御性武器并加以妥善保存,以备国内武器和军械库之用。

第五个部叫作刑部,类似Tournelle,即法国议会刑事庭,权力及于全国。他们按国法审查、拷问和惩处罪犯。国法大都是极公正和符合理性的。如果这个部的曼达林,还有其余各部的,均能正当遵法守纪,那么就不会每天发生非法和暴虐的事件。因为现时很少有案件是按照理性和律法审讯的。谁给了钱,谁就总是对的,直到另一个给的钱更多,那么他就更有权利。金银、丝绸及其他礼物在那里替代了法律。这个民族为贪心所迷,以致皇帝尽管有时下旨惩处那些贪赃枉法者,他们仍不因严刑而改正。朝廷的各部都审理他们职责之下的罪案。不过,当罪行严重超过一般的惩罚,如没收财产、放逐或死刑,他们就把案件和犯人送交刑部,在那里再做审讯,公布最后的裁决。在这个部内,设有十四个下属法庭,每个法庭分管国内的一省。而法庭给罪犯施加的刑法及死刑有各种方式,我在此略而不谈,以免显得冗长。我只说说中国人的一个风俗,它和欧洲的习惯很不相同。在欧洲,贵人被断头,普通罪犯被绞死,而在中国,一个人最大的耻辱莫过于斩首。因此当皇帝对一个被判死刑的贵人或曼达林表示格外开恩时,就赐给他一条很软的丝巾让他自尽,而不用绞索。中国人之所以有这种偏见是因为他们说,如果必须砍头,那就是对父母不孝,父母给予他们完整的身体,而他们因不孝和罪孽而使肢体分开破损。因为有这种看法,中国人便为因犯罪被处死的亲属,花几十甚至几百、几千克朗向刑吏购买尸体,然后再把头缝在身体上,同时哀嚎哭泣,在一定程度上减轻他们的不孝。他们说这种仪式来源于孔夫子的弟子曾子(Tsem Tsu)。这位哲人临死时把他的子女和弟子召来,把他的头、手和脚指给他们看,他用如下的话表示诀别:"孩子们,要向你们的父亲和老师学习,像我那样孝顺这世上生我育我的人，因此我得以完整保留他们赐给我的身体。"

上述中国人用高价购买亲属尸体之事，是真实的。因为被斩首的人，不许像普通死者那样安葬，这对他们来说是最可怕的事。因此，刑吏不得不把尸体剥光后扔到附近的沟里，并且冒着身受严惩的危险出卖尸体，或者至少要把卖尸体的钱的大部分分给曼达林或发现售卖的知情者，所以他必须卖得贵才能得到得多。这个部保留的刑法中有一条是古代帝王所制定，我不能略而不述：当罪犯因表现好或者其他值得开恩的原因，不管他是在春季、冬季或夏季被判死刑，他将得到缓刑，直到下一年的秋季末。因古代中国人的风俗是，如果发生王子诞生或婚配或其他喜庆事件，或地震后，或出现任何特殊季节天象的变化，除少数特殊情况之外，都要释放囚犯。因此，那些得到缓刑的犯人可能获得自由，或者至少可以多活几个月。

第六个部，也是最后一部叫作工部，即公共工程部。这个部负责修建和修复皇宫、陵墓及庙宇，这是他们敬祖先和祭神祇、太阳、月亮、天地的地方，并修建全国各部的府衙及大贵人的宅第。他们也监管楼塔、桥梁、闸门、河流，及所有使河流通航所需的东西，如公路、车辆、船、舟等。这个部下辖四个部门。第一个叫营缮司（Vin Xen Su），它检验和设计将要进行的工程。第二个是虞衡司（Yu Hem Su），它负责管理全国各地制作军用武器的工场和车间。第三个是都水司（Tum Xui Su），负责河流湖泊的通航，修整大道，建造和修复桥梁，制作舟车及其他便于商业的东西。第四个是屯田司（Ce Tien Su），监管皇帝允许出租的房舍和土地，皇帝由此既得到租金又得到收成。

如上所述，六部下有四十四个衙门，在它们管辖之处，府衙内各有自己的房舍、厅堂、厢房及其他需用之物。四十四个衙门各有一个首脑及十二名参议，其中四名属于第五等曼达林中的第一级，四名属于第五等的第二级，另四名属于第六等。在户部和刑部，官员的数字倍增，下属的衙门有一个首脑及二十四名参议。

然而，除了这些有等级的曼达林，还有一些无等级的人员也是曼达林。不管怎样，在工作若干年后，皇帝提升他们为第九和第八等曼达林。这些部门内还有许多公证人、登记员、书吏、检查员、商人、门房、挑夫、信使、下人和仆人、狱吏、校尉、军士、监守人员、鞭杖和处罚罪犯的差役、清扫工、铺桌布和在桌前侍候的人以及厨师，其俸禄都由皇帝支付。不过顺便要说一下，我们所谈的曼达林的数目，仅在前朝制度下，因为现今各部门的数字都成倍增加。例如，原来不超过十二人的低级衙门，现在是二十四人，其中鞑靼人占十二人。

这就是管治中国的六部，在全国是非常有名的。然而，不管哪个部都不会权力过大，古代帝王设立它们并分散它们的职能，谨慎地节制它们的权限，以致没有一个部在处理它治下的事务时拥有绝对的权力，而必须依靠别的部。例如，第四部兵部的首脑，就没有独立的权力，不能轻易地乘机造反，尽管国家的军队归他指挥。因为他缺钱，所以必须由皇帝批准，命令户部给钱。工兵、舟、船、车、帐及其他军事物资则归第六部管辖，第四部必须向它索取。此外，马匹则属于另一个小部管辖，下面将对此加以叙述。

武将曼达林分为五个部，叫作五府，即五类。其衙门在西面，位于皇宫的右侧，因名字而各异。第一个叫作后府（Heu Fu），即后卫；第二个叫作左府（Tso Fu），即左翼；第三个叫作右府（Yeu Fu），即右翼；第四个叫作中府（Chum Fu），即中军；而第五个叫作前府（Hien Fu），即前锋。五个府由十五位大曼达林管辖，如公、侯等，每府各三名，其中一个是首脑，另两个是他的助手。他们都是曼达林的第一等：首脑属于第一等的第一级，助手属第二级。朝廷的将官和士兵都归他们统辖。

这五府之上有一个高级的部，叫戎政府①（Fum Chim Fu），即高级军事部，其首脑一直是国内最大的公侯。这个部有权管辖五府及国家的将官士卒。但为了防止其首脑滥用大权，而受到上面一名辅佐的约束，此人是一名文官，拥有高级武装摄政的头衔，还有两名皇家检察官，他们同样处理有关事务。在前朝治下，这些府有很大的权势，极受尊崇礼敬，然而它们的名声大于实权，因为处理事务得归兵部，即高级武装部。或许有人会提出异议说这五府是多余的，因为它们依赖六部中的第四部。但对此的回答是，当时在朝廷有许多被称为勋臣的贵人，即有大功的臣子，他们的祖先曾协助前朝第一位王取得江山。此外，十分肯定的是，中国人有强烈的当权做官的欲望，从中他们可以得到最大的荣誉和快乐，这从一位

---

① 关于戎政府的设立，参看《广志绎》卷二："京营，十二团营，于公谦所置也。仇鸾以勤王怙宠，入理戎政，乃改为三大营，曰五军，曰神机，曰神枢，总之曰戎政府，为制印章。"又，郑晓《今言类编》卷一称："嘉靖庚戌，虏窥京师，朝廷厘革营务，罢团营，仍为五军营……京营戎政公、侯伯一人，协理文臣一人。"

曼达林给利玛窦神父的回答中可以看出。当神父宣讲我们的圣教及归信者以后享受的永恒幸福时，曼达林说："去吧，去吧，闭上你的嘴，别说这些无聊的奇谈怪想，你这洋人最大的体面和幸福莫过于住在本国本京。至于我这方面，我的荣誉和快乐就在这曼达林的腰带袍服，其他的都不过是随风而逝的空话废话，仅仅是看不到或者永不可见的事。指挥别人，拥有金银、妻妾及许多男女仆役，这些是看得见的；豪华住宅、巨大财富、宴会、游乐，是看得见的。总之，财产、地位、荣誉是当曼达林的结果。这正是我们在这个大国所渴求和享有的一切幸福，而不是你的空虚的幸福。那毫无好处，既看不见，又得不到。"——这就是傲慢无知的人的世俗之见。因此，皇帝深知本国人，特别是贵人的脾性，为满足他们的需求，就设立这些部，以便给他们一个满足欲望的机会，获得各部的官位和好处，同时防止他们利用授予的有限权力为非作歹。现在有一些未列入九品的曼达林，叫作未入流（Vi Jo Lieu），即没有授衔的人；还有另一些品位无法再高的人，叫作无品（Vu Pin），也就是那些功劳太大的人，他们的地位在所有品级之上。这些是诸王、公、侯等，他们管辖两个武装部。尽管他们有头衔，还有他们作为曼达林所拥有的部分权力，但他们仍因有大功劳而取得公侯之尊，更受到敬重。至此我们已谈了十一个高级部门，下文将介绍朝廷和全国的其他部门。

第十四章　北京的其他几个部

　　全国的硕士（中国叫作举人，即以学识闻名的人）每三年在北京宫廷聚会，在那里进行十三天的考试。一个月后，授予三百六十六人以博士的等级，他们在文章写作上表现得最有才能和文采。皇帝从这些年轻的博士中挑选最年轻、最有才华的人，让他们进入叫作翰林院（Han Len Iven）的部门，即富有学识之林园。这个院有许多曼达林，全都是全国最有才智和学识的人。它分为五个门类，由五个部门组成，各有名称和职掌，在此不一一叙述，以免过于冗长打扰读者，而仅对其职能作一概述。他们是继承皇位的皇太子的师傅，教授太子德行、礼仪及学艺。太子成年之后，他们就逐步教授真正的治国之道和处世之方。他们记录朝廷或全国发生的重大以及值得传诸后代的事件。他们编纂国家的通史，从事研究，撰写书籍。他们是皇帝手下富有学识的人，皇帝常跟他们谈论各种学术，选择其中的人当他的阁老即顾问，或其他部的官员；他通常委托他们处理需要保密和忠诚的事。总之，这个部门是皇家学院，或者我可以说，始终是准备提供为国家和皇上效劳的皇家人才库。第一部的人是曼达林的三品，第二部是曼达林的四品，其他三部的人是曼达林的五品。不过，尽管他们品级不高，但很受尊重、礼敬，令人敬畏。

　　国子监（Gue Thu Kien），可以称为全国的公立学院或大学，它有两项工作：第一是当皇帝向天地、日月，或为酬报其大功而向某个死去的臣子做献祭时，则由这个部门的曼达林献酒，以极隆重的仪式完成。他们的另一项工作是照管国内的硕士和太学生，以及那些因特殊原因由皇帝赐给大致相当于学士头衔的学子。这些学生有八种。第一种叫作贡生（Cum Sem），他们是文学学生，因年龄关系未应试，或者应试而未有幸通过，因此皇帝赐给他们一笔终生津贴作为补偿。第二种叫作官生（Quen Sem），他们是大曼达林之子，因他们的父辈有大功劳，皇帝赐给他们工作，不用经过严格的考试。第三种叫作恩生（Ngen Sem）①，是皇帝登

---

① Ngen Sem，或为"恩生"的对音，朝廷有庆典、特恩则开恩科所取之士。

基或皇子诞生和婚配时被任命为曼达林的学子。第四种叫作贡生（Cum Sem）①，他们是皇帝恩赐的学生，并因他们个人的品德或先辈的大功，皇帝提拔他们为官。第五种叫作监生（Kien Sem），包括那些曾一度是学士的人，在他们未能通过硕士考试后，或者怕失去学士的头衔，便献给皇帝一笔钱，因此皇帝赐给他们监生之衔，保证他们留在学士的等级，使他们能够被推选为曼达林。第六种是学习外国语的学生，他们能在外国人来朝时当通事。为鼓励他们，皇帝赐给他们这个头衔及相当的收入，并在他们服务几年后，可以不用考试任曼达林。第七种包括大贵人之子，他们在这个部门学习德操、礼仪及学艺，成年后任曼达林，皇帝提升他们任某个官职。第八种是凭借特殊背景的人。当皇帝要把叫作公主（Cum Chu）的女儿嫁出时，他要在北京选择几个年龄在十四到十七岁之间、英俊的年轻人，不管他们是曼达林、商人还是穷人之子。礼部从这些人当中挑选容貌和才智最为出众的几个人，引荐给皇上，他选出最喜欢的一个，把其余的送还他们的父母，并给他们每人一笔钱和一匹丝绸。至于他选中作为女婿的人，则派礼部的一名曼达林监护，并送他去学院受教。这个学院的首脑是四品的曼达林，其助手，即学院的监管，属于五品。

在叫作都察院（Tu Cha Yuen）的衙门任职的曼达林，是朝廷及全国的检察官。其首脑在地位上与六大部的首脑相等，属于二品的曼达林。他的第一助手是三品，第二助手是四品，其余为数众多且握有大权的曼达林属七品。他们的职责是在朝廷和全国监督臣民是否严格遵守法律和维护良好风尚，并见诸施行；曼达林是否公正和真实地尽职，对百姓是否尽到义务等。他们在自己的衙门处罚犯小过失者，大案则上报皇帝。每三年要进行一次大巡访，外派十四名巡访使，即每省一员。当巡访使进入各省时，他们凌驾于总督及其他大大小小的曼达林之上，而且以威严、权势和凛然之气使他们慑服。曼达林对巡访使的畏惧，有如中国的一句谚语所说："老鼠见猫"（Lao xu kien mao），也就是耗子看见猫。他们对巡访使之害怕，不是没有道理的，因为巡访使有权免去他们的官职，毁灭他们的前程。巡视结束，巡访使返朝，一般都会满载曼达林送给他们的四五十万克朗而归。因为那些有过失的人，害怕在皇帝面前受到指控，舍得慷慨花费

---

① 前面已提到Cum Sem，贡生，这里又提，似为重复，但贡生有几种，这里或指拔贡，即经考试后可任小官的生员。

银两。另一些人很吝啬，但不管怎样，为了避免受到诬告，也送钱。巡访使返回后，将赃款和第一首脑及其助手瓜分，然后再向首脑和皇上报告他们的巡访。一般来说，除了那些贪赃枉法、恶名昭彰、不能隐瞒的人，他们不弹劾任何一个曼达林，或者除了那些因清廉贫困而不能满足他们贪欲之人。这次巡访叫作大察（Ta Chai），即大巡察。这个衙门每年还进行第二次巡视，叫作中察（Chum Chai），即中巡察。它还把巡访使派往九边之地。他们派其他巡访使去盐井，因为盐井向皇帝缴纳大量赋税。如果说总巡访使因掠夺曼达林和百姓而发财，那么这后一类巡访使从盐场主那里劫掠的钱财就更多了。盐场主把盐运往各省，是中国最有钱的人，一般每人有四五十万克朗。第三次巡访叫作小察（Siao Chai），即小巡察，这种巡访每三月进行一次，常常派出秘密和伪装的巡访使，有时到一省一城，有时到更小的地方，这样他可以得到某个以暴虐和贪污而闻名的曼达林的真实信息。除这些巡访之外，这个部每三年向每省派出一名叫学院（Hio Yuen）的巡访使，并向每个城市派出一个提学（Ti Hio），去考核学士，并且制止他们凭特权压迫百姓。这些人有权逮捕并鞭杖违犯者，当证明他们不知悔改时，就贬斥和给予严厉处罚。最后，这个衙门在认为有需要时派出一名叫作巡河（Siun Ho）的巡访使去查勘我们已谈到的著名的运河，巡视其中的船只。这种巡访，要比其他类为巡访而派遣的使者获得更大的荣誉和利益。

  这个衙门的官员居住在一座大府宅内，他们有二十五个下属衙门，分为五类，每类有五部，设五个首脑，有许多助手和下级吏员。

  第一类的五部叫作五城察院（V Chin Chay Yuen），即京城五个城区的巡访御史，分别负责巡视南墙及邻近城区、北部城墙、东部城墙、西部城墙和中央城墙。这些曼达林权力极大，因为他们有权审讯和处罚百姓以及曼达林和大贵人的家仆。如犯法者情节严重，他们就把罪犯送交刑部。

  第二类的官员叫作五城兵马司（V Chin Pim Ma Su），即五个城区的首脑。

  第三类的官员叫作衙前（Yam Quen），即副指挥。

  另两类的职责是逮捕小偷、盗贼、歹徒、赌棍、无赖等，把他们收系于狱，直到他们让位于大强盗。他们的职责还有白天防御，晚间巡逻，并安置哨兵通报谁家失火。防御的校尉也隶属于这两类。每十户有一个叫作牌（Pai）的校尉，每个牌头（Pai Teu）有一个叫作总甲（Stum Kia）的校尉，他负责向衙门报告在其辖区内发生的违犯法律和破坏城市良好风俗的事，以及外国人何时来到城里，或者其他新奇的事。他还应当鼓动一些人家在夜晚开始时高唱五句诗，内容包含必要的道德训诫，词句如下：

孝顺父母，尊敬长上，和睦乡里，教子孙，莫作恶（Hiao xum fu mu，Tsum kim cham xam，Ho mo hian li，Kiao tzu sun，Mon tzo vi）。

这就是说，服从你的父母，尊敬老人和上司，与邻居和睦相处，教育你的子女，不要作恶。

在没有曼达林的小镇，这项工作交给四五个叫作老人（Lao Gen）的诚实老者去做，他们有一个首领，叫作乡约（Hiam Yo）或地方（Ti Fam）。此人每晚也唱同样的歌，而且每月初一、十五召集居民，用譬喻和事例向他们解释这些训诫的含义。我认为对此应略加记述，让读者知道这个民族的道德品质和智慧。服从你的父母，像羔羊之服从母羊，因为它在跪下吸奶时十分温驯，确实知道它得到的养育之恩，教导我们对母亲孝敬。尊重老者和你的长上，像大雁按序飞行，表示对长老的真诚爱戴。和睦相处，像鹿一样团结友爱，因为当一头鹿遇到一片肥沃的牧地时，它不会独自吃草，而是把其余的鹿叫来分享。教育你的孩子，像古代童姬（Tuen Ki[①]）训子，她是个寡妇，每天鞭打她唯一的儿子，直到他改正恶习，使他终于以学识和德行而知名，成为状元（Chuam Yuen），即帝国的头名博士，后来以他的品德和英雄行为被提升为阁老，即皇帝的首席大臣。不作恶，不要像邪恶不孝的侯司（Heu Ci[②]），他忘恩背义，图谋杀害训斥他为恶的岳父，但意外地杀了自己的生母，她的溺爱使她儿子堕落，给他钱花，使他耽于酒色，而且隐瞒他早年的放荡。但老天使他成为他那类恶人的榜样，为告诫其他人，将他毁灭于地，让他遭受雷劈。

儒学（Ju Hio）是一个混合的衙门，它管理学士和武生。它有两个首脑，一个管前者，另一个管后者。前一个的工作是讲述治国安民之道。另一个则讲述军事训练，何时打仗，如何进攻和防守要地及其他这类事务。这个衙门的曼达林分散在各省各城，从而使得他们经常有机会在这些方面展示才能，被学士和武生尊为教师，而非官员。住在府衙的两名首脑都是博士，一文一武。其他官员是皇帝按自己的喜爱或者因他们祖辈的功劳被

[①] Tuen Ki，对音不明，仅译其音。
[②] Heu Ci，对音不明，仅译其音。

挑选为曼达林。

科道（Co Tao）即科吏（Co Li）的衙门，是监察和监督官吏的部门，我们在前面已经谈到，它分为六类，像六大部一样，有各自不同的名字。例如，第一类叫作吏科（Li Co），即吏部的监察官。第二类叫作户科（Hú Co），即户部的监察官，依此类推。每一科由几个曼达林组成，属七品，而且都是平等的，因此绝对没有一个掌部印的人会作为同僚的长上。他们的职责是指摘皇帝本人施政的失误，有的十分坚决和大胆，当真理在他们一边时，他们宁冒被处死和被放逐之危而不妥协，当面或通过奏折如实地告知皇帝。我们现今已遇到几起这种自由进谏的例子，中国史书中还有更多的记载。皇帝也时时弥补自己的过失，给那些敢于进谏的人重奖。他们还有权监察六大部的失误，私下上奏皇帝。皇帝还从这个部门选择曼达林去执行机密旨令。每年挑选三人为巡访使，头一个叫作巡商（Siu Cim），他视察京师即北京城内的商人，检验伪劣和违禁的商品；第二个叫作巡工（Sium Cam），他视察给皇帝烧石灰的工人；第三个叫作巡视内营（Sium Xi Nim Ym）[①]，他出席所有的大操练。这个部的曼达林仅为七品，然而他们的权势是很大的。

行人司（Him Gin Su）衙门有几个曼达林，都是博士，而且同属第七品，和前面提到的部门一样。他们的工作是作为使者或使臣被派往外地，或国内遥远的地区，或外国。皇帝派他们去封赠某个阵亡曼达林的母亲或妻子，或者在曼达林尽职为皇上和国家做出卓越成绩后进行封赠。当皇帝要敕封朝鲜王公以王号，或敕封邻近其他君王时，这些使节通常十分体面，有时收获不小。

大理寺（Tai Li Su）即大道理的部，之所以这样称呼，是因为他们有权审理有疑问和复杂的案件，裁定或取消其他部的判决，特别是有关国家、皇帝臣属的名誉和生命的罪行。这个部的首脑是三品，左、右两助手官员是四品，下属曼达林甚多，属五品和六品。当刑部判决某个有地位的人或其他贱民死刑，皇帝发现判决的理由存在疑问时，他就把案子交给三法司（San Fa Su），可以称为是良心审议司。这时三部会集，大理寺、都理院（Tu Li Yuen）[②]即巡访御史所属的部及刑部。三司当面审问原告和被

[①]　Sium Xi Nim Ym：对音不明，仅译其音。
[②]　应为都察院。

告，经常否决原判。如果审讯官没有收刑部的贿赂，或者没有足够的钱和手段收买另两个部，那么他们按理和法审讯，皇帝通常批准这三个部的裁决。

通政司（Tum Chim Su）负责公布皇帝的诏旨法令，孜孜不倦地将百姓遭受的灾害、苦难和需要如实地自行上奏皇帝。他们还负责把所有军事曼达林的奏章、十四省的担任各种职务的老练曼达林的信札，以及百姓、士兵和外国来的异邦人的信札择要上呈皇帝。但京城的曼达林可直接向皇帝上奏章，不理会这个部。它的首脑是三品，第一助手是四品，第二助手是五品，其余下级曼达林是六品和七品。

太常寺（Tai Cham Su），可以称作是大礼部的同僚和助手。其首脑是三品，助手是四品，其余许多曼达林是五品和六品。他们特别照管皇帝的音乐和祭祀，因为是在庙宇向天地、日月、山川献祭，所以这个部管理那些极为宏大雄伟的建筑。他们还负责管理道士，此类人通常是炼金术士和算命的。这些曼达林中有两个下令接纳和招待来朝的外国人。最后，他们监管公娼及其居住地，以及那些操纵她们操贱业的人。中国人为了对这类可耻的人表示嫌恶，称他们为忘八（Vam pa），即完全忘掉八大美德的人，如孝敬父母、怜爱兄弟亲属、忠于君主、朴素、诚实、公正、谦逊、贞节及种种值得称道的品格风尚。中国人仅用两个字就表达出这个词的含义，由此易于看出他们语言的力量，及他们对品德的重视，尽管他们大多遵循使自己犯罪的恶习。

光禄寺（Quan Lo Su）即皇家宾馆，负责在皇帝的祭祀、宴会及以皇帝名义款待中外人士的活动中，供应酒水、牲畜和其他必需的东西。这个部是礼部的同僚。首脑是三品，其助手，一个是四品，另一个是五品，其余许多曼达林是七品。

太仆寺（Tai Po Su）的曼达林，和上述衙门的官员属同一品级。他们的职责是照看供给皇帝以及作战使用的马匹。为此，他们派遣差役和使者去购买所需马匹，然后送往兵部，这个部是兵部的助手。兵部把马匹分配给将官，并送到边境的营寨。在明朝统治期间，这些马匹从几个省购买，但现在，西鞑靼人把马匹运往京城，皇帝每年收购七万匹，还有贵胄、将官、士兵、文臣和百姓购买的，其数增加了两三倍。由此可以估计京师马匹数量之大，对此我不敢妄断，以免被认为不足为信。

钦天监（Kin Tien Kien）是推算历数的部。首脑是五品，其两名助手是六品，其余曼达林是七品和八品。他们观察天文，其职责是推算日食、月食的时日，把全食或偏食通报皇帝。皇帝通过礼部把有关的信息传到省的各部，以便他们准备举行有关的仪式，这包括在蚀时擂鼓，曼达林一直跪着，两眼朝天，极表敬畏。这个部也编写历书，每年付印，传遍全国。编写其他东西是非法的，这是以死刑禁止的事。

太医院（Tai Y Yuen），即医药部，由帝、后、王子的医师组成。他们也给皇帝特恩允许的其他病人治病，并且自己备药。太医院的曼达林，品级和上述部门的相等，二者均属礼部。

鸿胪寺（Hum Lu Su），为典礼提供侍从和司仪官，典礼是在皇帝上朝，或者在他进入皇殿接受贵胄和曼达林朝拜时举行。这个部门是礼部的助手，首脑是四品，副手为五、六品，其余曼达林为七、八品。

上林苑（Xam Len Yuen）负责管理花园、园林和公园，也饲养牛、羊、猪、野鸭、鸡及种种牲畜，供皇室献祭、宴飨及皇家馆舍使用。它隶属礼部管辖，其曼达林与钦天监和太医院属同一品级。

尚宝司（Xam Pao Su），在皇宫内，它照管用极为珍贵的宝石制成的御玺。御玺是方形，直径差不多有一掌宽。当有任何衙门需使用它时，尚宝司必须上报皇帝，使用后再封存，他们也必须告之皇帝。他们负责在必要时候准备朝廷和全国各部门的印章，并且当皇帝赐给某人以新头衔或委以官职，或者因某种重大原因要改换印章时，他们决定在印章上刻什么字和什么符号。吏部委任和差遣朝廷和各省的曼达林，在取得皇帝的许可后，把他们送往尚宝司领取印章。这个衙门的首脑仅一位助手，但他们都是博士，属于五品，其余的吏员系恩赐为曼达林，只属七品或八品。

锦衣卫（Kin Y Guei），即皇家卫队，由分为四类的几百名军事曼达林组成。他们的第一类是曼达林的二品，第二类为三品，第三类为四品，第四类为五品。他们的职责是保卫皇帝本人，无论是在皇帝出宫还是接见贵胄和曼达林的时候。皇帝依赖这个部去逮捕以出身和地位而闻名的人物。他们一般都是大曼达林之子、兄弟，或者是皇后的亲戚，或者是皇亲的子侄，或者是曼达林之子侄，他们功绩卓著，因此皇帝赐予他们这一职位。他们从不提升到别的部，不会像其他部的曼达林那样从一部调往另一部。然而，他们在本部内提升，常常达到尚书（Xam Xu）的品级，这是六部首脑的头衔；也往往会任阁老之位，即国之顾问。他们因职责和地位而备受敬畏，并且他们始终接近皇帝本人。尽管他们是军事曼达林，但他们不属兵部即大武装部管辖，只隶属皇帝。

锦衣卫下辖两个部，各有专用之地。头一个叫作南镇（Nan Chin），即南部望楼；第二个叫作北镇（Pe Chin），即北部望楼。这两部的首脑是五品，下属许多曼达林都是七品。第一个部曼达林的职责是管理奉命去逮捕贵胄的人，第二个部是接收和看管收系的囚犯，直到囚犯奉皇帝诏令得到开释，或者移送刑部。

税课司（Xui Que Su）有两个部，首脑是通行税的检察官，负责督察运进北京并在城里售卖的货物。第一个部更为重要，负责在城门设置卫士，禁止私运货物进京（事先已登记并纳税完毕的除外）。第二个部征收运进城内售卖的商品税，如奴隶、马匹、骆驼、牛等。这两个部的首脑是七品，下属曼达林为八品和九品。这两个部均属于户部。

督捕（Tu Pu）[①]，可以视之为皇室的常备检察官，他们的职责是两方面的：首先逮捕盗贼歹徒，进行审讯。如果得到宽恕，将他们释放；如果认为应当判处死罪，将他们送往刑部。对于扒手、初犯者，在他们左臂用红热烙铁烙上印记，再犯者烙右臂，三犯者则送交刑部。另一个职责是逮捕逃奴，首先打三百鞭，再送还其主人。但近年来通常改为在左颊上印两个鞑靼字和两个汉字。不过一位汉人曼达林在奏章中请求皇帝考虑此种刑罚是否过重，因为这是人之本性渴望自由的结果，而非为恶行为；而且在街上看见满是受刑的畸形人，对皇帝所在的京城来说是不雅观的。皇帝采纳了这条建议，命令今后把字印在左臂上。这个部的首脑是二品，其助手是三品，其余曼达林是七品和八品。这个部有许多巡警和捕盗校尉，他们以异乎寻常的机警和老练发现和追捕各种小偷、盗贼和逃亡的奴隶。

府尹（Fu Yn）是顺天府（Xun Tien Fu）即北京城的两名长官。这两名长官高于国内其他城市的长官，属三品曼达林，他们的助手是四品。第一个长官监管学生及没有当曼达林的文人。第二个长官负责教导百姓，告诫他们和睦相处，并了解他们的生活方式，惩罚那些标新立异不遵秩序的人，关怀勤劳者，对所有人公平执法，在公共事务中节用百姓，查清城内户口和人数，日夜警卫，解救百姓苦难，保护他们不受有钱有势者之害，抚慰贫穷孤苦，酬奖有德者，开释无辜并惩处犯罪，最后为公家祭祀准备地方和所需东西。所以中国人称城市长官为父母（Fu Mu）是不无道理

[①] Tu Pu：对音不明，仅译其音。

的，这就是说，他们是百姓的父母。

还有两个叫作大兴县（Tai Him Hien）和宛平县（Von Pim Hien）的衙门，隶属于顺天府管辖。其首脑有两位，因为北京分为两城，这是根据国法而定，城市按其大小和范围，或单或双。朝廷所在的城市，这些衙门的首脑是六品，省的城，属七品；下属曼达林为七、八、九品。

宗人府（Tsum Gin Fu）是贵族部，即从父到子，有皇室血统的贵族。其首脑是一位享有王号的人，以他的年龄和德行始终受到人们的敬重。他不属于九品之内，因为他的地位高于所有曼达林的品级。他的助手也始终是有皇室血统的两个贵人，出于同样的原因没有品级。这些官员负责发放津贴给男系的皇亲，无论他们是贵胄还是贫穷的人，至少在十五或十六代皇室血统内，都有一些津贴，多少则按他们的地位和血统远近而定。他们有权把他们的房屋和家具漆成红色。但因前朝统治了两百七十七年，它的后裔繁衍甚多，离原来的系谱十分遥远，同时他们分到的钱财很少，以致其中有的人为了生计，沦落去操贱业。因此当我首次进入中国，我在江西（Kiam Si）省的首府遇见一个人，他是寻常的挑夫，为表示他与众不同，他背上用来搬运的工具，十分光亮，并且漆成红色。他们的人数无穷，在前朝治下，分散到全国，他们滥用出身的特权，对贫民百般凌辱勒索，但还是随着他们出身的王族一起灭绝了。眼下，居统治地位的鞑靼王的亲属都是贵胄，住在京城。但如果他们的统治长久，他们人数的增加将变成不亚于前朝的负担。这个部也负责裁决诸皇子之间的民事、刑事诉讼和分歧，先把有关的诉讼上报皇帝后，再按他们应受的处罚予以执行。

皇亲（Hoam Cin）是皇帝的女系亲属，分为两类。

第一类是皇帝的女儿，嫁给挑选的年轻贵人，叫作驸马（Fu Ma）。他们传下来的后人按中国风俗不能视为皇室王子，也不是皇帝的亲属。即使有男性后人，他们也无权继承王位，这一风俗也保留在百姓中。因为在中国，嫁女儿就是把她从父系家庭中排斥出去，让她进入夫家，她同时采用夫姓代替她自己的姓。这样一来，当中国人谈到女子嫁到夫家，从不使用"进"（Kin）字，即前去，而使用"归"（Quei）字，即回归，其意是说，她不是去，而是回到她的家。当他们谈到死者时也如是说，他们不说某人去世，而是说某人归土。同样的理由，当祖父谈到他儿子的儿子时，他称他们为孙子（Sun Su），即我的孙子；但当他谈到女儿的儿子时，他称他们为外孙子（Vai Sun Su），即我外面的孙子，只是视他们为姻亲之子。

第二类是女系的外戚，即皇后的父母、兄弟、叔伯及其他亲戚，皇帝的女婿及其父母、兄弟和其他亲属。皇帝从这两类人中选择最重要的人物组成宗人府，其职责与宗人府的官员相同。二者不同之处仅在于：后者不在九品内，前者的曼达林是第一和第二品。而他们对皇亲和驸马的尊崇超过一品的曼达林，不过这第二类的亲属也随着前朝被鞑靼人灭绝了。至此已述及曼达林的衙门和朝廷的部门，下文将记述省的衙门。

注释和说明：

本书第133页："他要在北京选择几个……年轻人"等。

这里我们要指出，作者在此处所谈的仅仅是清朝之前的做法，因为鞑靼皇帝改变了这一风俗，只把女儿嫁给王、侯及贵胄，我们的作者即将在下面叙及。

第十五章　省的几个衙门和曼达林

十五个省都有一个最高的部门，掌管省内一切事务。其首脑有都堂（Tu Tam）、军门（Kiun Muen）、都院（Tu Yuen）、巡抚（Siun Fu）等称号及其他几个名称，按我们的说法就是省长或总督。这些首脑属于一品、二品或三品，当皇帝差遣他们到各省时，给他们确定品级。他们负责和平及战争时期全省的事务，处理军民在民事和刑事方面的事情。他们向皇帝和六部报告一切重要事件。另一方面，皇帝的诏谕及六部的公文都直接送交这个衙门，在紧要事务上省的曼达林都必须到该衙门去。有的省长管理两省、三省或四省，叫作总督（Tsum To），如两广总督（Leam Quam Tsum To），即广东和广西的总督。广东的意思是东面的省，广西是西面的省。在中国，与鞑靼地域接境的省份及其他要地，有类似总督的官员。除总督外，每省有一个叫作南台（Ngan Tai）或南院（Ngan Yuen）的巡访使，在前面文中已述及。最后，还有第三个叫作总兵（Tsum Pim）的重要官员，他指挥全省的军队，属于曼达林的第一品。诸省各部门的这三个最高首脑，下辖几个曼达林，协助他们处理政事。虽然总的来说这三位官员的衙门在省城，但他们并不总是住在那里，而是由于公务的需要到各地巡视。省城的特殊机构叙述如下：

每个省城有两个衙门治理全省的事务，一个管民事，另一个管刑事。头一个叫作布政司（Pu Chim Su），其首脑是曼达林二品的第一级。它下属的衙门，像宫廷的一样，在两侧有左右两个衙门，它们不是第一个衙门的下级单位，而是助手。左手的最重要，叫作参政（Tsan Chim），有两个首脑，都是三品的第二级。右手的叫作参议（Tsan Y），它的两个首脑品级相同，都是四品的第二级。这三个衙门有许多下属曼达林，叫作首联官（Xeu Lien Quen①），他们的任务是裁决民事，征收该省的赋税。

刑事衙门叫作按察司（Nghan Cha Su），首脑是三品，没有助手，但手下有两类曼达林。头一类叫作副使（To Su），四品。第二类叫作金

---

① Xeu Lien Quen：对音不明，此处仅译其音。

事（Cien Su），五品。这两类曼达林叫作道吏（Tao Li），即道总（Tao Tsun[①]）。这些道吏是一省各区的巡访使，有自己的衙门。其中一些在他们管辖的范围之内监管驿站、公舍及皇帝的舟船，叫作驿传道（Ye Chuen Tao）。另外的叫作兵备道（Pim Pi Tao），负责查阅省的军务；负责疏浚沟渠、平整大道的部门叫作屯田道（Tun Tien Tao）。这个刑事衙门有权力惩处罪犯：流放、没收财物或处死。如果省里没有巡访使，它就负责监视其他的曼达林，向皇帝报告省里发生的事。总之，这两个衙门和朝内六部职能相同，可以说是六部的补充。

每个省分为许多区，每区隶属于叫作道吏（Tao Ti[②]）的曼达林，作为巡访使，即检察官，他在职权内考核官员的行为，并负责督催城镇长官迅速交纳皇粮。还有一些曼达林负责管辖区内的河流和海岸。巡视河流的叫作河道（Ho Tao），巡视海岸的叫作海道（Hai Tao）。所有这些曼达林都隶属于我们已谈到的叫作科道（Co Tao）的监察部门。

所有第一等的城市，不管是不是首府，都有一个治理城区的长官，他是四品的曼达林，叫作知府（Chi Fu）。他有三个助手，第一个叫同知（Tum Chi），第二个叫通判（Tum Puon），第三个叫推官（Chui Quen），他们是六品和七品。他们也被叫作第二、第三和第四长官，占据第二、第三或第四把交椅，或二、三、四府。首脑是第一长官，占据第一把交椅。还有下属四个曼达林，叫作经历（Kim Lie）、知事（Chu Su）、照磨（Chao Mo）及检校（Kim Kiao），仅为七、八、九品。这个衙门的职责和北京的长官一样。全国的城市都有这样的曼达林。如果是重要商业地区或者范围广大，那么这些曼达林的人数加倍。

第二等的城市叫作州（Cheu），有两类。第一类只隶属于首府，如第一类城市，而且有下属城市。第二类隶属于第一等的城市，不管下属有无城市。这些城市的首脑叫作知州（Chi Cheu），他是五品的第二级，有两个助手，一个叫作州同（Cheu Tum），另一个叫作州判（Cheu Poon），他们是六、七品的第二级。下属还有第三个曼达林，叫作吏目（Li Mo），九品的第二级。百姓把这位长官叫作太爷（Tai Ye），即第一位大老爷。他们的职责和第一类城市的长官相同。

---

① Tao Tsun：对音不明，仅译其音。
② Tao Ti：为Tao Li之误，即道吏。

国内其他城市都有一个衙门，其首脑叫作知县（Chi Hien），是七品的第一级。他也有两个助手，头一个叫作县丞（Hien Chim），八品；第二个属九品，叫作主簿（Chu Pu）。他还有第三个下属，叫作典史（Tien Su），未入流，但如果他工作三年有成绩，本城的长官就给他一纸证明，把他推荐给上级城市，上级城市的长官再推荐给省城的长官，最后一个长官推荐给省城的两大部，后者荐给总督，总督介绍给吏部，吏部的曼达林荐给国家的顾问，顾问上报皇帝。一般来说，皇帝让他当八品或九品的曼达林。这是曼达林为提升到新职位所经过的程序。但如果他们不把任职中压榨的钱财拿出一部分作为礼物去买官的话，这种好运从不降临到他们头上。这种交易是公开进行的，好像是他们当中的一条既定规则。这就是为什么官职在全国作为一条升官途径售卖，尤其在朝廷更是如此，所以除了皇帝外，没有人真正关心民瘼，其余的人只关心自身的利益。关于这类情况，我将告诉你一个我目睹的例子。

有个叫作西蒙（Simon）的年轻士绅，一个好基督徒，他是第二等城市的一名曼达林，他的父亲是陕西省总督，在与该省反叛的匪军作战时以身殉职，所以皇帝格外示恩于他。西蒙任职三年期满，被提升为第一等城市的曼达林，在任职期满后前往朝廷。按照惯例，他希望调往另一个更重要的城市，作为他劳绩的酬报。皇帝把他的请求提交给吏部。该部立即致函给他，让他知道，如果他通过第三者交十四万（Van）两银子，相当于大约十万克朗，就把山西（Xan Si）省平阳（Pim Yam）城的官职授予他。平阳人口众多，商业兴隆，是全国最富有的城市之一。这个有德的基督徒对此回答说，如果他本人有这笔钱，甚至再少些，他就不会再为找工作而活动，因为，即使比那笔钱更小的数目已足够他安逸地生活。他也不认为，像其他人那样花偌大一笔钱去谋取大利是合宜的，他们因此被迫偿还他们的债主，为了满足后者的贪欲，变成真正的暴君和豺狼，吞噬州县，所至之处压迫可怜的百姓，而他们的职责应是保护百姓。这样虽可能给予他们购买的职位，但对于他们来说，则愿满足于命运的安排。通常，按照惯例，有多少候职的曼达林，就在小薄板上写多少城市名称放在一个容器内，每个抽到某个城市名称的人就任该城的长官，不过当某人和吏部达成一致意见时，那块板就已安排妥当，让他抽到他所愿去的城市。然而这一手法，在1669年却使一个曼达林遭到失败。他把很大的一笔钱给了主要的官员，后者答应他抽中一个商业兴隆而且不远的城市。可是他抽中的却是贵州（Quei Cheu）省的一个贫困城市，全国最远最穷的地方。因此这个薄命、不幸的曼达林为他的噩运丧失理智，置衙门于不顾，当着在场的三百多个曼达林愤怒地站起来（因为他们都跪着），大声喊叫他完蛋了，脱掉衣袍帽子，扑向那个主要的官员，把他推倒在地，对这个可怜的官员拳打脚踢，狂喊："你这歹徒和骗子，我给你的钱在哪里？你许给我的城市在哪里？"并用其他许多相同性质的话咒骂他。因此那个衙门解散了，那个曼达林和那个主要官员都被投入刑部的监狱，在那里两人都有被判处死刑的极大危险。因为按照法律，做这种交易的人要被处死，此外舞弊的丑闻使罪行更加严重。

国内所有城镇都有这样一个衙门，由一位首脑及至少两三名助手组成，他们被称为教官（Kiao Quen），即文士的官员。因为，他们的职责是管理文人学士（即秀才），特别是监督学士。这些学士人数很多，常常很贫困，倚仗他们的特权，变得大胆放肆，为了从穷人和富人那里得到钱财，常常不顾对首脑和官员应有的尊敬，干了许多邪恶的勾当。因此古代帝王极为慎重地设立这个衙门，捉拿和惩罚他们，不思悔改的则予以罢免。这就是为什么学士对这些曼达林极端畏惧、尊重的原因。这个衙门有权不时召集城里的文人，即学士、硕士、博士及因年老退休的老曼达林，讨论学术和德行。为此给他们出题目，这些题目均来自他们的书中，让他们作出阐释，由这个衙门审核，或赞同或否定。所以这些官员，与其说是曼达林，还不如说是教师。除了在全国普遍设立的这些曼达林，还有其他部门管治特殊的地方，例如管盐的曼达林，他们负责通过公家承办人在全国分配盐，防止私商流通，以免损害皇家赋税。另外还有一些曼达林，可称作是皇帝和大贵人手下租税的管家，特别在沿海省份更是如此。另有一个衙门叫作提举司（Ti Kiu Su），葡萄牙人读作Tai Qui Si。因为葡人确实误读中国字，把香山（Hiam Xan）即芳香的山读成Ham Sam。Ama Gao 读作 Ma Cao（澳门）①。在这里，Ama偶像湾即海湾；Ama是一尊偶像之名，在当地受到崇拜。

这些都是文曼达林部门，武曼达林的部门则更多。因为除了在设立文曼达林的地方设有武曼达林部门外，还在与诸省分离的一些重要地方如

---

① 按安文思的意见，Ama Gao（阿妈澳）因葡萄牙人误读成Ma Cao，故有此（澳门）名。阿妈即天妃。

港口和港湾，以及许多与鞑靼地域邻近的边境地区设立。朝廷还颁发文曼达林的人名录，在一年的每个季节刊印和重印，其中著录有姓名、官衔、籍贯及每人授官的时间。同时也刊印武曼达林的人名录。全国共有文曼达林一万三千六百四十七人，武曼达林一万八千五百二十人，总共是三万两千一百六十七人。虽然这个数字十分确定，但看来却是令人难以置信的数目。他们的职责，他们的等级，以及他们的上下关系超出想象地井然有序，立法者预见到可能遇到的种种问题，他们似乎没有忽略任何方面。因此，如果官员的品行和诚实与政治制度相符的话，我相信世上没有任何国家能够有如此更完善的政体。但因他们不信仰真实的上帝，也不知另一个世界的永恒酬奖和惩罚，他们不顾良心的谴责，把声色、地位和财富作为他们的快乐。因此，为得到这些虚无的好处，他们破坏神和人的律法，把宗教、理性、公正、诚实及一切亲属友谊的权益都践踏在足下。下级吏员只知如何去欺骗上级曼达林，而各部的人及所有官员只知如何去欺骗皇帝：他们知道怎样施用诡计和手腕，利用奏章中的言辞，如此温和、诚实、敬重、谦逊而且充满谄媚，并且用如此可信、看似公正的理由，使被骗的君王常常把最大的谎言当成是神圣的真理。所以当百姓发现自己不断地受到毫无道理的欺压和迫害，便发出怨言，起来造反，造成很大的破坏，国家变化很大。不管怎样，中国法律的优点和完善没有理由因官员的堕落和邪恶而受损。

第十六章　中国的大帝王及其赋入

我在第三章中记述了中国人对他们国家起源的三种意见。他们并不认为他们的帝王缺乏古风，因为他们的政体始终是绝对君主制，没有掺和贵族制。我还谈到孔夫子及所有文人把第一种意见仅仅作为传说而加以否定。因此我将仅补充说，根据第二种意见，公元前2953年中国人是在诸王的治理下。伏羲帝是他们的第一位皇帝，是帝国的创建者，其活动始于中国西北的陕西省。中国人把这位皇帝绘成身穿树叶的样子，并一致认为他的国家开始时领土不大，他的百姓也不多。他们的史书记载说，当这个皇帝开始统治时，中国人吃的是草根野果，饮的是野兽的血，穿的是兽皮。他教他们织网及打猎捕鱼，并且最早发明中国文字。文人都相信这个说法是可能的，而且有的人把它看成是确实无疑的。总而言之，看来非常可能的是，伏羲是中国的第一位帝王，在这点上如果我们把中国人增添的传说撇开，希腊人和罗马人在记他们最初的创建者时也同样有误传，那么中国历史的延续及其帝王世系看来十分真实。因为据他们史书和编年的计算，我们清楚地看到中国的第一位帝王，按七十家注释者的说法，在大洪水后大约两百年开始统治。这个时期，诺亚的后代可能已散布到亚洲。同时期内，他们扩展到了亚洲的整个西部，进入非洲及欧洲的一部分地方。

第三种意见则断定中国的第一位帝王是尧，根据他们的编年史所载，他在四千零二十五年前开始统治。他们的史书说，在他的时代，既有历算家又有天文学家，他命令挖掘壕堑和渠道，排泄当时淹没山谷平原的大洪水。这位帝王是一个因德行高尚且才能非凡而知名的君主，迄今仍被尊为中国的最聪慧和最有德行的帝王。深通中国书籍和历史的神父们认为，第三种意见无疑是正确的，而第二种意见有可能是正确的。按照通俗本《圣经》的记载，有必要说明伏羲和尧肯定是在洪水之前出生和统治的，因此我们在这个国家不得不依据七十家的说法。这点明确后，中国的历史看来非常可能不仅与埃及、亚述、希腊和罗马历史相符合，而且与《圣经》的年表有更惊人的吻合。

根据第二种最为可能的意见，从伏羲帝在洪水后大约两百年的统治，到1662年康熙（Cam Hi）的统治，其间有二百三十六个皇帝，他们统治这个国家长达四千五百三十四年之久。由于他们治理国家有好有坏，朝代延续的时间有长有短，直到再次发生叛乱，把皇帝处死，驱逐皇族的诸王及他所封的贵人，叛乱者再自立为国家的主宰。最初是诸侯和大公叛乱，后来则发生出身低贱的人起来造反。前朝的第一个皇帝是出身低微的人，他的名字是朱（Chum）。早年是一名干杂活儿的小和尚，后来成为一个拦路抢劫的强盗，遭到流放。他当上一伙儿强盗的头目，取得许多辉煌战果，成为全国的主宰。登基时他取名为洪武（Hum Vu），即勇敢好武，但后来那些阿谀奉承的文人给他上尊号，称之为大明（Tai Mim），其意为一个大放光明的王朝。他的后人统治中国达二百七十六年，直到1643年，鞑靼人成为国家的主人，推翻了旧王朝。这些叛乱表明，天意注定要使百姓从苛政的压迫下得到解脱。这一观点或者说看法，中国的教士十分相信，他们深信这是世上最大的一条真理，以至人们几乎都希望改朝换代。这就是我们发现为什么中国经常发生叛乱的原因，今天在这个省，明天在另一个省，而且多次仅发生在一城一镇。你经常可以看到，一个贱民上升为帝王，有时靠一支五十人的土匪军，有时靠一二百人的农民，但更经常的是靠偶像的教派。他们声称要立新皇帝，建立一个新的政权。看到在这个国家的舞台上每天演出的喜剧，倒不如说是悲剧，是一件奇异的事。因为今天不过是一名无耻的盗贼，备受畏惧和憎恨，只要让他换掉服装，戴上皇冠，披上龙袍，这个人明天就受到全世界的爱戴尊敬，哪怕众所周知他出身贱微，但他们马上就称他为天子——天下的君主。我们已谈到，中国人称他们的国家为天下（Tien Hia），犹言一切均在天之下；或者叫四海之内（Su Hai Chi Num），犹言在四个海之中。所以在他们看来，称某人是天下或四海的君王，也就是称他为中国的皇帝。

中国人给他们的帝王起了各种高尚堂皇的称号。例如，他们称他为天子（Tien Hu），天的儿子；圣天子（Xim Tien Hu），神圣的天之子；皇帝（Hoam Ti），尊严伟大的帝王；圣皇（Xim Xoam），神圣的皇帝；皇上（Hoam Xam），威严的君王；圣君（Xim Kium），神圣的君主；圣上（Xim Xam），神圣的君长；国主（Que Chu），国家之主；朝廷（Chao Tim），皇宫；万岁（Van Sui），即一万年；等等。所以，称天子、万岁或朝廷，和称王或帝是一回事。然而，虽有这些无聊的吹捧，中国的君王还远不如莫诺摩托帕（Monomotopa）国王那样自负，后者相信他有能力指挥太阳、月亮和星星；也不如暹罗（Siam）王那样痴心妄想，后者从经验知道，每年某个季节，流经他国内的那条大河要淹没两岸，而且在一定时间内要逐渐回潮，便以盛大仪式出宫，命令河水退回，复归于海。因为尽管中国人给他们的国王加上这些尊号，而且他也接受了，但他和他们一样，至少是有学识和头脑的人，还不至于没有理智，相信他是真正的天之子。他只不过是天选择的帝王，统治和保护百姓的义子。不管怎样，我们不能否认，这些称号表示采用它的人及接受它的人的狂妄自大。但对于一个异教民族来说，居住在如此辽阔的国土上，如此强盛和繁荣，应得到某种程度的谅解。尤其是，皇帝从不使用它们，当他提到自己的时候，在私下只使用"我"（Ngo）字，即我自己，他的子民也都这样使用；而当他坐在宝座上公开讲话时，则使用"朕"（Chin）字，其意相同，区别仅在于只有他本人才能使用此字。在这点上他比欧洲的许多君王要谦逊得多。

大多数的君王都册封公、侯及其他贵胄，中国皇帝也一样，而且在这点上超过他们，近来他自夸有能力创造神祇和偶像。在这个国家，从前有一个习惯，当皇帝要酬报某个对国家做出重大贡献的要人时，便在他死后给他营建雄伟的庙堂，并在庙堂内用黄金装饰他的名字、尊号及对他功绩的颂词。例如，大约一千年前，中国有位非常著名的将军，多年来他一直保卫国家和人民，并曾英勇地与反叛皇帝和国家的人做斗争，力图恢复皇帝和国家昔日的光辉，曾取得几次著名的胜利，历尽艰辛，最后献出了自己的生命。为表彰其忠诚和英雄业绩，皇帝决定在他死后保持他生时所获得的光荣。为此，皇帝给他修建雄伟的庙宇，在其中立上他的塑像，宣布他是全中国之王。这位英勇的将军及其他几位有相同德行的人，现在被皇帝和全中国人尊为偶像即神明，他们忘记了古人的意图仅仅是尊崇有德行的人，以他们的英勇和忠实为榜样，去激励和鼓舞旁人，而不是一头栽进偶像崇拜中。当今皇帝们利用他们的权力，把他们喜爱的人奉为神，一如古代罗马元老院的做法，这里我将谈两个值得一述的例子。当利玛窦神父初次进入中国，适值万历帝在位，对于他的国家来说，四十八年幸福的统治，一直维持和平富足，但他本人治理家庭，却不那么幸运。因为他选择了一位阁老即国之顾问，那人很有才能和学问，名叫张居正（Cham Kiu Chem），作为继位王子的师傅。这个人因拥有高位和荣誉，妄用他随意入宫的自由，逐渐与皇帝之母亲密交往，她则完全顺从这个大臣的欲念。当皇帝发现这件事时,立即将他处死①。至于那个女人,她心里深深被阁老之死及侮辱所触动,害怕自己遭到相同的命运,几天后就病死了。但皇帝为了在一定程度上恢复他母亲的名誉,赐给她超乎寻常的尊号,隆重宣布她是九莲菩萨(Kieu Lien Pu Sa),即九花女神,并在全国为她兴建庙宇,她以这个名称受到崇拜,有如罗马人把库蒂珊·弗洛拉(Curtisan Flora)奉为女花神。这位阁老死后,曼达林们劝皇帝把他为孔夫子的书籍所做的注释焚毁,但皇帝以他一贯的持重回答他们说,他是因其恶行而受惩,不是因他为教导王子和为全国写的好书。总之,这部注释是中国人对这一题目所做的最优良的作品。它充满合理的道德理论,坚实的箴言和阐述;而且对许多艰难的辩论有明确无误的答案。因为这些原因,它是我们神父学习中国语言使用甚多的一部书。

大约四百年前,有一个教士,他从不剃头,而且还结婚,属于中国人称为道士的教派。他以炼丹技能及妖术和其他魔法,逐渐得到当时在位君王的恩宠,以至在他活着的时候被尊为超人,死后被封为神和天——日月星辰的主宰。

从这两个例子可看出,这个民族是多么愚昧无知,相信帝王有权力把渺小凡人封为全能之神;那些文人之阿谀奉承又达到何等程度,他们不仅赞同,而且还劝皇帝去做违反理性的事。这就使我们有机会利用这个二难推理,在现世轻易地说服他们。要么帝王比这个神,即这个上帝更有权力,要么这个神比帝王更有权力。如果他们说帝王更有权力,那么我们说,为什么帝王要跪在神面前,在地上叩首礼拜他?为什么他要向神进香?为什么他要向神祈求长生与安宁?如果他们像往常一样说,神更有权力,我们就这样回答他们,这种权力不能来自别处,只能来自他是一尊神。正是帝王造的神,因此帝王比神更有权力。于是让他们看到神没有权力,我们问他们,帝王能否赐给他们长生、健康、子女等,他们回答说帝王根本不能赐给他们这些幸福,也不能把这些赐给他本人。我们回答道,确实如此,既然神的权力得自帝王,而帝王却不能把自己没有的权力赐给神,如你们自己所承认的,其结论显然是,神根本没有权力。他们充分明白这个道理,其中一些人抛弃错误,归信真理。但他们大多数人极有礼貌地回答说:"再来领教(Tsai lai lim kiao)。"即我们再回来听你的道理。

---

① 中国史书没有这样的记载,张居正也不是被处死的。

这和古希腊法官们对圣保罗的回答如出一辙。

我们现在谈谈这位君王的赋入，即每年缴纳给他的国库和粮仓的赋税。国库每年收入一千八百六十万银克朗，不包括全国公开买卖的商税和关税、皇帝以高利贷获益的几百万克朗以及十分庞大的皇室土地、森林和园林的收入，也不包括每天朝廷没收的钱财，以及出售没收反叛者的房产，还有收缴叛逆、盗窃皇家钱财者的家财，包括凡盗窃百姓一千克朗以上者、被判处重罪者、在执行任务中犯有严重过失者或因大官贪心借故掠夺下属者等。缴纳给国库的皇后名下的赋入，共一千零八十二万三千九百六十二克朗。

1. 每年运进宫廷粮仓的米面达四千三百三十二万八千八百三十四袋；
2. 一千零三十五万五千九百三十七个盐块，每块重五十磅；
3. 两百五十八磅极细的朱砂；
4. 九万四千七百三十七磅漆；
5. 三万八千五百五十磅干果，如葡萄干、无花果、胡桃、栗等；
6. 运进御衣橱的各色丝料共二十一万五千四百三十二磅，如丝绒、缎子、锦缎及其他种种，不包括我们所说的用船运去的御服；
7. 四十七万六千二百七十匹薄丝料，中国人在夏季穿着；
8. 二十七万两千九百零三磅生丝；
9. 三十九万六千四百八十匹棉布；
10. 四十六万四千二百一十七磅棉；
11. 五万六千二百八十四匹麻布。

最后，两万一千四百七十袋豆料，供给御用马匹以代替燕麦。还有两百五十九万八千五百八十三捆草，每捆重十五磅。这最后两种的数量是中国皇帝规定的，但现在增加了三倍乃至四倍数量，因为鞑靼人饲养了大量马匹。

除了我引用中国作者记述的这些东西，还有运往宫廷的其他各种供应品，如佃户和地主的特殊纳贡：牛、羊、猪、鹅、鸭、鸡和其他家禽，以及野禽野味，诸如熊、鹿、野兔、野鸡、鹧鸪等其他水陆禽兽，鱼类如白鱼、极大之鳟鱼，及其他种种，质地都极佳，我不能尽举其葡萄牙名字。各种蔬菜，在仲冬季节依然青嫩新鲜。在京城，冬季和仲春都很寒冷。这里我们必须承认这个民族的惊人勤劳，因为他们是在有所准备的地方保存那些蔬菜，或者采用地下火炕的方法，保持他们所需的温度。所以，除非你目睹，否则你很难相信那是人工加热。他们还运去油、奶油、醋及其他种种香料；各地区用不同成分酿制的珍贵美酒、蜜、饼、杏仁糖及各种饼干，还有我们欧洲有的各种水果：西瓜、黄瓜、葡萄、樱桃、桃、梨、苹果及许多我们所无的品种。我不能说出这些东西运往宫廷的数量，不过我可以有把握地说，各种物品之丰富令人难以置信，如果我能向你作详细的叙述，那会更加令人惊奇。因此为了让读者对我所见的丰富物资有一个概念，我将作一简短补充。

1669年12月8日，皇帝命令三位曼达林去汤若望神父的墓地焚香，其目的是向他作特殊的礼敬；又命令赐给当时在朝的三个神父（我是其中之一）三百二十五克朗，支付他丧葬的费用。我们的几个曼达林朋友和北京的大部分基督徒应邀参加了简朴的仪式，但这不是我要述说的。第二天，按照习惯，我们回去向皇帝的格外恩赐表示谦恭的谢意。我们谢礼后，皇帝陛下派一名使者叫我们留下，因为他还有事对我们说。我们等了一个多时辰，大约下午三时，我们被引进御殿，皇帝坐在他的宝座上要我们坐在右面第三排第一张桌前。这时住在京城的大官，其中许多是皇亲，按他们的品级就座。这里有两百五十张桌子，每张桌上有二十四个银盘，直径约一掌半宽。按照鞑靼的方式，一个银盘摞在另一个银盘上，这就是说，一个盘子在桌上，其余的盘子按一定间距一个接一个重叠地往上放，第一个盘子的边支撑着其他盘子的边，盘中全都盛满食物，包括各种水果和甜品，但没有浓汤。宴会一开始，皇帝将他自己桌上的两个金盘送给我们，和银盘一样大小，盛着蜜饯和美味果子。席间，他还送给我们另一个金盘，盘内盛着二十个全国最好最大的果子，他们称之为苹果（Pin Quo）。宴会结束时，他又送给我们一盘梨及我们所提到的那种金色苹果。皇帝当时赐给我们的恩宠，在我们看来格外吃惊；对于那些听见这个插曲的人也是一样，但这对其余受邀的人来说并不特殊，因为他们每天都受到皇帝同样的宴请。不过在其他时候，某些公众庆祝的节日上，将在宫廷里更加隆重地招待贵胄和曼达林，人数约有五千。由此，读者可以推想这位皇帝的气派和威势，源源不断运往宫廷的丰富食物，大大超过我所作的叙述。

注释和说明：

本书第147页。

安文思神父已经谈到中国人对国家起源的三种意见。而我毫无疑问地认为，如果他能活到完成这部著作之时，他会把对此的说法都收进这一章内。不管怎样，我认为不宜删掉本章中的任何东西，也不愿作重大改动，因为作者增加了几个奇特的新情节，而且也是有重大意义的。此外，写于1669年的这一章，可以作为安文思神父在一年前对第三种意见的肯定，这可从他在本书中记录的日期不同上看出来。

第十七章 记北京城：皇宫四周的墙及中国主要房屋的形状

北京城，即京城，位于一片平原上，它是大四方形，每边长十二中国飞朗，折合大约三意大利哩，或者将近一葡萄牙里格。它有九门，三门在南，其他每边各二门，并非如卫匡国神父在他的地图集第二十九页所说有十二门，看来他是依据马可·波罗的书（卷二第七章）来描述的。这座城现为鞑靼人所占据，他们的军队分为八部，或如他们所说的八旗。但因在前朝统治下，居民众多，都城容纳不了他们，九门也包括不了九个区，如果说每个区还不能称为大城，至少也和许多大镇一样大；所以又修造了一个新城①，像旧城一样是方形，每边长六中国飞朗，即一个半意大利哩，北面和旧城南边相接。它有七门，每道门都是一个人口众多的区，特别是朝西的门，从王国各地到首都来的人都必须绕过它。我们在第十四章曾谈到新旧两城都分为五个部分。有的大街是从北往南，有的则是从东到西。但每条大街都很直很宽，而且非常对称，所以容易看出它们是用线条画出来的，不像我们欧洲城市是无规则修造的。小街都是从东到西，把在大街之间的空地分割为相等和对称的地带。这条街和那条街均有特别的名字，例如皇亲街（King's Kindred）（王府街）、白塔街（White Tower）（白塔寺）、铁狮街（Iron Lyons）（铁狮子胡同）、鱼街（Fish）（鲜鱼口）、火酒街（Aquavity）（火神庙）②等。坊间专门有一本记载街名和情况的书出售，供侍候曼达林的仆役在他们去衙门时使用，并把他们的礼物、信函及命令送往城内和国内各地。因为他们不断把大量的东西送往全国各地，所以中国人有句俗话说：各省把曼达林送往北京，但相反的是，北京只把仆役和使者送往各省。确实难得遇到一个本城出生的曼达林。北京最好的街道叫作长安街（Cham Gam Kiai），即永久平安的街。它从东到西，北接

---

① 明嘉靖年间在前三门外筑有外城，即南城。
② 此处原书未录拼音，仅按其意译为中文，圆括号内的名字系译者所加。

皇宫城墙，南面有几座衙门及贵胄的府宅。它很广阔，约有三十呺宽，十分著名，以至文人在他们的著述中用它来代表全城。如果说某人住在长安街，犹言他住在北京。这里的房屋如果能像我们的房屋一样高，而且建筑在街道两旁，那么城市会显得更壮观。但它们都是矮房，以示对皇宫的尊敬。但仍然有些贵胄的府宅雄伟壮丽。可是它们建在后面，所以临街只能看见大门，大门两侧的房屋供他们的仆人或商人和手工艺人居住。不管怎样，这对群众生活是很方便的，因为在我们的城市，大部分街道被贵族的府宅占据，所以居民不得不走远路到市场。而在北京以及中国的其他城市，每样东西都在居民家门口售卖，非常方便。这类房屋好像许多仓库或市场、商店和酒馆。谈到人民群众，其人数之多，使我不敢推测其数，也不知如何让人明白。老城和新城的街道都挤满人，大街小巷、边远角落和中心地方都一样。到处都是人群，除欧洲的市集和游行外简直没有可以与之相比的。

皇宫位于这座大城的中央，按该国的风俗面朝南。在中国，你很难看到有城镇、宫室或大人物的府宅不是朝着这一方向的。它为双重城墙所围绕，一重在另一重内，呈长方形。外层是一道特别高和宽的墙，里外都用红胶泥涂抹，覆盖着以金黄色砖修饰的小屋顶，安排得十分艺术和协调。从南门到北门的长度是八中国飞朗，即两意大利哩。这一围墙有四个门，每边中央各一个，每个由三扇门组成，中间一扇始终关闭，只在皇帝通过时才开启。其余两扇总是开着，供进出皇宫的人使用，天亮开门，直到鸣钟清宫时为止。南面的门例外，总是半开，除非皇帝进出。在中国皇帝统治时期，每道门有三十名士兵及其长官，还有十名太监守卫；但现在，由不超过二十名鞑靼官兵守卫。由此可见，曾德昭和卫匡国所肯定的每个门的守卫有三千人、五头象，完全是误传。他们把整体当成了部分，因为总的说来确实有三千人当守卫，分成队和组，每月轮流多少天守卫城门和宫门，除了我们提及的地方，还有另外几处，以及环绕内城的楼塔。至于象，它们从未被放置在城门口，而是在象房内，也就是它们的馆舍中。因为大象是在宽阔的庭院中饲养的，其中间有宽敞的房间，在那里过夏，但在冬季，他们让象留在小栏内，其地面用火炉加热，因为这些动物难以忍受冬季的严寒，常常因看管人的疏忽而死去。从云南省运来的象不超过五六头。它们从不离开象房，除非皇帝为了某种公开的盛典，如祭祀等，隆重出行才用大象。这些门的各个入口，禁止浮屠教的和尚、瞎子、瘸子、伤残人、乞丐、脸上有疤瘤或者耳鼻被割者等一切有明显缺陷的人进入。

紧绕皇宫的内墙，既高且厚，用大小相同的大砖筑成，饰以设计精美的雉堞。它从北往南长有六飞朗，即一个半意大利哩，宽有一个半飞朗，四围共十五飞朗，即五哩差四分之一。它有四座门及大圆顶和拱门。南面和北面的门是三扇，东西两侧则只有一扇，这是第一道（外层）墙。在这些门和城墙四角上，耸立着八个楼塔，或者说是八个极大的厅，结构精美，里面漆成漂亮的红色，饰有金花，覆盖以黄色的琉璃瓦。在中国皇帝的统治下，每座门有二十名太监担任守卫。但现在，鞑靼人在其中安置四十名士兵及两名官员。宫内各部的曼达林及皇室的官员被允许进入这道墙，其他人则严格禁止，除非出示一小块木板或象牙板，上面写着他的名字和工作地点，盖有他所属曼达林的印章，方得进入。这第二道墙的四周有大而深的壕堑，用砂石筑成，其中尽是品种优良的鱼。每座门都有一个吊桥在壕堑之上，南门例外，那里的吊桥在一个拱门之上。

在这两道墙之间的广阔地带，有几座单独的宫室，有的是圆形，有的是方形，都用符合其设计意图的名字称呼，并且都很宽大、富丽，装饰堂皇，不仅适合于许多王公，而且可供欧洲帝王之用。

在东面紧接墙垣的空地中有一条河，有几座用大理石修建的桥横跨河上，结构美观。除了中央的拱顶，还有一个吊桥。宫内的其他许多桥，都用同样的材料修造①，也很漂亮。西面有更多空地，有一个湖，其中养了很多鱼，大约有五飞朗即一又四分之一意大利哩，形状如同一把低音提琴②。在它最窄的地方，有一座漂亮的桥跨越湖上，与墙门相协调，其两端耸立着两座牌坊，各有三个拱门，很高，而且壮丽，工艺极其精致。这个湖，马可·波罗的书曾提及（卷二第六章），四周有供游乐的宫室和房屋，一半建在水上，一半建在地上。湖中有很漂亮的船只，供皇帝垂钓或在湖内划船。东西两端的空地，没有被湖或单独的宫室所占据，有两条相对称的大街，皇宫的工匠和吏员住在那里。此外在前代皇帝治下，这两条街住有一万名太监，但在现今的统治下，他们的屋舍已为鞑靼人和辽（Leao）省的中国人居住，后者因特殊的恩典被视为鞑靼人。至此，对皇

---

① 即汉白玉石。
② 当指北海。

宫外的情况已谈得够多了，我们现在来谈谈宫内情况。

为了更好地了解以下所述，有两件事须要注意。首先，所有的城市及皇帝、贵胄、曼达林和富人的宫室都是门户和主房朝南。其次，我们修建房屋是一层建在另一层上，而中国人的房屋却是建在平地上，一间接一间。所以我们占有空间，他们占有地面。例如，朝南的大门，临街两侧有小房间，这是第一座房屋。接着你进入一个大庭院，其尽头另有一门，这是第二座房屋。在此之后是一个更大的庭院，和待客的大厅相接。后面是第三个庭院，尽头是第四座房屋，那是房主居住之地。再后是第五个庭院和第五座房屋，主人在那里存放他的珠宝、最值钱的家具和杂物。后面是花园，尽头是第六座房屋，中有一小门，除有情况或需要外不开启。这些庭院的东西两侧的房屋质量较差，作为食品贮藏室或仓库。仆人及其妻儿住在连接大门的院内。这就是曼达林和富人的房屋通常的结构。贵胄的府宅占地更大、房间更多，按他们的地位而更高更大。在中国所有事情都有规定，无论曼达林还是贵胄的房屋，都只能按法律规定建造。

注释和说明：

这一章很奇特，因为它包括对中国首都及宏大皇宫的详细记述。其他的记载，无一例外很少谈及，而且一般也很含混。这不是值得奇怪的事。因为使臣始终住在专门接待他们的馆舍，而传教士，他们是除路过或者当他们最后一次受迫害时被作为囚犯押往那里之外，从未见过北京。所以只有汤若望神父、南怀仁神父和安文思神父才能把这个大城市的情况告诉我们。的确，这最后一位神父是唯一向我们记述它的人。他在那里居住了将近二十五年。不管怎样，为了有助于读者对它的认识，提供有关该地更多的清晰概念，我认为应对北京城和皇宫的规划和轮廓作补充说明。我非常认真仔细地予以了考证，凡是未经我们作者充分证明的东西一概不用，这可以从本译本及注释中看出。你还将看到，尽管这个记载很稀奇，但如果能对整个城市和皇宫有一个更确实的轮廓描述，那么它会更加完善。还有对几个属于皇帝和属于贵人的宫室以及庙宇、牌楼和桥梁等的规划和特殊结构描述也一样。但我们可以满足于现在的记述，以待奉皇帝之命赴中国的耶稣会士为我们提供更完整的介绍。我们没有记述七十多条街道，因为它们的形状和情况都差不多，足以使我们对这座大城市有一个概念。此外也没有记录有关的数字,这是因为限于篇幅而未作更多的记述。

本书第154页:"每边长十二中国飞朗"等。

卫匡国神父称城墙四周不超过四十中国飞朗。但我们宁愿相信安文思神父,他得到的信息更准确,称城墙四周有四十八飞朗。卫匡国神父也告诉我们,城墙是在大明朝第三位皇帝太宗(Tai Sungus)①的命令下修建的,他在1404年开始统治中国。柏应理神父在他的编年纪中称这位皇帝为成祖(Chim Su),即永乐(Yum Lo),还说他在登基后的第七年,即1411年才把都城从南京迁往北京。

本书第154页:"它有九门……并非如卫匡国神父在他的地图集第二十九页所说有十二门"等。

我们的作者在这里谈到城门的数字,曾德昭神父、汤若望神父和柏应理神父在他们的编年纪中予以证实,他们一致说北京城只有九门。

本书第154页:他们"修造了一个新城……每边长六中国飞朗","它有七门,每道门都是一个人口众多的区"等。

这里我遇到三个使我困惑的问题:首先,新城的大小;其次,有关各门的情况;第三,两城的城区数。

安文思神父告诉我们,新城是方形,每边长六飞朗。如果是这样,新城四周会是二十四中国飞朗,其范围仅为老城的四分之一,这即是说,它的基址不超过老城的四分之一。在我看来,由于两个理由使它显得过小。首先,因为汤若望神父告诉我们,鞑靼人征服中国后,把旧城留给自己,但把中国人限制在新城内,它很小,不足以容纳他们,再者,他补充说,在中国皇帝统治的时候,它已有相当多的人居住。其次,因为同一个神父肯定地告诉我们,新城从东到西比老城长四飞朗,但从北到南不超过老城的一半宽。由此可以说,新城不能超过六飞朗宽,如安文思神父所说的那样。但它的长度是十六飞朗,四周是四十四飞朗。汤若望神父原系有极大权威的证人,一如安文思神父。因此为了调和他们两人的说法,我们必须得出结论:安文思神父谈的仅仅是新城的宽度,即从东到西的两边,其长

---

① 永乐帝。

不足六飞朗。不管怎样，在我们获得更确切的信息前，我不认为我们应否定安文思的说法，因此我在图案中把新城绘成方形，让大家选择自以为正确的意见。根据这些测量，北京旧城的四周，按一度为二十里格计算，十二飞朗折合一里格（并非如我们已提到的十二个半飞朗），应是四里格，即四十八飞朗，而基址达到一百四十四飞朗。这样，据安文思神父所说，新城则是老城的四分之一，即三十六平方飞朗，合计为一百八十平方飞朗。

据汤若望神父说，新城四周是四十四飞朗，基址为九十六飞朗，合计为一百四十平方飞朗。

《荷兰使节出使中国记》的作者称北京两城的四周是五里格（按每度为二十里格计算），这符合安文思神父的计算，他说两城四周是六十飞朗。但据汤若望神父的推算，它们四周是六十八飞朗，即五又三分之二里格。

现在如果我们把北京城和别的城相比较，我们将发现即使把新旧两城加在一起，还比南京即江南要小许多。尽管据卫匡国、曾德昭和金尼阁说，它的人口更多。曾德昭和金尼阁说南京四周是十八哩，相当于七十二飞朗，面积三百八十平方飞朗。所以北京的两城，据汤若望神父的意见，不超过二百四十飞朗，从而不超过南京第一道城墙内四分之三的土地。我没有谈第二道，根据作者们的报道，它没有形成一个完整的包围圈，而只是包括一些保护城市的壁垒，那里最容易接近大街。

第二个困惑是关于我们的作者谈及新城七门的情况。《荷兰使节出使中国记》的作者说，当你进入南门，半个小时才走到第二道城墙，即旧城的南墙。用半个小时走过新城，与汤若望神父和安文思神父所说的宽度相符合。他说第二道墙有一道盛满河水的宽壕堑卫护。这一情况向我们表明，新城北面没有其他城墙，只有旧城的墙，其间仅被一道壕堑分开。因此，所有报道都只提到，在你到达皇宫前，你仅走过两道城墙。由此看来，老城的南门必须与新城相接，考虑到安文思神父所谈的长度，这就难以理解，但按照汤若望神父的测量就易于明白。因此为了避免混乱，我没有把新城直接与老城连接，按我的意见应当如此。这点明确后，我的意见是，在北面应有三门与老城的三门相对应，一门在东边，一门在西边，因为我们的作者在这段话中说，每个门都有一个人口众多的区，特别是朝西的门。原来他自己没有说明白在西边不止一道门和一个区。这样就仅余下两个门，我把它们置于南边，这里我不打算作更明确的说明，直至我们得到有关中国的进一步信息。

第三个使我困惑的事是两城所属的区太多。我们的作者说，每个门都把我们引向郊区。于是，因为有十六个门，老城有九个，新城有七个，必定也有十六个区。但这看来是不可能的。因为据我们的作者所说及其他有关的记载，新城北边连接老城的南边，你要经由第一、第二、第三门从第一城进入第二城。其结论是，老城的南门没有区，它不过是新城的北门，特别是如果两城仅被一道壕沟分开。按这样推算，老城只有四个区，新城仅两个，加起来只有六个。如果你把新城的七门看作是单独的，和旧城的门有距离，那么总共将有十三个区，并非十六个，这使我认为我们作者的意思是每个通往乡下的门都有一个区。

现在考虑到，无论是我们的作者还是其他记述者，都没有确切谈到这座大城的堡垒，所以我将在这里录下我从金尼阁、曾德昭、卫匡国、汤若望等撰述中收集到的资料和《荷兰使节出使中国记》的记载，予以补充。老城四周有坚固的城墙，设置有若干城楼来保护，城楼彼此相距有一投石远。汤若望神父列举城楼的数字为三百六十座，它们有一百八十二巴黎呎。他还说，在这些城楼间，每间隔两飞朗有一个大的城楼，如增加所缺少的棱堡尖顶或两面墙，就能很容易地把它建成一座棱堡。城池整个四周是四十八飞朗。由此可知，有二十四个大城楼，就可以建成二十四个棱堡，彼此间相距大约四百五十呎，即五百四十几何步。城墙本身包括两层砖墙的壁垒，据金尼阁和卫匡国的描述，其底部由大砂石筑成，其间填以泥土，像我们欧洲堡垒的样式。汤若望神父说，城墙高五十腕尺，即五十中国尺，这就是说，七又十四分之一呎，即四十三又四分之三二尺；其宽为二十四腕尺即中国尺，这就是说，三呎半，即二十一尺。老城由深而宽的壕堑环绕，充满水。按照该国的习惯，城池和城楼都备有防御所需的各种武器。《荷兰使节出使中国记》称，城门有一个大吊门，使臣从那里进入。

本书第155页："它很广阔，约有三十呎宽"。
在原文中，写作二十lances[①]，这是按葡文的说法，但我把它译成

[①] lances：葡语"矛子"，即一矛子的长度。在正文中，法文译者作三十呎，但在这个注释中又译成"二十呎"，前后矛盾。

二十，使九呎相当于西班牙的矛子长度，大约比我们的要长。

为了更好地认识北京城规划图①或轮廓所作的说明：

在规划图上有同样的标记：

A. 北京城墙形成一个边长为十二飞朗的正四方形，即大约每边有一里格，周边为四十八飞朗，将近四里格。这些墙是双层的，内填以泥土，形成近七又三分之一咩高、三咩半宽的壁垒。城墙有三百六十个方形城楼做防御，四周有充满水的壕堑，在图上没有标出，因为作者没有提到它。

B. 城门有九座，三座在南，其他诸边各两门。它们被绘在非常接近其应该设立之处，因为作者没有说明它们在何处，仅提到南边正中的一座。

C. 城市的街道都是直的，绘成一条直线，不同之处在于：从北到南的宽，从东到西的窄。

Da. 第一道宫墙，形成一个长方形，长两哩，阔一哩，按一度二十里格算，四周是两里格。这道墙很高很厚。它的东边有一条河，据有关记载，它在宫内形成几个弯曲和迂回。但因有关的记载没有记录该河的路线，我们的作者也未谈及，所以我们不得不把它绘成一条直线。西面有一个湖，长为五飞朗，即一千一百三十七咩半，最窄处有一桥。这个湖形似低音提琴，我们尽量据此绘出。

Db. 第二道宫墙内，有几座皇帝的特殊宫殿。

Dc. 第三道宫墙，它的两边与大皇宫的一排宫殿相接。作者提到的宫室有二十座，他描述的宫室始于城南边的正门。

E. 城南边的正门很大而且非常壮丽。

F. 你入城后看见的头一条街是在南门。

G. 一个方形广场，四周是大理石栏杆。

H. 第二条街有两个牌坊装饰，所有人等无论乘轿或骑马都不得从中迪过，以对皇宫表示尊敬。

---

① 此处所谓的图，原书未收，有关的说明仅供参考。

第十八章 皇城的二十座宫殿

皇城内有二十座宫殿，它们从北到南呈一直线。但为了更好地了解它们的形式，你应知道，在皇城外层和南城墙之间，乃主要城门所在之地，有一个属于皇宫的大场地，按如下方式设计：当你进入城门，就遇到一条宽阔而整齐的街道，它本身与城墙一般长，在你穿过它之后，即进入一个四周有大理石栏杆的方形广场。过了这个广场，是第二条街道，两边立有两座牌楼，无论乘轿还是骑马，都不得进入，而必须在第一座牌楼下来，步行经过第二条街。因为，如不这样做，就是对第一座御殿失敬，它在街道的另一边，与两座牌楼之间的距离相当。这第一座殿叫作大清门（Tai Cim Muen）①，即伟大清纯的门。它有三扇大门及三个很长、很大的拱形圆顶，其上是一个非常漂亮的厅。这些门除皇帝本人出城外从不开放。在这第一座殿的那边，是一个宽大的庭院，两边饰有由两百个柱支撑的廊，从门口观看显得宏大和悦目。这个庭院宽有两箭之距，其长超过两倍火枪射程，北接著名的长安街，横跨两厅门。这两厅门得名于它们所在的街道，头一座门叫长安街东门，另一座门叫长安街西门。迄今，我所描述的是皇城两道墙以外的情况，仅仅作为门户或大街，即如此之庄严，令人肃然起敬。再从北往南，可以看见我所说的长安街北面的墙的中段，这里是第二座殿和第二座门，或者应把它称作第一座殿，因为进宫的人都必须经过它。它由五道门组成，三个大门只为皇帝开放，两边的两个小门，在距平地约一步高的台阶上，进出的人，甚至大人物都必须经过它。在这些门上，像在其他的门上一样，是一座大厅，饰以许多柱子，底部和柱头镀金，其外部漆成朱红色，内部为金色和浅蓝色②。这座殿后面是一个比前

---

① 即明代的大明门，清改为大清门，亦即中华门，大约在天安门广场南。安文思到北京时已是清朝，但故宫内的殿阁很多还是沿用旧名，所以他在下面记录的宫殿还是明代的名字，但此处用大清门，而非大明门，也可能改名较早。总之，故宫的宫殿，在明清之际有所变化，名称也随之变化。安文思除据他亲自所见外，可能还参看了明代的记录，所以殿名大多仍沿用旧名。
② 即天安门，明代为承天门。

面庭院大得多的庭院，东西两侧是殿、堂及它们的柱廊和回廊，如以上所述。从这里进入第三座殿，叫作端门（Portal of the Beginning）。它的后面是另一个庭院，像其余殿堂的后面一样，连接第四座殿，他们称之为午楼即午门（Tower or Portal of the South），它是紫禁城内的第一座殿。这个门有三个大拱门，上面是一个厅，其建筑与第三座殿相似，但结构更雄伟、高大，而且更气派。其两边，有两道墙，建筑形式好像回廊，往南延伸，长度足有一火枪射距。其两端，南北与四座阁楼即殿堂相接，它们与中央的殿堂相似，但要小许多。屋顶为六角形，即倾斜的六方，顶端饰以镀铜的犬。这五座建筑使人感到惊奇不已，其宏伟富丽令人赞叹和起敬。中间的大殿内悬挂着鼓和钟，我们在第八章中已予以叙述。其后，另有一个与前述庭院相似的庭院及一座叫作皇极门（Supream Portal[①]）的殿。这座殿有五个大而庄严的门，从五对阶梯而上，每对阶梯有三十级。但在你到达这座御殿之前，必须穿过与阶梯相接的五座桥，越过一条盛满水的深堑。每座桥都用栏杆、扶手、柱子、墙柱和方形基座加以美饰，有狮子和其他装饰品，都用非常精致和洁白的大理石制成。因此不无理由说，这座殿具有皇极门之名，它比其余的殿堂更加威严壮丽。在它的后面是另一个很大的庭院，院内有柱廊和回廊、殿堂以及雄伟华丽的房舍。这个庭院连接第六座殿，名叫皇极殿（Supreme Imperial Hall）。你从五对阶梯登上该殿，每对阶梯有四十级，全部使用极精致的大理石，价格昂贵。中间特别宽阔的阶梯，只供皇帝使用；两侧的两对阶梯，供贵胄和曼达林使用，不那么宽；另两对最窄，供太监和皇室官员使用。他们告诉我们说，在中国皇帝治下，这座殿以其美观、富丽和宏大被誉为世界的奇迹之一，但在最后一次革命时期，叛乱的强盗把它与大部分皇宫焚毁[②]。他们因害怕鞑靼人而放弃了北京，而鞑靼人可以说类似蛮族，只满足于在一定程度上使它恢复旧观，不过它仍然充满想象力，展现帝王的气派。君王还在这座殿内登上御座，接受贵胄和文武曼达林的朝拜。因为这是十分盛大的礼仪，所以对它的情节作一叙述，不算离题。

当新王朝获得帝国统治大权后，就立即指定日期，命王公和曼达林

---

① Supream Portal：后面的殿名作Supreme Imperial Hall，应为皇极门和皇极殿，清代改为太和门、太和殿，是皇宫的主殿。
② 指李自成之毁坏故宫。

去朝拜皇帝。鞑靼的这个新王朝选择的是阴历每月初一、初五、十五和二十五。所以在这几天，贵胄和朝廷的曼达林等约五千人，都集中在南门前大院两侧的殿、堂和柱廊之中。他们头戴官帽，身着绣金的华丽袍服，不过他们的服饰有所区别，你可以从所绣鸟兽的差异、帽子上一层又一层的三叠、服饰的两边及胸前，还有他们宝石的形状和色彩的不同上，将他们的身份识别出来。破晓时，皇帝从他居住的第十一座宫殿动身，乘十六名太监抬的大轿，在一些人的前呼后拥下进入大殿。他登上位于六个高大台柱中间的奢华的宝座，这些柱子看起来就如他们所谓的纯金柱，尽管它们仅仅是镀上一层厚厚的金。然后，一个太监在门前下跪，尽量提高嗓音，用缓慢而强烈的声音喊道："打雷（Ta Lui）。"这就是让上天鸣雷。这时，他们立即敲钟，击大宫鼓，同时铜鼓、喇叭、号角和笛声齐鸣，霎时间，除第一座殿即第一门外，所有宫门大开。与此同时，贵胄和曼达林前去准备朝拜。首先是亲王，即皇室血统的贵胄、文官，从东面的一方进拜，而非皇室血统的贵人及武将，从西面的一方进拜。这样，他们从两边按顺序以缓慢整齐的步伐通过铺设巨大大理石板的笔直道路，再走过大门旁的小门。接着，贵胄登上阶梯，按他们的品级在大殿前的台阶即场地上排列。前来朝拜的曼达林则按他们不同的官阶和品位，站立在院内，那里有为九品中每一品官员安排的地方，在一些小柱上标明。他们就这样在院内两边排列好，留出中间供皇帝通行的空地。它相当宽，比院内其余地方要高。两边的官员转过脸，彼此相对，这就是说，在东边的面向西边，西边的则面向东边。同时所有乐器的响声停止，这时，一片寂静，他们保持一种尽量谦恭和礼敬的姿态。接着司礼官在最后一对梯级中间下跪，用大而悦耳的声音，向皇帝致以如下的颂词："至大至强的君主、吾皇陛下，亲王大公及文武百官到来，朝拜陛下。"然后他起身，直立在西边台阶上，再提高嗓子喊"排班"（Pai Pan），即排好队。这时曼达林们按他们的方式整理袍服，手、足、眼做好准备。司礼官再喊"转身"（Cheuen Xin），就是转过身子，他们即刻转身面向御殿。"跪"（Quei），即屈膝，他们马上跪下。"叩头"（Keu Teu），脑袋触地。这样做完后再喊"起来"（Ki Lai），即起身，这时他们都起身。然后他喊"揖"（Ye），这是命令他们把双臂像两把弓那样张开，双手高举过头，再弯腰至膝盖。这样做完后，他们再动作优美地恢复原来的姿势。仅仅一个"揖"的音节，就命令他们做这些礼敬的动作。他们共行这种礼节三次，再跪下，"再叩头"（Tsai Keu Teu），第二次叩头，第二次做完；"又叩头"（Yeu Keu Teu），第三次叩头。当他们头两次叩头触地时，他们低呼"万岁"，就是说，一万年。但第三次叩头时，他们呼喊："万岁万万岁。"就是说，一万年，万万年。行过最后的跪拜，司礼官再说"起来"，即起身；"转身"，即转过身子；接着相互对望。最后"归班"（Quei Pan），恢复次序，这时他们归位，像原来一样站好班序。同时司礼官再次下跪，用同样尊敬和响亮的声音高喊"朝仪毕"（Chao Y Pi）。就是说，皇帝陛下，这次对您的朝拜结束了。随即，乐器又开始鸣奏，皇帝走下宝座，像来时一样退朝。①贵胄和曼达林也退到南门前庭院内的殿堂，他们在那里更换朝服，但与平时的服装不同，更加华丽。不管怎样，他们没有人敢穿黄色，怕受到严惩。因为中国人说，黄色是众色之皇后，由于被公认为是金属之后的金子也是这个颜色，优于其他，所以它应为皇帝保留。总之，皇帝公开露面时总是身穿黄色长袍，直垂至地，衣料是天鹅绒，上绣许多小龙，每龙五爪，都是浮饰，遍布全袍。在前胸和两侧绣有两条彼此相对的大龙，龙身和龙尾成双，一条在另一条中扭转，看来似乎它们要用齿和爪去攫获一颗好像自天而降的大明珠，引用中国人的话说：龙与云和珠戏耍。皇帝的帽、靴、腰带，总而言之他的全身袍服都非常华丽气派，特别显示出他的崇高伟大。

与这座御殿及其后面庭院相连接的是第七殿，叫作建极殿（High Raised Hall）②；与它后面庭院相接的是第八殿，叫作中极殿；下一座殿前面也有一个大殿，叫作保和殿（Sovereign Concord）。皇帝每年两次亲临此殿，两侧修建了另外两殿，早上和下午与阁老，即国之顾问，及六部曼达林共商朝政。因此，在这个殿的东端，有一座很漂亮的殿名叫内苑（Nui Yuen），也就是皇城内的衙门，由国家顾问和三百多名各等级的曼达林组成，而且它高于帝国其他的部。再经过另一庭院是第十殿，有一个漂亮而

---

① 有关皇帝上朝的礼仪，参看故宫有关的说明："太和门内设丹陛大乐，王公立于丹陛之上，一品至九品文武百官齐集于丹墀内陈设'品级山'的御道两旁。"
② 这里有所混乱。High Raised Hall，似应为建极殿的意译，但建极殿原名谨身殿，明嘉靖改名为建极，清顺治改称保和殿，下面第八殿写作Supreme Hall in the Middle，应为中极殿之意，中极殿在清代改名中和殿，应在保和殿即建极殿之前，而非在后。下面第九殿作Sovereign Concord，似为保和殿之意译，应和建极为同一殿。有可能安文思把第七殿和第九殿弄混，实应为一个殿，即建极（保和），在中极（中和）之后，第七殿并不存在。另一可能在中极殿前原来尚有另一殿，即High Raised Hall，中文名不能复原。

高耸的门楼，它叫作乾清门（Portal of Heaven Clear and without Blemish）。这个门的中央有三个门，你从三对阶梯登上，每对阶梯有四十级，两边有两道小门，正如我们先前所述和即将叙述的。在这之后，你进入一个大庭院，和第十一殿相接，他们称之为乾清宫（Mansion of Heaven Clear and without Blemish），这是所有宫殿中最富丽、最高大和最奢华的宫阙。有五个精美的大理石阶梯通往这座宫殿，每个阶梯四十五级，饰以柱石、低墙、栏杆及一些小狮子。在两边的顶端，有十个镀铜的漂亮大狮子，是优秀的工艺品。庭院中央，距阶梯较远之处，有一个镀铜的塔，圆形，尖顶，大约十五呎高，有门窗，布满雕刻奇特的图案，两边是两个镀铜大香炉，制作别致。他们日夜在那里上香。皇帝和他的三个皇后住在这座豪华宫殿之内，头一个叫作皇后（Hoam Heu），即后或女皇，与皇帝住在中间的殿内。第二个叫作东宫（Tum Cum），在东边的宫殿之内，第三个叫作西宫（Si Cum），在西边的宫殿之内，它和东面的宫殿一样都连接中间的宫殿。这三个皇后生的儿子都是合法继承人，其差别仅在于头一个皇后生的儿子优先继承皇位。在这座宫殿内和我们即将在下面叙及的其他宫殿内，总的来说还有一千，有时两千，有时三千嫔妃，视皇帝的意思而定，她们叫作宫女（Cum Niu），即宫里的贵妇。但皇帝最宠爱的叫作妃（Fi），她们的地位差不多同于皇后。当皇帝高兴时，就赐给她们头上或胸前戴的珠宝及一匹黄缎或锦缎，挂在她们的门上，这使她们受到的宠荣超过他人。这些宫女还有特殊的名称和职位，分为几类几等，像曼达林一样，从她们的服饰及其他表示等级的标志加以区别。她们生的儿子，以及妃子生的，都被视为庶出子女。本来所有为皇帝、皇后、妃嫔服务的工作，以及皇室和宫廷的管理，以前都由一万名太监掌管。对于太监的贪婪、傲慢、富贵和丑恶，如果不是远离本书题目，我可以给予充分的叙述。但在鞑靼人统治全国时，他们把九千名太监赶走，只留下一千名在宫里为内廷服役。不管怎样，这些太监用狡计和谄媚，利用已故皇帝的年幼无知，逐渐赢得了宠爱，几乎恢复了他们从前的威势。然而，在皇帝去世后，四个鞑靼师傅即摄政者再次剥夺他们的权力，把他们减到三百人，在王室里做最低贱的苦役，以侍奉幼主及其母亲和祖母两位太后。但现在这位帝王又开始宠幸他们，同时他们确实清楚知道怎样迎合他的意图，看来他们很有可能像以往一样强大。①

我们还注意到另一件与这个御殿有关的事，那就是房屋以及皇帝使用的瓷器、家具和其他物品通常都绘上或绣上龙。皇帝居住的建筑物同样在名称、数字或其他方面与天有某种相似。所以，这座宫殿叫作九天，而非十一天，因为中国人从不承认它在皇宫最外层之外。为此他们只修建了一座乾清门——这个最后的殿。因此之故，说它是第七座殿，与九天相应。②同样，与十二天宫相应，皇帝居住的特定宫室有十二座，三座在从北到南的直线上，其余的在东西两侧，都很宽大庄严，仅一座殿就足够一位国王使用。按这一原则，中国人特别是太监在谈到他们的皇帝时，往往采用夸张的词句把他和天、日、月、星等联系起来。而且他们不说吹喇叭、击鼓等，而说打雷，让天施放雷鸣。如要通报皇帝去世，他们用"宾天"（Pim Tien）这样的词汇，他，一个新客人，进入天上；或者用"崩"（Pum）这个词，那就是说山崩。他们不说宫门，而说"金门"（Kin Muen，黄金之门）等。

这里不妨谈谈1664年由一些人，特别由杨光先所引起的对基督教迫害的情况。这个恶人加给汤若望神父的一条大罪是，在制作天球仪时，神父没有标出北极星，中国人称之为帝星（Ti Sim），即众星的帝王星。因为它不移动，他们说众星都围绕着它，有如臣民围绕着皇帝，为他服役。所以他们认为，皇帝在地上和那颗星在天上一样。这个骗子由此得出结论，说汤若望神父没有标出这颗星，是因为他不承认中国皇帝，因此他是叛逆者，该当死罪。法官们因这个可笑的指控而狂喜，因为他们过去对我们圣教的控告，都只会使它迸发更大的光彩。然而，他们的阴谋烟消云散，这个骗子的恶毒仅成为人们的笑料。汤若望神父中风了，自己不能说话。陪伴他的神父们替他把天球仪呈现在会议上，看来它并没有完工，他只标出赤道至南极的星座，这明确地推翻了那个诬告，挫败了控告人。

在这第十一殿后面是另一个庭院，相接第十二殿，即皇帝的第二寝宫，叫作中宫（Noble and Beautiful Middle Mansion）。它后面是另一个

---

① 这里谈的是顺治和康熙两朝太监的情况。
② 这里有个数字游戏："乾"有天之义，所以此处把乾清门和宫都译成Heaven Clear（或serene）and without blemish，即清澈的天；而皇帝又是天子，和天有关，从数字上说，乾卦九五为人君之象，所以乾清宫为第九天，在皇宫内最后之殿，若按它的排列说为第十一座殿，则视为在皇宫之外。

庭院和第十三殿，皇帝的第三寝宫，叫作奉天宫（Mansion that Entertains Heaven）①。在它后面，你可以看见一个十分美丽的大花园，它构成第十四殿，叫作御花园（Imperial Garden）。从这里，在你走过几个庭院和另一些大场地后，就到达内宫的最后一道门，它构成第十五殿，叫作玄武门（Portal of Mysterious Valour）。它有三道门和三个大拱顶，支撑着一座高耸的城门楼，饰有彩绘和镀金，上面有几个小塔，屋顶的装饰非常匀称协调，其景观之宏伟不逊于它的美丽。出了这个殿，你从一座用巨大的大理石筑成的美丽的桥上越过护城河，在那边有一条街道，从东往西，北接壕堑，南有几座殿堂和衙门。但在中央正对着桥有一座门楼，三道门，比前面提到的门楼略小，这是第十六殿，叫作南上门（High Raised Portal of the South）。它后面是一个庭院，或平台，从南至北三十哶宽，从东到西长一个中国飞朗。这是皇帝练马之处，所以不像我们已谈到的其他庭院、街道、广场那样铺石，仅铺上泥土和砂砾，当皇帝要驰马时在上面洒些水。在这个平台的北墙当中，有一座五道门的大门楼，很像上述的门楼，这是第十七座殿，叫作万岁门（the Portal of Ten Thousand Years），即皇帝的门。不远之处，有一个大花园，皇帝在那里饲养动物，包括熊、野猪、老虎等，它们都在大而漂亮的笼子里。这个园内还有五个相当高的土丘②，中间一个最高，其余四个较低，东边两个，西边两个，四面均匀倾斜，是用挖掘前面所述的护城河和湖的泥土堆成的，丘顶遍布树木，种植极为整齐，每棵树都种在一个圆形或方形的台座内。那里还挖了几个洞给家兔和野兔栖身，这几座小丘上兔子很多。这里还有大量的鹿、羊和树上常有的野鸟家禽。因此皇帝经常光临此地听鸟鸣，观兽奔或上下跳跃。马可·波罗在他的书中（第二卷第十六章）记述了这些山。

北面距这些山一火枪射程之处，是一片稠密的树林，树林尽头，连接公园的墙，有三座娱乐室，由于阶梯和高台相互连接，显得格外协调。这是真正的皇家建筑，结构精美，是第十八殿，叫作寿皇殿（Royal Palace

---

① 明清的皇宫，中轴线上继乾清宫之后为交泰殿和坤宁宫，为皇后的寝宫。但安文思在这里所记则为另两个名字完全不同的宫殿，前者直译为"高贵和漂亮的中宫"，后者为"奉天宫"，而且是皇帝的住所。往下他提到交泰殿（Kiao Ta Tien）和坤宁宫（Quen Nim Cum），一个在东路，另个一在西路，前者释为深厚友谊的殿，后者称为休歇地的宫殿，皇帝和皇后私下退居于此。我们不能判定是否安文思的记录有误，或者明清之际殿名有所变化。

② 指景山。

of Long Life）。不远之处有一门，类似前一道门，是第十九殿，叫作北上门（High Raised Portal of the North）。出了这座门，你进入一条长而宽的街道，两边是宫室和衙门，过了此街是一座门楼，有三道门，建在外墙之内，叫作北安门（Portal of the Repose of the North）。这是从北到南直线上皇宫的最后一座殿即第二十殿。

注释和说明：

1.第一殿叫大清门，伟大清纯的门。它有三座门和三个拱形圆顶，支撑着一座漂亮的厅。它的后面是一个宽广的庭院，长度超过宽度，两侧饰有柱廊和走廊，由两百根柱支撑。这个院子和长安街相接，被两道门分开，一个门在西侧，另一个门在东侧。因为在本书中没有记录它们的位置，我们便将其绘出。

2.第二殿，应称为第一座殿，因为它通向皇城的外围。这座殿有五道门，三道大门在中间，除对皇帝本人外从不开放，两边各有一道小门，允许百姓进出。还有一个大拱形圆顶，即拱门，支撑着一个宽阔的厅，其装饰正如我们的作者所述。在它的后面有一个庭院，比上述的庭院更大。但因我们没有丈量过宫室，难以说出它的确切比例。这个院子和上述的庭院一样，左右两边装饰有门廊、走廊、厅和室。

3.第三殿叫作端门，像前者一样有一个连接的院了。

4.第四殿，第二层内的第一殿，叫作午楼，即午门。它有三个门和三个拱形圆顶，其上是一个厅，比前一个更大，更高，更雄伟。这个厅每边有两个廊，向南延伸，两端连接两个阁楼，即小厅，等等。这个厅内悬挂第八章中所述的钟鼓。

5.第五殿叫作皇极门，前有一院，由五个大门构成，有五对壮丽的大理石阶梯通向它。在你到达它之前，你要从图上标明的五座大理石桥上，越过一条大壕堑。桥和五对阶梯相连接。

6.第六殿叫作皇极殿。你从五对壮丽的大理石阶梯登上，每条阶梯有四十二级。皇帝在这座殿上接受王公、大贵人、曼达林等的朝拜，我们的作者对此予以如实叙述，没有什么可以增补的。唯一要提到的是，曾德昭及另外几个作者说，在这一天全国的城市都要举行相同的礼仪，曼达林们在长官府衙相聚，在立有御旗的宝座前，一如在皇帝面前做同样的朝拜，我们的作者对此已有描述。

　　安文思神父告诉我们，当曼达林们快步来到朝拜处，他们按官阶品级站好位置，指定九品中各品的位置的品级标识写在小柱的底部。汤若望神父说，这些柱是铜制的，方形。他还向我们叙述九品曼达林的差异，我在其他著作中尚未读到类似的记载，所以在这里予以补充。

　　一品曼达林头戴一顶帽子，帽端呈扁平的锥形，其上有一颗嵌在金子中的红宝石，一粒珍珠镶嵌在帽子的前面底部。他们的腰带上也以中国珍视的四颗宝石做装饰，嵌在金子中，切割成长方形，三指宽，四指长。这种宝石中国人称之为玉石（Yusce），由回教商人每三年以使臣之名从喀什噶尔（Cascar）带来。它有些绿，像碧玉，不过更硬些，有些透明，显白色。至于在九品曼达林之上的大贵人，他们和一品曼达林的区别仅在于他们腰带上的宝石是圆的，中间有一颗青玉。所谓的小王，尽管他们不享有君王的权力，但他们帽顶上仍有一颗由几粒珍珠做装饰的红宝石，在帽的下端紧扣一朵金花，盖住前额，但不用红玉。皇帝本人戴一顶同样形式的帽子。它的顶端有一颗大如鸽蛋的珍珠，几粒小珍珠悬挂在下面，他的腰带也因布满宝石和珍珠而闪闪发光，耀人眼目。

　　第二品的曼达林在他们的帽顶镶一颗大红宝石，底部有一颗小的。他们的腰带有半个金球做装饰，点缀着同样金属的花朵，中间是一颗红玉。三品曼达林的帽顶有一颗镶在金子中的红玉，底部有一颗蓝玉，腰带上仅有花朵装饰的半个金球。四品曼达林的帽上镶一颗蓝玉，底部是另一颗小的蓝玉，腰带上只有半个金球。五品曼达林帽上仅有一颗蓝玉，其余的和四品官一样。六品曼达林在他们帽顶镶一颗整齐的水晶，底部有一颗蓝玉，他们的腰带上有一块镶金的犀牛角。七品曼达林只在他们帽顶有金饰，底部有一颗蓝玉，他们的腰带有银板装饰。八品曼达林也有金饰，但底部无珍宝，他们的腰带由薄犀牛角片做装饰。九品曼达林戴一顶镶银的缎帽，腰带上是镶银的牛角片。硕士的帽顶有一个金鸽或镀金的大针，腰带上是薄犀牛角片。最后，学士的帽顶有同样的鸽饰，但仅是银的，腰带上是牛角片。

　　他们的服装也用来区别曼达林的不同品级。前三品的文曼达林和前四品的武曼达林，他们和低品级的区别在于：他们衣服上绣有龙形。他们还穿一种上衣，绣有不同的鸟兽形状，用来区别曼达林的不同品级。但因他们并不是按规定必须穿这些服装，特别在夏天，因天气炎热，服装上没有这种表示曼达林之间不同品级的图案，如我们已提到的那类服装。没有人敢于抛弃官服，或者不顾法律随意不加区别穿它，因为法律规定了在宫廷集会时，他们每人应按规定站立的位置。文曼达林站在皇帝的左手，在中国这是最尊贵之地，武曼达林在右手，皇帝本人登上宝座时始终面朝南。

7.第七殿叫作建极殿，殿前有一个院子。

8.第八殿叫作中极殿。

9.第九殿叫作保和殿。和这座殿相连接的有另两座殿，一座在西侧，一座在东侧。皇帝在这座殿内，晨、午与他的阁老，即国之顾问，还有六部的曼达林共议朝政。此殿的东侧有一座殿，供阁老组成的三百曼达林以上的内阁使用。

10.第十殿叫作乾清门。它有五道门，和别的宫殿一样，你从三道阶梯登上正中的门，每道阶梯各有四十多级。

11.第十一殿叫作乾清宫。据我们的作者所述，你可以看到，它是最美的一座宫殿。我在草图中保留了铜塔，以及他谈到的大香炉。皇帝与他的三个皇后和妃子住在这座殿内。中国人把这座殿只算作第九殿，因为他们从不把外层以外的殿当成第一殿。此外他们把这座殿及它前面和后面的殿都算作是一座，这可以说明，中国人称皇帝睡在九重之内时他们的意思是什么，有的记载出于误解，未能解释这个词的含义。

12.第十二殿叫作中宫，皇帝的第二个寝宫。

13.第十三殿叫作奉天宫。

14.第十四殿包括一个大花园、几个院子和另一些空地，我们的作者没有特别予以描写，图版太小，使我难以区别，尽管作者对此有所叙述。

15.第十五殿叫作玄武门，是内层的最后一座殿。然后你从一座漂亮的大理石桥越过一条壕堑，接着是一条从东往西的街道。

16.第十六殿叫作南上门，它有三道门和一个院子，皇帝在那里练马。它宽30呎，长230呎。

17.第十七殿叫作万岁门，它有五个门，通向一个宏伟的花园，野兽、小山和树木遍布其中。有文献称，小山是用最初挖壕堑的土堆成。

18.第十八殿包括三座漂亮的夏宫，叫作寿皇宫。

19.第十九殿叫作北上门，通向一条宽大的长街。

20.第二十殿位于最外层之内，大街以北，它只有三个门，叫作北安门。这里我必须告诉读者，这最后五座殿看来没有明显地加以区别，特别是第十九座及邻近它的大街。但我没有办法绘得更好,尽管我尽了最大努力。因为我发现两层墙之间的地方太狭窄,难以容纳许多殿堂,只有一个骑大马的地盘、一个大花园和街道等等。有些记载说,皇帝的宫殿在北面延伸至城墙,这会提供给我足够的地方去描绘,但我不愿与我们的作者有分歧,他显然不是这样说的,而且他明确无误地描述这些殿堂在外层之间的地方,他一直谈到最后才停止。所以我们必须就此停止,以待有新的信息解决这些难题。

第十九章　皇城内的二十座特殊的宫殿

除了为皇帝本人设计的宫殿，另外还修建了几座特殊的宫殿，其中许多以其美观、宏伟、广大而作为大王子的府宅。但为了更好地了解它们的情况，我们应当知道的是，内层被从南到北的两道高大墙垣分为三个不同的部分。这些墙没有雉堞，但覆盖以黄色的琉璃瓦，顶部有用同样材料和颜色浮饰的各种图案。这小屋顶末端的洞眼饰以半浮雕的龙，悬挂在两侧。墙的其他部分铺着绿色、黄色和蓝色的方瓦，排列成动物、花朵和号角形状。皇帝的宫殿占据中间的位置，并处在最内层中，两侧是其他宫殿，下面我们将一一描述。

第一座殿叫作文华殿（Ven Hoa Tien），即灿烂文章的殿。对皇帝来说它有两个用处：首先作为他退朝后用，当他有意要商讨学问或重大朝政的时候；其次，作为他严格遵行中国人经常实施的斋戒之用。他们每年斋戒四次，一般来说相当于我们的四季。因为当他们要进行隆重的祭祀时，要先斋戒三天。当他们要在诸如饥馑、瘟疫、地震或特大洪水等天灾期间，向天祈求宽恕的时候，也要斋戒。在这些日子里，曼达林和妻妾分居，日夜守在衙门内，不吃肉，不饮酒，不谈政事，特别是刑事案件。皇帝独居一宫，在皇极殿之东。

和上述宫殿相对的第二座殿叫作武英殿（Vu Im Tien），即召开军事会议时用的殿。当国家有叛乱、海盗或鞑靼人入侵边境的警报时，皇帝去那里进行商议。

这两座殿各有四个房间及庭院，还有带阶梯的中央大厅，四周有通道即回廊；用白色大理石，按主要宫殿的形式建造，但小得多。庭院四周是厅室，建筑很精致，内部漆成红色，交杂以金色和青色。以下所述的宫殿，可按我们对这两座殿的叙述去认识。

第三座殿，即东边第二座殿，叫作崇先殿（Tum Sien Tien）①，也就是崇奉当今王朝已故诸王的殿。这些国王坐在他们的宝座上，安置于一座庄

---

① 即奉先殿。

严的殿内，有阶梯、走廊及上述的其他设施作为装饰。他们的像用沉香木、檀香木或别的芬芳贵重木料制成。像前摆着奢华的桌、烛台、香炉和其他贵重饰品。在举行典礼的那天，有几张桌上摆着献给他们的大量精美食物。

第四座殿，即西边第二座殿叫作仁智殿（Gin Chi Tien）①，即仁爱和智慧的殿。当皇帝去世时，把他放在一把准备好的椅子上，十六名太监把它抬进这座殿中央的大厅，其中有一个台，他们把皇帝的尸体放在台上的一个富丽的床上。接着，在举行许多仪式并奏哀乐后，把尸体放进一口价值不低于两三千克朗的棺材内。棺材是用一种生长在四川省的木料制成的，这种木料叫作孔雀木（Cum cio mo），因为它的纹理形成的图案好似孔雀尾上的眼睛。中国人声称，这种木料极为罕见而珍贵，可防止尸体腐烂，使之保存许多年。在这座殿内举行丧仪，有很多仪式，费用昂贵，关于这个题目可以作一篇长而有趣的报道。为防异味外泄，往往用沥青把棺材的缝隙填塞。中国人一般要将尸体放在同一地方存放几个月，有时几年，特别是父母的尸体。他们要服丧三年，因为他们说不忍与双亲分别。至于国王，在举行了极为奢华且符合这样一位大君王身份的庄严丧礼之后，他们把他葬在皇陵内——因为他们这样称呼皇帝墓所在之地。对此我不再谈，但是，有关它的宏伟，其中的宫室、富丽和装饰、它四周的墙、一直照管它的曼达林及其仆役，以及守卫的士兵，都值得作特别的记述。

第五座殿，即东边第三座殿，叫作慈庆宫（Tsu Him Cum），即慈悯和欢庆的宫殿。将要继位的王子居住在这里，直到其父去世。

第六座殿，即西边第三座殿，叫作景华宫（Kim Ho Cum），即融和和兴盛的宫殿。这里是皇帝的第二位和第三位王子在成婚前居住之处。因为在他们成婚后，一般都被送往各省的省城或其他要镇，在那里为他们修建了惊人的广大宫室。我曾亲眼看到三个。第一个在武昌（Vu Cham）城，湖广（Hu Cham）的首府；第二个在四川省的首府成都；第三个在陕西省著名的城市汉中（Ham Chum）城。在陕西省省会西安（Sigan）城、河南省省会汴梁（Bien Leam）城、湖广省名城荆州（Kim Cheu）、江西省的名城建昌（Kien Cham）和该省省会南昌及其他几处的其他宫室，尽管比北京

---

① 从对音和解释看，应为"仁智殿"，但与明代所建东西六宫的名字不符，下面对东西两路宫殿的记载，多与已知明宫殿之名不同，此处仍按安文思的记载译出。

小得多，但也很大，而且美观、富丽和雄伟，约有十座，有的十二座，有的更多。这些宫室两侧有独立的厅室，并且有双重围墙。当皇帝把他的第二或第三子送往这些宫室的时候，封他们为王。例如，送往四川省首府成都，赐予他蜀王（Cho Vam）的称号，意即蜀的国王，因为这个省古称为蜀。这些王子各有千名太监随侍照管他们的事务，征收赋税。但这些王子不在该省的政务中做任何事。尽管如此，曼达林们仍要一年四次前往年轻王子的宫室，向王子致敬，一如他们在北京向皇帝礼敬。只有这样的不同：他们称皇帝为万岁，即一万年，而仅称这些王子为千岁（Cien Sui），即一千年。

第七座殿，即东边的第四座宫室，叫作御婚殿（Yuen Hoen Tien），即皇家举行婚礼的殿。当皇帝或太子有成婚之意时，礼部就尽量选择最美、最有教养的处女，不管她们是贵胄之女或是出身贱微之女。为此目的，礼部雇用年纪较长、名声好的女人，让她们去选择她们认为最有教养的二十名处女。礼部得到选择的消息，吩咐用密封的轿子把处女送进宫，在宫内，母后一连几天检验她们。如母后去世，则由宫里的大贵妃检验，她观察她们，叫她们跑步，以便发现她们身上有无异味或缺陷。经过几次检验后，她选择其中一个，隆重地把她送与皇帝或太子，同时举行宴会典礼，恩赐众人，并且大赦全国的罪犯，但叛乱者和大盗例外。之后，为她举行盛大的加冕典礼，同时赐她许多头衔及大笔财富。至于其余十九名没有得到命运照顾的处女，皇帝把她们嫁给大贵人之了。如果不能都嫁出，就把余下的送还她们的父母，赐给一笔足够的嫁妆费。这是中国皇帝的做法。但现时鞑靼皇帝则选择一些贵胄之女，出身于非皇室血统的，或者选择某个西鞑靼王之女，作为他们的妻子和皇后。

第八座殿，即西边第四座殿，叫作慈宁宫（Tzu Nen Cum），即忠贞之宫，供皇太后居住，有她的宫女等随居。

第九座殿，即东边第五座殿，叫作储秀宫（Chum Cui Cum）①，即美丽之宫。

第十座殿，即西边第五座殿，叫作启祥宫（Ki Siam Cum）②，即幸福之宫。

---

① 从对音和释义看，似为储秀宫，但明代储秀宫在西路，非在东路。
② 原拼写为Ki Fiam Cum，其中Fiam之F或为S之误，即Siam，启祥宫，后改名太极殿。

这两座殿供皇帝之女和姐妹婚前居住。为此，在中国皇帝治下，礼部挑选一些年轻绅士，他们英俊聪慧，年龄在十四五岁之间。皇帝从中选出一个与他的女儿或姐妹婚配，赐予大量的土地和珠宝作为嫁妆。这些人叫作驸马，也就是皇帝女儿或姐妹的亲属。他们不能当曼达林。不管怎样，他们变得很有权势，是欺压百姓的主要人之一。在他们有子女前，每天早晚都要在他们妻子面前下跪，在地上叩头三次。但当他们有了孩子，就不再行这种礼。现今鞑靼皇帝把他的姐妹和女儿嫁给非皇室血统的大贵人之子，或者西鞑靼小王之子。

第十一座殿，即东边第六座殿，叫作翊号殿（Y Hao Tien①），即正名的宫殿。

第十二座殿，即西边第六座殿，叫作祥宁宫（Siam Nim Cum），即吉祥的宫殿。

第十三座殿，即东边第七座殿，叫作永寿宫（Gin Xeu Cum②），即长寿的宫殿。

第十四座殿，即西边第七座殿，叫作乾宁宫（Kien Nim Cum），即上天安宁的宫殿。这座殿是第二、第三皇后及已故皇上的嫔妃及其他几个宫妃的住所，皇帝从不见她们，也不进入她们的宫室，这是出于对他们先人的礼敬。

第十五座殿，即东边第八座殿，叫作交泰殿（Kiao Ta Tien），即深厚友谊的殿。

第十六座殿，即西边第八座殿，叫作坤宁宫（Quen Nim Cum）③，即歇息的宫殿，当皇帝想私下与皇后一起时，他退居于此。

第十七座殿，即东边第九座殿，叫作承乾宫（Chim Chien Cum），即承受天命的宫殿。它对面的第十八座殿，叫作翊坤宫（Y Quen Cum），即高地的宫殿。这两座殿供皇帝与他的另两位皇后取乐之用：他和第二皇后到第一座宫去，与第三皇后到第二座宫去。

---

① Y Hao Tien：对音不明，仅译其音。
② Gin Xeu Cum：从对音和释义看应为永寿宫，但永寿宫在西路，非在东路。
③ 交泰、坤宁，如前面已指出，应在中轴线上，并非在东西路。

第十九座殿，即东边第十座殿，叫作宏德殿（Hum Te Tien①），即富有德行的殿。

第二十座殿，即西边第十座殿，叫作谨心殿（Kiuen Siu Tien②），即封闭心的殿。这两座宫殿保存有皇帝贵重的珠宝珍品。有时他亲自去看他的宝藏，大多是世上最大最贵重的，因为四千零二十五年以来，中国皇帝一直在增加宝藏，但从来没有从中取走什么。尽管王朝经常更替，却从无人去碰这些财宝，即使我们将在下面记述的人也不动它，因为新皇帝对那些企图盗窃的人及其家属施以严厉的惩处。虽然，这些宫殿名字在我们的语言中看来很寻常，但可以肯定的是，在中国语言中它们却非常有意义并充满神秘色彩，这是由他们的文人按宫殿的建筑风格和用途而有意创制的。

注释和说明：

根据我们的作者在这第十九章中所述，这些宫殿是广大和雄伟的，位于皇城二十座殿和内层两墙之间的地方。

1. 第一殿叫文华殿，即灿烂文章的殿。当皇帝想要与他的文人商讨，或者处理重大问题，或者奉行中国人通常实施的斋戒时，他到此殿。它位于第六座叫作皇极殿的宫殿的东面。

2. 第二殿与第一殿相对应，在第六殿之西，叫作武英殿，即召开军事会议的殿。

3. 第三殿，即东边第二殿，往北数，叫作崇先殿，即崇奉王室已故诸王的殿。

4. 第四殿，即西边第二殿，叫作仁智殿，即仁爱和智慧的殿，在那里为已故皇帝服丧。

5. 第五殿，即东边第三殿，叫作慈庆宫，即慈悯欢庆之宫殿，太子在那里居住到其父去世。

6. 第六殿，即西边第三殿，叫作景华宫，皇帝的第二和第三子成婚前在此居住。

---

① Hum Te Tien：从对音和释义看应为弘德殿。据《故宫考》："昭仁殿原名弘德殿，万历十一年四月改雍肃[肃雍]殿为弘德殿，遂改弘德殿为昭仁殿。"今昭仁殿在乾清宫之东，似可说明此处把弘德殿列在东路。

② Kiuen Siu Tien：对音不明。

7. 第七殿，即东边第四殿，叫作御婚殿，即皇室婚配的殿，因为皇帝和太子的婚礼在此举行。

8. 第八殿，即西边第四殿，叫作慈宁宫，即忠贞之宫，是皇太后及其宫女的住所。

9. 第九殿，即东边第五殿，叫作储秀宫，即美丽之宫。

10. 第十殿，即西边第五殿，叫作启祥宫，即幸福之宫，供皇帝的姊妹和女儿婚前居住。

11. 第十一殿，即东边第六殿，叫作翊号殿，即正名的宫殿。

12. 第十二殿，即西边第六殿，叫作祥宁宫，即吉祥的宫殿。

13. 第十三殿，即东边第七殿，叫作永寿宫，即长寿的宫殿。

14. 第十四殿，即西边第七殿，叫作乾宁宫，即上天安宁的宫殿。在这座宫殿里，有第二和第三皇后居住，尚有已故皇帝的嫔妃宫女。所以这座宫，犹如君士坦丁堡之古色拉吉略（Seraglio）①的用场。

15. 第十五殿，即东边第八殿，叫作交泰殿，即深厚友谊之殿。

16. 第十六殿，即西边第八殿，叫作坤宁宫，即歇息之殿。当皇帝想私下与皇后一起时，他退居于此。

17. 第十七殿，即东边第九殿，叫作承乾宫，即承受天的宫殿。

18. 第十八殿，即西边第九殿，叫作翊坤宫，即高地的宫殿，皇帝和第二皇后到第一殿，与第三皇后到第二殿去。

19. 第十九殿，即东边第十殿，叫作宏德殿，即富有德行的殿。

20. 第二十殿，即西边第十殿，叫作谨心殿，即封闭心的殿。这两座殿保存有皇帝贵重的珠宝珍品。我们的作者告诉我们，这些珍宝是四千零二十五年以来所收藏的，而且从来没有从中取走什么。但这点应理解为，在没有火灾的情况下是如此，或者京城没有被敌人攻占掠夺，敌人在这点上决不会自行遵守中国的法律。例如，卫匡国的《鞑靼战纪》及柏应理的记述告诉我们，1644年叛匪李（Li），即李自成（Li Cum），无法阻止鞑靼人到达北京，便花了八天时间把宫里的珍宝运走。

每一座宫殿都有二十四间房，还有中央的大殿。我将它们按所述绘在草图上，为的是让大家容易相信，妇女所居之处及财宝所在之地，应远离大门。

---

① Seraglio：土耳其皇宫，后宫嫔妃所住之地。

第二十章　同一范围内另外几座宫殿和庙宇

我们所记述的这些宫殿，是在宫殿围墙的最内层，它们被两道墙分开，彼此又被另一些同样结构的墙隔开。以下要谈的是位于两层之间的宫室。

第一座叫作重华殿（Chum Hoa Tien），即双重花朵的殿。为了理解这个名字，你将知道，大约两百年前，有位中国皇帝不顾大臣和百姓的劝告，要与西鞑靼人打仗，因为鞑靼人攻占了几处并破坏了北京的一些地方。结果皇帝被打败，被俘获送往鞑靼，中国人认为他已死，因此，便拥立他的兄弟代替他。几个月后，鞑靼人遣使到来，说他仍然活着，并且要求为他及其余俘囚付一笔赎金。新帝一得知这个信息便命令阁员处理他兄长任期的事，并且命令修建一座雄伟的宫室，以便在他兄长返回时退居那里。宫殿修建好之后，缔结了条约，俘虏被送往边境，鞑靼人得到一大笔钱、大量丝绸和棉及他们要求的一切东西。于是皇帝返回北京，其弟愿把权力交还给他，但皇帝不愿接受，而是退隐到他兄弟为自己准备的宫室，再不要求干预朝政。三年后，其弟去世，这时皇帝同意登基，第二次即位。文人按照风俗为他另取一个年号，称他为天顺（Tien Xum），即顺应天意的皇帝。他们还把他二年隐居的宫室叫作重华殿，即双重花朵的殿，表示皇帝两次登基[①]。建在这座殿四周壕堑上的桥，是奇妙的工艺品。它是一条巨大的龙，前后爪在水里作为桥柱，像海豚一样的身躯形成中央的桥拱；还有两条龙，一条有尾，另一条有头和颈。整座桥用黑玉石筑成，非常紧凑精致，工艺之精湛、造型之逼真，令人叹为观止。它叫作飞虹（Ti kiam），即飞桥。因为中国人说，这条龙是从东印度一个王国，他们叫作天竺（Tien Cho），即竹子国那里飞来的。他们还说他们的菩萨和教义从前也来自那里。他们还讲了许多有关这条龙和这座桥的无聊故事，因不适于本书而予以省略。这座殿的长度为两中国飞朗，即半个意大利哩。

[①] 这说的是明英宗朱祁镇被蒙古瓦剌也先俘虏之事，即著名的"土木之变"。英宗被囚时由他的兄代宗朱祁钰摄皇位，获释返京后遭到软禁，直至朱祁钰病重，才重新被拥立为帝。安文思的记载与中国史料的记载不尽相同。英宗被囚的宫殿是其父宣宗居住过的"南宫"，未知是否改名为重华殿。

第二座殿叫作兴阳殿（Hien Yam Tien①），即太阳升起的殿。就建筑来说真是富丽堂皇，有不同形状的九座高塔环绕。这九座塔表示阴历每月的头九天，这是中国人的大节，特别是第九天。他们在这些节日里操办婚嫁；而在节日的肴盘中，他们从不缺少一份表示九层塔的肴盘，每层相应于九天的每一天。因为他们说，九的数字本身包含的特性，比其余数字要好，表示吉祥、增寿、加官和增财。由于这个缘故，中国人无论贫富，在那一天都要登上城里的高台和楼塔，国内的大山和小山，或者至少登上堤岸和高地，在那里和亲友宴会。由于中国皇帝很少出宫，他就修建了这九塔，在塔顶上庆祝全国盛行的节日。

第三个殿叫作万寿殿（Van Xeu Tien），即长寿万年的殿。现在你将知道的是，大约一百四十年前，明嘉靖帝，即纯静和贵重的皇帝，开始统治。这位帝王保持国内的和平公正，但因他柔顺而且迷信，有个道士骗取了他的信任，让他相信，用炼丹术可以长生，至少延年。因此，他劝皇帝在靠近我们提到的湖畔修建这座宫殿。它的确比其他宫殿小，却很美丽。它的四周是有雉堞的墙，很高，呈完整的圆形。所有的殿堂均是圆形、六角形或八角形，极其富丽堂皇。于是皇帝退居这里，炼他的长生丹。但他的辛劳与愿相违，获得正好相反的结果，他不仅没有延年益寿，反而缩短了寿命。丹炉的火使他内脏干枯，他在一个月或六周后生了病，几天后就死了。他统治了四十五年，他的孙子万历统治了四十八年。他们两人的统治都是著名的，百姓在这时期享受和平繁荣。还有印度的使徒圣沙勿略也是在嘉靖朝来华的，在葡萄牙人修建澳门城前不久抵达中国，死在边境②。再者，著名的利玛窦神父，于万历十一年首次进入中国，他以学识和德行，直至今日仍赢得中国人的普遍尊敬。

第四座殿叫作清辉殿（Cim Hiu Tien），即至清之殿，因下述原因而修造。阴历八月十五是中国人欢庆的盛大节日。从日落到月升，直到午夜，他们要和亲友到街上、广场、花园及高台上庆祝并观看月中出现之兔。为此，他们在节前几天相互赠送小面包及甜饼，他们称之为月饼（Yue Pim），即月亮之饼。月饼是圆的，最大的直径约有两掌宽，表示满月，中央有一个用胡桃、杏仁、松子糊及其他原料制成的兔子。他们在月光下

---

① Hien Yam Tien: 对音不明。
② 沙勿略死在上川岛。

吃月饼，富人身旁还有美妙的音乐伴奏，而穷人则在用棍棒敲打锣鼓的噪声中过节。古代帝王修建这座宫殿，正是为了隆重庆祝这个节日，虽不很大，却非常讨人喜欢；尤其是因它位于一个人工堆积的山头，叫作兔山（Tulh Xan），即兔子的山。我们欧洲人或许会笑话中国人把月体中的阴影看成是兔，但在我们当中，百姓同样喜欢许多无根据的传说，也同样可笑。此外，我要告诉我们的欧洲人，当中国人发现我们的书里把太阳、月亮画成人脸时，也笑话我们。

第五座殿叫作英塔殿（Ym Tai Tien[①]），即兴盛的塔殿。它建在湖畔许多树木之中，既遮阴又歇凉。所以皇帝在炎热的季节把它作为主要住所。没有凉风，炎热使人难以忍受。北京城同样受到炎热和寒冷之害。

第六座殿叫作万娱殿（Van Yeu Tien），即一万种游乐的殿。它位于湖岸之北，供皇帝垂钓或乘游船在水上游乐时休息之用，游船既可用帆，也可划行，非常舒适并且装饰华丽。有一艘船，结构像我们的二桅帆船，是汤若望神父指导修造的，皇帝非常喜欢它。他经常乘它去钓鱼，或者在湖上观看海战演习。

第七座殿是一座大台，四周有高墙，中央是一座美丽的殿，叫作虎城殿（Hu Chim Tien），即老虎城墙的殿。它的大厅是圆的，很高而且宏伟，顶上有两个镀铜的圆顶，一个在另一个之上大约一支矛的高度；一个很大，另一个小些，形如大葫芦。屋顶都盖以青色的瓦，有花朵和奇形怪状的边及其他东西作为装饰，看上去非常悦目。皇帝有时来此在露台上观赏养在围栏内的动物，如虎、熊、豹、狼、猴、麝猫等。其间有鸟，以其羽毛的色彩和体大而引人注目，如孔雀、鹰、天鹅、鹤、绿红白鹦鹉及其他几种我难以说出名字的鸟类。其中有一种叫作蜡嘴（La Cui），即蜡嘴鸟，它大如一只画眉，但羽毛是灰色。这种鸟很容易学会教给它的东西，可以做令人难以相信的事；它可以独自表演喜剧，戴上脸甲，使用剑、矛或特为它制作的旗。它会玩棋，而且会表演生动优美的动作，使观众入迷。所以很难说，最值得佩服的是鸟的本能，还是教导它所做的努力。

第八殿位于一座大台的末端，叫作中砦宫（Mansion of the Fortress of the Middle）。中国皇帝常去这座宫的大殿，观看三千全副武装的太监做军事操练，表现他们假装的勇猛。但鞑靼人禁止了这种可笑的游戏。

[①] Ym Tai Tien: 对音不明。

除了这些宫殿，在两重围墙内还有许多向偶像献祭的庙宇，其中有四座最知名，它们也被称作宫殿，因为它们面积大，殿堂多，建筑漂亮。第一座叫作大光明（Tai Quam Min），即大光明的殿。它是献给我们所称的北极星，中国人叫作北斗（Pe Teu）的星宿。他们认为这颗星是神，有能力赐给他们长寿。因此皇帝、皇后和王子都在这座庙里做献祭，其中看不到偶像，仅有一幅卷轴，即亚麻卷轴装在奢华的方形框内，其铭文如下："献给北斗神灵"。这座庙在内墙中。另三座在两重墙之间。

第二座叫太皇殿（Tai Cao Tien①），即最有名和高尚帝王的宫殿。这是供奉那位著名的、忠义的、被奉为神明的将军的，即我们前面提到的关帝（Quan Ti）。他们向他乞求长寿、子女、地位、财富和今生的一切幸福，而不梦想要其他东西。因为中国人把他们的幸福和最终目的，看成是享受和游乐。

不过，为了更好地了解，我们将在下面谈谈另两座殿。在中国的最西部、陕西省的西北有一个王国，印度人称之为吐蕃（Tibet），西鞑靼人称为吐默特（Tumet）。安德拉吉神父大约在四十五年前曾去那里旅行。这个国的国王本身具有双重职能：既是国王又是祭司长。因有此权力，他管理宗教事务，是该国喇嘛即教士永远的、绝对的上司。这些喇嘛通常身穿红黄色服装，下垂至地，有直袖和同样颜色的披风，一边放在他们的右臂下，并且将它向后披在左肩上，犹如使徒圣托马斯（St. Thomas）的装束。根据各种可能的说法，圣托马斯曾进入中国，在那里住了些时候。中国的编年史书曾记载在汉朝统治时期，也就是我们的救世主生活的时代，印度的一个圣人进入中国，他名叫达摩（Tamo），传布和教导一种圣律。而僧人们反对他并对他施加迫害，说他做不了什么好事。于是他返回印度。他手执一杖，光头步行。有一天他想渡过大江，即海洋之子（son of the sea），发现无人愿为他摆渡，因为在僧人们的挑唆下所有百姓都对他存有偏见，他便涉水过江而未湿足②。在这个故事中的圣人还表现了许多奇迹和异行。

中国人称他为达摩而非托马斯，这是不足为怪的。因为，如同我们读中国字的音，他们也误读和改变其他民族的语汇，以致有时不可能再辨识

---

① 对音不明，从释义看应为太皇殿。
② 这说的是达摩一苇渡江的故事。安文思在这里把达摩和使徒圣托马斯（多默）混为一人。

它们。而我敢肯定地说，他们不能读出奇怪名字的音，特别是用R字母拼写的词及包括几个音节的词。正是因为他们误植母音，把a放在第一音节中，而他们本应把它放在最后。葡萄牙人甚至比他们更糟，当说到Tome时，用e代替a。安德拉吉神父在论述西藏时也犯下同样错误，他在书中把Lama写成Lamba，即前面提及的教士。在北京有许多喇嘛，但他们不为中国人和统治中国的东鞑靼人所尊敬，因为他们知道喇嘛的恶行及他们所传教义的无理，还有他们的偶像之可笑。尽管皇帝允许他们住在京城，几年前又命令修建两座庙宇给他们做偶像礼拜之用，但这并非出自他对他们的关爱，只是因为政治原因，利用对他们的信任防止东鞑靼人干反对他们的事。虽然东西鞑靼人都一样勇敢，但人数不很多的东鞑靼人害怕西鞑靼人，因其人数众多。此外，后者对喇嘛之尊重令人难以置信。当他们相遇时，鞑靼人立即下马，脱掉帽子，跪下来，拥抱喇嘛的腿，吻他下面的衣边。从他们的面部表情、手和全身的动作可以看出，其热情与虔诚无法形容。同时，喇嘛表情庄重地以手摸鞑靼人的头顶，在其头上画菱形，按照习惯给其念经。

第三座殿是庙，叫作马卡拉殿（Macala Tien）①。在中国语言中，"殿"的意思是"皇室"；而"马卡拉"在喇嘛的语言中意思是"有角的牛首"，因为在那座庙里祭拜的偶像是带角的牛头。这表明人们的愚昧，中国人称之为"万物之王"（Van vo chi vam），即万物的君主，或者"万物之智"（Van vo chi tim），也就是万物的最高智慧。不管怎样，人们崇拜他们自己的作品，不过是为己所用，但似乎更加令人难以置信，它是一个牛头。

第四座殿叫作喇嘛殿（Lama Tien），即喇嘛的殿庙。它位于我们所述的湖东岸，在一座人工堆积的像棒棒糖的山头，四周是先前从很远的海边花费很大气力和金钱运来的岩石。这些岩石大多充满孔洞，那是由海浪不断冲击而形成的。中国人十分喜欢观赏这些未经雕琢的天成之作。而且他们乐于仿制高尖顶及悬岩陡壁，所以在相当的距离，整个看来像一座嶙峋的荒山。山顶有一个十二层的圆塔，非常协调而且极高。最高一层的四周悬挂着五十个铃，随风吹动日夜鸣响。大而庄严的庙宇位于南面斜坡处，喇嘛寺院的居室向东西伸延。偶像位于庙内一座祭坛上，全身裸露，姿态

---

① 马卡拉殿，汉文名字不详，仅译其音。

像罗马生殖神（Roman Priapus）一样淫荡。除喇嘛和西鞑靼人外，没有人崇拜它。因为东鞑靼人和中国人憎恶它，把它看成是丑恶猥亵的怪物。当今皇上之父①当初因政治之故修建了这两座宫殿，为的是讨好他的母亲。她是西鞑靼一个王侯之女，这位王妃非常崇敬喇嘛，她在北京为供养喇嘛花费了大量钱财。但很可能在她死后这些可恶的庙宇就立即关闭。

再者，在两重围墙之间，还有二十四座漂亮的殿，以代替二十四个衙门。其曼达林可以称为皇帝的管家，并且不隶属于国家的其他衙门和曼达林。他们是宫廷、仆人、酒仓、吏员、库藏等的监管者，他们按照皇帝的命令，惩奖宫室的人员。而在中国皇帝统治的时期，所有这些衙门都归太监管理。但目前则归宫内养育的七十二名鞑靼贵人负责。每个衙门有三个鞑靼贵人，他们手下有许多下级吏员，处理所经管的事。

我们已记述了皇宫的主要结构，如果要详谈其中其他的地方和建筑，诸如游乐宫室、图书馆、仓库、宝藏、马厩及类似的较低级的建筑，则难以做到。但从我们的描述中，人们可以容易推测其余要谈的东西。

我们所述的建筑物都盖以黄、绿、蓝色大厚瓦，用钉固定以防风暴，因北京的风很大。屋脊总是从东到西，高出屋顶约一矛的高度。末端饰以龙、虎、狮及其他动物的躯体和头部造型，它们沿着整个屋脊盘绕伸延。从它们的口和耳中，涌出各种花朵及奇形怪状的东西或其他悦目的装饰，一些装饰就依附在它们的角上。由于这些宫殿都漆上上述的色彩，当太阳升起时，从老远看去，如我多次所观察到的，它们都是用纯金制成，至少是镀金，以蓝、绿色做彩饰，产生非常美妙、华丽、庄严的景观。

注释和说明：

本书第182页："除了这些宫殿……献祭的庙宇"。

1.位于两重围墙之间，向东的第一座殿，在南面，如草图上所绘，亦如柏应理神父在谈修建它时皇帝所指示的位置。这位君王叫作英宗（Ym Sum），即正统（Kim Tum），他的兄弟叫景泰（Kim Ti）。他于1436年即位。1450年他被鞑靼人俘虏，不久获释。他的兄弟景泰死于1457年。于是这个帝王于同年再登帝位，于1464年去世。我们的作者描述的桥，是一

---

① 顺治帝。

件非常出色的艺术品，仅它本身已足以让我们赞叹中国人的聪明才智。

2.第二殿位于两围墙之间，与下面即将谈到的其他六殿相同。它叫作兴阳殿，即太阳升起的殿。在那里庆祝阴历年的头一天。

3.第三殿叫作万寿殿，即长寿万年的殿。我们的作者把它置于湖畔。嘉靖帝又叫作世宗（Xi Sum），他于1522年即位。圣沙勿略也于1522年到达中国，死于广东省的上川岛，时为同年12月2日。嘉靖帝即世宗统治到1567年，他的儿子穆宗（Mo Sum）即隆庆（Lum Kim）死于1573年，而他的孙子万历，即神宗（Xin Cum），死于1620年。嘉靖帝为了炼丹而修建这座殿，为的是得到长生不死药。

4.第四殿叫作清辉殿，即至清之殿。按照作者的描述，我把它置于一座山上。在那里庆祝阴历八月十五的节日。

5.第五殿叫作英塔殿，即兴盛的塔殿。如我们的作者所述，它位于湖畔树林中。皇帝在那里避暑。

6.第六殿叫作万娱殿，即一万种游乐的殿。它在湖的北岸。我们按照作者的记述把它置于此。皇帝垂钓或水上游乐时在这里休息。

7.第七殿叫作虎城殿，即老虎墙的殿。皇帝在那里养了各种野兽，并且亲自去观赏。我们的作者没有特别记述这个地方的位置。我把它置于两墙之间我认为最开阔、最合适之处。

8.第八殿叫作中砦宫，作为太监操练之场所。我们的作者没有提到它之所在，他仅提到它在两墙之间，和另外六殿一样。

9.宫中四座最著名的庙，第一座叫作大光明，即大放光明的殿，它是献给大小熊星的。它在内层墙之内。我把它置于最尊贵地方的左边，因为那是在皇帝的左手边。

10.第二座庙叫作太皇殿，即最著名和高贵帝王的庙。这座庙是献给第十六章中提到的那位著名的、被神化的将军，我不知道他的名字及他的死期。我大胆地把此庙置于湖的西侧，因为我们的作者只提到它在两重墙之间。

11.第三座庙叫作马卡拉殿，即牛首殿，但我们的作者没有准确地记下它的位置。

12.第四座庙叫作喇嘛殿，即属于喇嘛的殿。在草图上它的位置如我们的作者所说：在一座人工堆积的岩石山的中央，像一根棒棒糖，其顶上有一个塔。

13.相当于皇室大管家的曼达林的二十四殿。我把它们置于我们作者所说的两重墙之间。他没有特别记述它们,也没有详谈其他的建筑,如游乐宫室、图书室、仓库、办事处、马厩等。这使好奇的人想得到更完整的报道和更全面的图示。

第二十一章　北京的皇家庙宇及皇帝外出进行公祭的方式

除了皇城内的庙宇，皇帝还有另七座庙，他每年都要前往每座庙各做一次祭祀。五座在新城，两座在老城内。

第一座叫作天坛（Tien Tam），即天的庙宇，距北京城主要城门两中国飞朗远，略偏东，四周环绕以三飞朗的围墙。这片地域的一部分有极漂亮的建筑。余下则是浓密的绿色丛林，其树木格外高大，对于我们来说，它使该地变得阴森忧郁，一如对异教徒说它之庄严神圣。朝南有五道门，三门在中，像宫门一样不开放，仅供皇帝祭祀之用；两边的门一直开放，允许百姓进入庙宇。在南面和北面，有七座单独的殿堂，其中六座是厅和门廊，宽大堂皇一如宫内的殿室。第七座是一座大而高的圆殿，表示天，有八十二根柱子支撑；内部完全漆成青色和金色，盖的瓦是蓝色。皇帝在冬至那天，前去这座庙向天祭祀，朝中的贵人和曼达林都随行。至于他献祭的牺牲，有牛、猪、山羊和绵羊。为举行这次典仪，要做充分的准备。典仪非常隆重，盛大中同样带有尊敬和谦顺。这时皇帝去掉金饰、珠宝和黄袍，只是庄重地穿上寻常黑色或天蓝色的绸服。

第二座叫作地坛（Ti Tam），即地的庙。它朝西，与头一座庙相距甚远。除了庙顶覆有绿色的瓦，它与天坛没有什么不同之处。当皇帝登基，据有帝国前，他到这座庙向地神献祭。然后，他穿上耕夫的服装，用两头其角镀金的牛及一把漆成红色、间以金色条纹的犁，亲自在这座庙内耕一小块地。当他忙于劳作时，皇后和她的宫女则在另一处为他做一顿简单的家常饭，然后皇帝和皇后一起就餐。古代中国人制定这一仪式，其目的是要他们的皇帝记住：他们的赋入来自百姓的劳作和额上的汗，因此理应节制消费，并为了国家的利益，不兴建无益的宫阙，不过分地游乐或奢侈地饮宴。

这两座庙之北有三座更远的庙，距城门和城墙两中国飞朗，位于北、东、西方向，它们与上述两庙相似。在北面的叫作北天坛（Pe Tien

Tam），即北面的天庙。夏至时皇帝在此献祭；春分，他在东面的庙——日坛（Ge Tam），即太阳庙献祭；秋分在西边的庙宇祭祀，该庙叫作月坛（Yue Tam），即月亮庙。祭祀之前，皇帝下诏在北京斋戒三日，在此期间他们不吃肉或鱼。各部，特别是刑部，不得做任何事，这多少类似我们四季大斋周的斋戒。有一天我问一位有学识的人，他们做这些斋戒和祭祀，指望得到什么好处，而且他们如何证实他们的皇帝或皇后不是向偶像献祭，因为天、地、日、月都是无生命的实体，不值得当作神来崇拜和祭祀，这只能属于创造他们的神。他回答说，"天"这个词有两重含义，其一是指实质的天，叫作"有形之天"（Yeu him chi tien），这是我们能看见的，我们实际感触到的，而对于日、月和星，我们也是这样感触到，但第二重含义是指非实质的天，叫作"有无形之天"（Yeu vu him chi tien），它无形无相，并且它是万物的创造者和主宰者。他说，这就是古代中国人向它做献祭和斋戒的天，这么做是为了平息它的暴怒。人们向它致谢，希望一年四季得到它的益处。但因人类本性愚昧，热衷于物欲，他们忘记了万物的真正主宰者，只想到可见的实质的天。不管怎样，他说，当皇帝在天坛、地坛、日坛、月坛祭祀时，它们的名字仅用来区别祭祀和四季，皇帝并不像百姓认为的那样向这些创造物献祭，而是向神灵的天献祭。

第六座庙，在老城内，叫作帝王庙（Ti Vam Miao），即皇帝的庙。这是一座大而堂皇的宫殿，有许多宫室、门廊、庭院及大殿，其中最后的大殿，其漂亮、宽阔和装饰，如同皇宫内的大殿一样。在那里你可以看到华丽的宝座，还有中国历代好皇帝和坏皇帝的雕像，从第一位叫伏羲的皇帝起，到当今皇帝之父顺治皇帝，其间共经历了四千五百二十五年。这座庙位于城内一条最漂亮的街道中。这条街在两处立有两座牌坊，开三门，高耸、雄伟，值得称赞。经过这条街的百姓，不管什么身份，当他们进入牌坊内，都要下马步行走过庙前。皇帝每年一次在这里向他的祖辈行年礼。但在这里及在其他祭祀中所行的礼仪则非常之多，而且有种种不同，不再一一记述。不过读者从我们所述中，可以轻易判断礼仪之盛大。

第七座叫作城隍庙（Chim Hoam Miao），即守护城墙的精灵之庙。它在城内，靠近西边的城墙。皇帝从不去这座庙祭祀，仅曼达林去献祭。不过这种典仪登录在皇室祭祀内，既因为皇帝负有责任，也因皇帝提名派人去这个地方祭祀。全国各城都有这样的庙，其位置一如该庙。向守护城墙的精灵献祭，就像我们说的向每城的保护天使礼拜。对皇帝庙宇就谈这么多。现在我们要谈皇帝出宫时御驾的盛大排场。

有两个原因使皇帝离宫外出。

一是当他去狩猎或者出游的时候。这仅仅被视为私人的行动，这时他只由他的卫队、亲王及其他贵胄陪同，他们按地位身份高低，走在前、后或左、右。这队扈从不超过两千人，都骑马，他们的服装、武器、马具颇为华美，此时你只见丝绸、金银缎及珠宝熠熠生辉。确实，如果人们认真想想这件事，我怀疑世上还有无其他王公，在他们通常盛大的仪仗中，能与我们在这个宫廷所见相匹敌。皇帝出宫只不过是去他的园林游玩，或者是去乡间打猎取乐。

二是当他去祭祀即公祭的时候。他的仪仗如下：

第一，有二十四名执大鼓的人，分为两行，每行各十二人。下面的行列也是如此。

第二，二十四名喇叭手，每行十二名。这种乐器用一种中国人极珍视的名为梧桐树（V tum xu）的木材制成，他们说，凤凰要歇息时，就栖止在这树的枝上。这些喇叭约三呎长，喇叭口直径几乎有一掌宽。它形如钟，四周饰以金，与击鼓声相协调。

第三，二十四人执长杖，十二人一行。这种杖有七八呎长，漆成红色，从一端到另一端有金叶装饰。

第四，一百名戟手，五十人一排，其戟头形如弯月。

第五，一百人执镀金木头权杖，五十人一排，其杆长若枪矛。

第六，两支叫作卡昔（Cassi）的御竿，漆成红色，间以花纹，两头镀金。

第七，四百个盛饰的大灯笼，奇特的工艺品。

第八，四百支火炬，精细地修饰雕刻，用一种木料制成，可长期照明。

第九，四百支枪，有的枪在钢尖之下饰以吊丝锤，有的是豹、狼、狐或其他野兽的尾巴。

第十，二十四面旗，上面绘有黄道二十四宫，中国人把黄道分为二十四宫，而我们仅分为十二宫。

第十一，五十六面旗，上面绘有五十六个星座，中国人认为这是全部星座的数字。

第十二，两面长杆大扇，镀金，绘有日、龙、鸟及其他动物的图像。

第十三，二十四面装饰华丽的扇，执扇的人成双成对，如我前面所说。

第十四，八种供皇帝日常使用和需要的器具，如桌布、金盆及同样材料的罐，还有其他这类物品。

第十五，十匹白如雪的马，鞍座和笼头用金、珠和宝石装饰。

第十六，一百名枪手，在他们两侧内是御用的侍仆，中央是皇帝本人，威风凛凛，骑在一匹漂亮马上，有华盖即伞为皇帝遮阳，未曾见过的人难以相信伞之美丽和华贵，它大到足以遮蔽皇帝及他的骑乘。

第十七，亲王、王公及许多最著名的贵胄衣着奢华，排列两边，按其地位排列成行。

第十八，五百个皇帝手下的年轻士绅，服装华贵。

第十九，一千人，五百人一队，叫作校卒（Hiao Guei），即步卒，身穿红袍，绣有金银花朵及星星，帽上插着长羽毛。

第二十，三十六人抬的敞开的轿，即舁床；另有封闭的轿，大如寝室，一百二十个人抬。

第二十一，两辆大车，各由两头象拉。

第二十二，一辆八匹马拉的大车及另一辆略小的四匹马拉的车。这些车都装饰奢华，象和马披上美服，管事和车夫身穿贵重的制服，每辆有一员将官和五十名士兵照看。

第二十三，两千名文曼达林，一千名一队。

第二十四，两千名武曼达林，全都穿着华丽的礼袍；最后这些人压尾，结束盛大的行列。

注释和说明：

1. 关于两城内皇帝的七座庙。

新城内的五座庙。第一座叫天坛，即天的庙；如我们的作者所说，位于北京城主要城门之外，即南门（前门）外两中国飞朗，稍偏东。它四周是圆墙，周围为三飞朗。其余的见于草图。皇帝在冬至那天去那里祭祀。其余四庙的建筑和第一庙类似。第二座叫作地坛，即地的庙，位于主要城门之西，与第一座庙的距离很远。皇帝在他即位时去那里向地神献祭。第三座大约距北门两飞朗，叫作北天坛，即北方的天庙。皇帝于夏至日在这里祭祀。第四座大约距东门两飞朗，叫作日坛，即太阳的庙，皇帝在春分时去那里祭祀。第五座距西门两飞朗，叫作月坛，即月亮的庙，皇帝在秋分时去那里祭祀。按汤若望神父的意见，如果我们一定认为新城之长为十六飞朗，那么这两庙应更远，距东西门有两飞朗的距离。

2. 老城的两庙。头一座叫帝王庙，即已故诸王的庙。这是一座宽大雄伟的殿，在它庄严的大殿堂内，陈设有中国所有皇帝的像，好坏均有，年代最为久远的是伏羲帝。我们的作者谈到它的情况，没有多说，只谈到这一点：它在市内一条漂亮的大街上，两座牌坊之间，这已绘在草图上。所以这座庙必定不在皇宫以南。因为那个地方为最外层宫城和皇宫的第一座殿所占据。我也不认为它应在西面，因为下面谈到的庙在那儿；也不在北面，中国人把那个方向看成是最不足道的。因此我把它置于东面，在东城门附近的一条街上。

3. 第二座庙叫城隍庙，即保护城墙的精灵之庙。我按作者的记述把它置于城墙附近。皇帝从不亲自在这里献祭，而仅由曼达林代替。

4. 文官的六部，我们的作者在第十三章中已记述过。它们系按等级，靠近皇宫的东面，有许多宽大正方的建筑，每座建筑分为三部分宫室，等等。我据此尽量描绘它们，把第一部分置于皇帝本人所居住的内层宫殿附近。

第一，吏部，管理全国的曼达林。下属四个衙门，聚集在同一个殿左右。两侧的两排房屋为其所用，最中间为吏部所使用。另五个部的情况相同，最中间仍为本部所用，两边为下属衙门。

第二，户部，负责财务，下属十四个衙门，每个衙门代表中国的一省；北京有特别的衙门，因为它贵为朝廷所在之处。

第三，礼部，负责典礼、学术、技艺等，下属四个衙门。

第四，兵部，负责军事和供应，下属四个衙门。

第五，刑部，处理全国刑事案件的法庭，下属十四个衙门。

第六，工部，监管公家的工程，下属四个衙门。

5. 武官的五个部，位于皇宫之西。我们的作者没有详谈它们的情况及职掌，但它们的结构很可能类似前者。我们可以推测，最北面的是后府，即后卫。第二是左府，即左翼。第三是右府，即右翼。第四是中府，即主力军。第五是前府，即前锋。

安文思神父在他的叙述中，没有提到北京其他许多衙门的位置。但可以肯定的是，它们位于他曾谈到的那些地方，诸如长安街等街道旁的宫室和衙门，以及草图上描绘出的其他地方。

对于皇帝出宫时盛大的銮驾，我们没有什么可以补充的，仅有汤若望神父的记述与此相似。

安文思神父传略

[意]利类思 著

译自Gabriel de Magailles 之 *A New History of the Empire of China* 之附录：An Abridgment of the Life and Death of F. Gabriel Magaillans, of the Society of Jesus, Missionary into China, written by F. Lewis Buglio, his inseparable companion for six and thirty years, and sent from Pekim in the year 1677. London, 1689.

耶稣会士、入华传教士安文思神父传略。撰写者利类思神父乃其三十六年中不可分离的伴侣。1677年于北京。

安文思神父于1609年生于葡萄牙。他最初的岁月是在他的叔父家度过的，叔父是牧师会会员，负责教育他虔诚敬主。后来，他就读于耶稣会书院。在著名的科因布拉大学内，因受到神父们的启发，他在那里决定抛弃俗世，并被接纳入会，时年十七岁。当他还是一名望道修士的时候，他已请求赴东印度群岛传教，然而未获批准，直到他完成修辞学和哲学的学业。他于1634年抵达果阿，立即开始教授修道院年轻修士修辞学。两年后他热诚地希望能够赴日本传教，他的上司极不情愿地最后予以批准，因为在他的指导下，该地的学生取得了很大进步。他抵达澳门，视察员神父命他教授修辞学，但这时有一位信基督教的官员到来，使他未能担任这项工作。视察员神父确实想通过这位官员而得以派一个得力的人进入中国，协助那里的传教士。因为当时全学院没有人适合去中国，所以安文思神父抓住这一有利时机，热诚地请求承担这项任务并得到批准。于是他随那位官员动身，到达浙江省首府杭州城，当时副主教驻扎该地。就在这期间，从四川传来消息说，在那里为传教打基础的利类思神父生了病，需要一个同伴。在获允后，安文思神父前往四川，并给予利类思神父以很大的帮助。这时他十分勤勉地学习中国语言文字，并很快地学会了它。

两年后，该省的和尚①掀起一场对福音布道者的猛烈迫害，他们从附近城镇集中大量的人，在都城所有衙门控告神父们谋反。在受到几次造反的搔扰后，刑部大员害怕引起暴动，命令责打神父，再把他们驱逐出省界。但神父们凭借着对天主的信仰以及许多官员朋友的保护，不愿放弃他们的岗位。因此和尚在省城的主要地区张贴控告神父以及反对官员们的标语，但有一位信教的武官驱散了他们。另一方面，神父们写了几部书，解释并宣扬他们信仰的真理，驳斥了对方的谎言。这次迫害延续了三个月。这时，和尚们或许因为畏惧保护神父的官员，或许他们缺钱难以在省城维持生活，便一个接一个地回了家；同时，支持神父的省城长官也解除了和尚的支持者的职务。这使事情平息下来，彻底止息了这次骚乱。

不久后，他们遭受了比前次更可怕的迫害。因为反叛者张献忠率一支大军，用火和屠杀扫荡了所至之处，逼近省城，意欲成为当地的主宰，同时他要给自己加上中国皇帝的头衔，实际上他也这样做了。因此，许多百姓逃往山里避难，神父们也在其中，决心等待这场叛乱结束。很快这个

---

① Bonza，意为和尚，但亦可能指道士。

叛贼攻占了省城，在那里施行血腥蹂躏，三个月后他得知大量的百姓逃往山里，其中有神父，便派几队士兵把大部分人找回来，神父们也在其内。当张献忠见到神父们时，他格外礼待他们，并答允他们说，一等他平定全国，他就会修建礼拜天主的大教堂。同时他赐给他们一所豪宅，神父们在宅内悬挂救世主的像，给一些人施洗礼，其中有暴君的岳父。确实，在张献忠僭位的三年间，头一年他普施仁德，但后来为几处骚乱所激怒，他决意征服陕西省——当地的居民很好战。张献忠在动身前，为了确保四川省维持现状，以免他不在时出现叛乱局面，他残酷地决定，使用各种酷刑处死无数的百姓。有的被砍成几块，有的被活活剥皮，有的被一点点割成碎片，而有的遭到砍杀，但不让死。四川省的十四万军士也被屠杀，所以该省几乎没有人烟。当神父们看到这些恐怖的残杀时，对于在如此野蛮的暴君统治下能否得到发展感到绝望，就向他提出请求，表示他们希望获允退隐，以待全国的暴乱平息。但暴君张献忠对这一请求十分愤怒，大约两个时辰后他派人把神父们的仆人抓去，指控他们把这个想法灌输进他们主子的头脑，命令把他们活活剥皮。神父们立即赶去救他们的命，告诉暴君说，这不是事实，这些可怜的人丝毫不知道他们的意图。不管怎样，一番争议后，那个野蛮人（张献忠）还是命令把神父们抓起来，押赴刑场凌迟处死。如果不是张献忠的大将军和义子替他们求情，神父们已成了刀下鬼。然后暴君派人赶快把他们押回去见他，对他们进行责骂申斥，然后把他们交给几名士兵看管，命令日夜加以守卫。在这种情况下他们整整过了一个月。接着暴君在一个早晨叫他们去见他。他们发现他当时凶性大发，下令把许多人处死并且认为自己的末日将临。这次还是天主之意，探子一个接一个到来，通报鞑靼人的前哨近在眼前。但暴君不相信他们的情报，不携武器便跨上马，仅由几个亲信随同，前去寻找敌人。当场发生了小冲突，战斗刚开始，一支箭就射穿了张献忠的心窝。这样，神父们因暴君之死而重获自由，打算回到他们的住处。但途中遇上一支鞑靼军队，朝他们射了几箭，安文思神父被射穿手臂，而利类思神父被射中大腿，箭头深入肌肤，安文思神父用牙齿也未能将箭拔出。在绝境中他们幸运地找到一把钳子，取出了箭矢。

当天傍晚，他们见到指挥军队的鞑靼王子，王子得知了他们的身份，便以礼相待，派两个头目照顾他们的生活。然后，整整一年时间他们随军而行，直到抵达北京。神父们经历了极大的艰难，特别是缺乏食物，因为军中一度十分缺粮。安文思神父只得一连三个月用白开水煮点饭吃。而当他们到达京城,照管外国人的礼部就把他们安顿在皇家馆舍,有一大笔供养他们的津贴。他们在那里居住了两年,随后又由一位有身份的人奉命照看他们的起居。在此期间他们从事传布福音的工作,给好几个人施了洗礼。他们在京城一直住了七年才为皇帝①所知。但当皇帝知道他们的身份后,以极大的善意对待他们,赐给他们一所房屋、一座教堂、薪俸及金钱。安文思神父为了表示对皇帝诸多恩赐的谢意,便夜以继日地制作了几件稀奇灵巧的机械装置献给他。此外,他还同样勤奋地用布道和写作使自己的灵魂得到皈依。他写了几篇文章,还把圣托马斯·阿奎那的《复活论》译出,并因此受到极大的赞扬。

皇帝统治十八年后去世。因他的儿子,即当今皇帝②,那时很小,他曾指派四名保护人在他儿子幼年时治理国政。在他们摄政期间,有个信教的官员,手下有几个步卒,他们对主人十分不满,为了报复,便诬告安文思神父替那位官员行贿送礼。在中国,这是一桩大罪。因此安文思神父被送往刑部,在堂上他两次受刑,双脚在刑具中收紧,尽管痛苦万分,神父仍以坚强信念忍受,而不愿因此承认他不曾犯下的罪过。然而刑官仍无据地判他绞刑,并且按规定把判决送交四位摄政者。幸而他们因他系外邦人,也因他们相信他的无辜,恢复了他的自由。

三年后,当诸神父为信仰遭受迫害之时,安文思和其他人也一起被捕,整整四个月身上系着九条链子,三条在脖子上,三条在手臂上,三条在腿上。他还挨了四十鞭,并被终身逐出鞑靼地。但当时在北京发生了一次大地震,使他和他的同伴得到解脱。以后几年,他既从事实际传教工作,又用他的巧妙发明,迎合已执政的当今皇帝。犹如一名普通机械师般劳作,以使皇帝的恩宠有利于维护和增进传教,这是神父们唯一的目的。

他去世前三个月,受刑时脚上受的伤再度破裂,他极力忍耐着痛苦。死前两个月,这些创伤并发,鼻孔流血,妨碍他的呼吸。所以他被迫坐在椅子上睡眠,以免窒息。这导致他多次一连几夜无法安睡。生病期间他不要求什么,因没有药物可克制病魔,他的病情日益严重。在他作了总忏悔后几天,于1677年5月6日,傍晚六七点钟之间,他坐在椅子上,已呈弥

---

① 顺治帝。
② 康熙帝。

留之状。他把神父们叫去，给他圣粮和临终涂油。大约八点钟，当着众神父、仆人、邻居和几位信教官员的面，他把灵魂交给了造物主，众人无不为之泪下。第二天早晨，现任中国教区副区长南怀仁神父把这一消息通知皇帝。一个半时辰后，皇上派三名朝中重要的人物前往，送去一篇赞颂神父的悼词、二百两银子（相当于八百镑）、十大匹绸缎，吩咐在死者遗体前举行传统的仪式，按惯例悼念。

皇帝赐给神父的悼词如下：

"今闻安文思病故，念彼当日在世祖章皇帝时，营造器具，有孚上意，其后管理所造之物无不竭力。况彼从海外而来，历年甚久，其人质朴夙著，虽负病在身，本期疗治痊可，不意长逝，朕心伤悯，特赐银二百两、大缎十匹，以示朕不忘远臣之意。特谕。"康熙十六年四月初六，相当于1677年5月7日，是神父死后的次日。

这篇悼词，连同一篇神父的简传，被刻印并散发给王公、贵胄、官员，散发给我们的朋友和众基督徒。这产生了重大影响，并且极大地提高了圣教的名声，使人们都认识到皇帝对福音布道士的高度重视。

两天后，皇帝又派那三个官员，在死者遗体前悼念，并指令他们去送葬，这是特殊的恩宠。有许多友人和官员会集，送来礼物表示通常的礼仪，同时有人送来写在白缎上的悼词和颂词。

埋葬的前几天，那三个官员又来告诉我们，皇帝的意思是要把葬礼办得很隆重。所以神父们为按皇帝的旨意，也为表示他们对皇帝所赐悼词的尊重，做了异乎寻常的准备工作。

下葬的当天，那三个官员准时赶来，奉圣旨送葬。还有许多官员、友人和别的人前来，行同样的礼节。至于葬仪，是按如下的方式举行的：

十名佩带武器的兵士在前面清道。他们后面是几个衙门的领路员，他们举着牌符，上面写着官员的告示，命令让路，违者受惩。二十四名吹鼓手携带种种乐器跟随他们，为写在黄缎上的圣谕做前导，圣谕用担架运送，并用各种色彩的二十四匹缎子包裹。这道圣谕由几名信教的太监照拂，其中有的是侍候皇上本人的。随后出现另三个用几匹绸缎装饰的担架。头一个载十字架，第二个载圣母像，第三个载圣米迦勒像。这些担架彼此保持一定距离，其间有许多基督徒随行，有的举灯笼，有的举旗，另有一些拿香炉，还有一些拿蜡烛、香料及别的东西。接着是另一面旗上的神父画像，四周饰以绸缎。这幅画像是三年前，即神父在世时，皇帝命宫廷的一名著名画师绘的，同时还绘有其他神父的画像。一大群基督徒跟随这幅像，其中六十名穿着丧服。众神父走在最后，刚好在庄重的灵柩前；棺材放在一个漆成金红色的架上，在富丽的红色天鹅绒华盖之下，华盖用一种白色和蓝色缎子镶边——这是皇帝的恩赐。棺材由七十人运送，他们都头戴丧帽。跟随棺材的人是如此之多，以至前后相距有一哩。他们到达葬地后唱起圣歌及基督徒的一般祈祷和念诵。为此，八名信教的官员披上白法衣协助主持葬礼的神父。基督徒们还虔诚地唱圣母祭，这时遗体被放进砖砌的墓内。丧礼结束，可以听见随行的全体群众伤悼哭泣，泪水表示着他们真实的哀痛。皇帝派来的三个官员尽到了他们的职责。三天后他们奉圣旨返回，再举行与下葬日同样的丧礼。

我在朝廷中从未见过如此隆重的葬仪。一方面人们注意到有那么多亲临的群众，他们的朴实、他们的泪水及他们真实的悲痛；另一方面又有皇上赐给死者的荣誉，授予他的悼词，不同于一贯的风俗。这位善良的神父值得所受的高度礼待，因他行为朴素，他对世人，尤其对穷人无边仁慈，对各种人和蔼可亲；他为爱主、为推进基督教的热诚而历经苦难，甚至不惜以他的生命和名誉为代价。

皇帝从他派去参加葬礼的人那里得知，葬礼举行得盛大而隆重，并庄严而圆满地得以完成，他感到非常满意。所以当神父们去向皇帝致谢时，他叫他们靠近，特别温和亲切地对他们加以慰问，表现出充分的善意和诚挚。

在黄虎穴中[①]

——利类思和安文思在张献忠朝廷(1644—1647)

[荷]许理和 著

---

① 译自Erik Zürcher的*In The Yellow Tiger's Den:Buglio and Magalhães at the Court of Zhang Xianzhong* [*Monumenta Serica*（《华裔学志》）50卷]。

导 言

对耶稣会传教士来说，明清之际是一个极不确定和充满分歧的时代。危机始于1630年，其间流寇和盗贼从陕西和山西起兵，发展成为正规的有组织的军队，战火和骚乱遍及中部省份；同时，清兵的威胁使明廷集中兵力防御东北边境。其结果是，军饷和装备不足的明军不能对付两个兴起的叛军领袖——李自成[①]（1606—1645）和张献忠。1644年出现大动乱，北京被李自成攻占，很快又被清兵夺取，张献忠则在四川建立自己的王国。

结果是，耶稣会传教士周旋于不同的敌对权力中心之间。在南方，他们有的和南明的几位统治者联系。毕方济（Sambiasi）为弘光、隆武和永历服务；作为军官和派往澳门的外交使节，瞿安德和卜弥格得到永历的保护并且出人意料地使皇室成员归信；隆武在福州短暂停留期间（1645—1646）资助了艾儒略。在北京，汤若望则为清廷效力。

在这种情况下，耶稣会士留在熟悉的圈子里——他们仍然在文化精英的范围，即高层官员、朝臣和文人的世界中活动。只有一个例外，利类思和安文思在两年多（1644年末—1647年初）里为四川恶名昭著的叛军首领张献忠工作的稀奇故事。

[①] 原写作"李子成"，兹改正。——中译注

张献忠（1606—1647）

本文的主角属于出身低微的群众领袖一类，在危难和骚动时期伺机而起，在被军队抛弃后，"黄虎"张献忠在陕西开始了作为盗贼首领的生涯。在几年的流寇战争和抢劫过程中，他成为两大最有势力的叛匪首领之一，仅次于他的对手李自成。经过从河南到江苏的征战后，他最后决定在四川建立他的政权基础，同时，他宣称自己是"西王"。他在1644年攻占重庆和成都，1645年初自立为"大西国"的王，年号大顺。

在成都（时为西京），张建立了一个中心政府机构，有大内阁、六部、科考机构，并铸造钱币。他的密友和谋士占据政府中的最高职位，其中既有获得学位者也有普通百姓，甚至有道士和造箭矢的匠人。在他的朝廷中最有影响的人物（据中文和耶稣会史料，此人是他的坏参谋）是王兆龄[①]，来自安徽的一个显贵家庭。就在同时，张公开了其征服中国和建立自己王朝的野心，并称其王朝将延续八百年。实际上老天只给予他不到三年的时间，其间四川处在暴力日增和大屠杀的政权统治下。尽管他有特出的智慧（他的耶稣会廷臣对此印象深刻），无疑的是他仍患有精神狂乱症，而他妄想的征兆越来越明显。在他统治的第一年，他仍享有一定的群众威望，相当多的明朝官员同意在他的朝廷任职，尽管就在当时张因突发的杀人念头会恐吓这些人，包括一种酷刑——活剥皮，这是他钟爱的处决方式。

1645年，张产生了一个疯狂念头：四川是暴民和罪犯的地方，上天授权他惩罚他们。其结果是，他大开杀戒，解除了十四万四川军士的武装，将他们全部屠杀。他差不多灭绝了四川的读书人和佛教僧人。在他自己的朝廷和中央政府中，任意杀人成为常理，百姓会无端被处死。他把军队派往四川各地杀人，称之为"草杀""分村屠杀"。[②]

[①] 《明史·张献忠传》中写作汪兆麟，任左丞相；《纪事略》中写作汪兆龄，为东阁大学士。——中译注
[②] MS（《明史》）卷309，7976页。——原注

1645年11月，他以消灭六万成都居民结束他的任务。

　　不管怎样，暴力统治被证明是自取灭亡。地方上的抵抗到处都在增强。人口稀少的乡下不能再供养张的军队。1646年秋，他决定放弃四川，率他的军队返回老巢陕西。作为最后的大手笔，他纵火焚毁被弃的成都城，从他自己的宫殿开始，将这座城市夷为平地。在前往边界途中，1647年1月，张及其军队在西充①扎营时终于遭遇厄运，他在与豪格王的一队清兵冲突中被杀，他的军队惊恐四散。大西政权给四川留下一片废墟。张到底杀了多少人，难以作出可靠的判断，派森斯②（Parsons）估计约一百万，但可能远不止这些。

　　清代史料中有大量关于张献忠事迹的报道，最早的一种是吴伟业的《绥寇纪略》，完成于1652年，仅在张死后五年。他们一般按编年体记述有关事件，或者以笔记体加以零散记录，所以始终不清楚他们依据的是何种目击者的报道。总之，无疑的是，耶稣会神父利类思和安文思谈的是他们亲身的经历。

---

① 　原作"西重"，应为"西充"。——中译注
② 　Parsons，*The Culmination*，395—397页。——原注

利类思和安文思

西西里人罗多维戈·布吉利奥①（Lodovico Buglio，1606—1682），到华时间为1637年②，1640年被派往四川，首次在该省传教。这一次他在中国生活了三年。他传教的成功看来是由于得到一名退休高官刘宇亮（刘阁老）的支持和庇护。刘是原礼部尚书③，将利类思介绍给他的社交圈子，其中有12人归信。1642年葡萄牙人加布利埃·德·麦哲伦④（1609—1677，到华时间为1640年）⑤与利类思会合，两人成为终生不可分离的伙伴。

1643年，在佛教僧侣发起的短暂而有害的反基督教活动期间，传教士因得到另一个有力的保护者、成都县令吴继善⑥（Ukixen）的干预而获救——成都失陷后此人将两位神父介绍给张献忠。

1644年春，北京陷落和崇祯帝自杀的消息造成混乱和不安定的气氛。得知张献忠正率一支大军逼近四川，人们更加惊恐。张的军队攻占并劫掠了成都，两位神父和成群的市民一起从城市逃进山里，他们企图从那里去江南，但没有成功，因为所有道路均被张的军队严密封锁。

张的到来适值权力真空时期，明政权已失去其合法性，而皇室的地方代表蜀王已自尽。对许多明朝的官员来说，"西王"建立的新中央政权给了他们继续政治生涯的机会，耶稣会士的记述，甚至称许多人视张为新王

---

① 即利类思，字再可，意大利西西里人，1606年出生，16岁入耶稣会。后入中国，学习中国语言，在江南传教。利类思是第一个入川传教的天主教士。
② 有关传记资料见Pfister（费赖之），*Notices*（《在华耶稣会士新传》），230—343页；Bertuccioli, *Lurtuccioli Buglio*; Dehergne（荣振华），*Répertoire*，39页（同见Josepf Dehergne et al., *Catéchismes et Catéchèse des Jésuites de Chine de 1584—1800*，载*Monumenta Serica* 47，418—421页）。原文利类思抵华日期为1657年，误，应为1637年，兹改正。——中译注
③ 在北京，刘奉命防御首都，因此他遇到汤若望。参见Gu Luo dong(Gourdon)（古洛东），*Sheng jiao*（《圣教入川记》），2—3页。——原注
④ 葡文写作Magalhães，英语转写为Magellan，环行世界的大航海家麦哲伦系安文思同族。安文思，字景明，1609年生于葡萄牙科英布拉州之佩特罗加斯村。1640年抵达中国浙江，两年后，转往成都成为利类思的助手，此后一直在中国传教。——中译注
⑤ 安文思传见Pfister, *Notices*，251—255页；Dehergne, *Répertoire*（《1552到1880年耶稣会士补传》），161—162页。——原注
⑥ 成都分为两县，他是其中一县的知县。——原注

朝的建立者。

其中一个有野心的官员是吴继善，原县官①，曾保护过耶稣会士免遭佛教僧侣的攻击。他迈了一大步，从一个小县官升到礼部尚书的高位。显然吴得知两位神父的下落，并向张建议召他们进宫：

> 又因他长时对神父们的友情和爱戴，他向暴君上一份奏章，其中他盛赞神的教义、我们自己，以及欧洲的科学，并且告诉他，他的百姓和整个国家会因这类人作为他的廷臣所提供的帮助而受益……暴君对奏章感到满意，因为已听说故去的利玛窦神父的大名，还有其他神父在全中国已做和正在做的许多好事。因此，他极迫切，甚至更高兴地善意召我们入宫，不是作为臣属而是作为来自远方的客人——如他所称呼的来自"大西"。
>
> 我们到达时已经很晚，因我们不能进入宫室，便被安排在光禄寺住宿，相当于住在招待皇室客人的旅舍。第二天，我们去见国王（当时他因良好的治理仍有资格拥有这个"称号"）。把有关欧洲的情况询问一番之后，他面向我们并且告诉我们他感到高兴和满意。他仍需要几个月时间平定全国，解决国家大事，到时他愿给我们建一座漂亮的教堂，让我们能够礼拜天地之主。②

利类思和安文思满有理由乐观，张把他们送回光禄寺，并且赐给他们御桌上的美食、丝缎和150两银子，值许多罗马币斯库迪（scudi）。他还赐给他们官员的袍服，但他们仅在张向他们保证穿这种朝服仅仅是礼节而不表示担任官职后才愿接受。他们需要这种袍服，因为"我要你们时时来我的宫室，因为我乐于跟你们交谈，向你们了解你们故乡的情况，以及你们见到和访问过的世上其他地方"。

同一天，张为应奖给两教士什么荣衔进行了一番考虑。尽管不是授予官位，然而皇家封赠自有其意义。首先是与朝廷密切相关；其次是因为天学——"天的学问"，作为称号的一部分，表示他们是因其天文知识备受

---

① SJ（《蜀记》）的阙名作者不掩饰他的轻蔑："而吴继善左手拿着他的[官]印，右手领着他的妻子，走在马匹前乞降。"（SJ，20页）——尽管如此，他仍有三十六名家人被杀。（PKZ《平寇志》，551页）——原注

② Relação（《记述》），5页。参见DS（杜宁•茨博特），Collectanea（《1641到1700年中国传教史集成》），par.4，104—105页。——原注

尊敬。

在同一天，他和他的曼达林商量，该给我们什么称号才符合我们的身份和职业，并且表示他对我们的关爱以及他尊重我们的愿望。在他们提出了各种动议之后他略微低下头，这是他在思考重大事件时的习惯动作。经过一阵沉思，他说："我要称他们为天学国师。"天学国师即"天律的国家师长"。他们都赞同这个称号，仅我们自己不愿接受这种称呼，但没有用，因为我们不能拒绝它。①

浩荡皇恩继续施与，除荣衔外，他们每月接受十盎司银子的津贴，这自然确定他们作为朝廷"外国专家"的地位。

五天后，在冬至庆典上，他们被安排在御宴的体面位置，同时分给神父们一个位于市中心的非常舒适的家，离皇宫不远。因他们的教堂在征服时被毁，张重申他的许诺，愿用朝廷的钱重修它。为此，他也要他们在刚获得的职位上工作。他命令他们制作一具天球仪和一具地球仪，一具浑天仪和一具铜日晷。神父们对他们的保护人印象深刻：

在整个宴会上，国王向我们询问许多有关教父、欧洲和数学的事，他对我们回答的反应，其深刻的感悟、判断，令我们充满惊叹。确实，因他的经历，他肯定有能力统治中华帝国，仅仅是他的残忍妨碍他成为一位国王和好国王。②

尽管享有这些特别的照顾，神父们并不感到愉快。因为在1647年前半年那种残忍的征兆已变得极其明显。任意杀人仍限于朝廷和高官内，但因细故而即时处决的案例却很多，同时还伴随着极可怕的折磨。神父们也丧失了他们主要的保护人——礼部尚书吴继善，因为他撰写的一篇冬至祭天文不合暴君之意，而受到鞭杖、酷刑，并被活活割成碎片。③一名来自

---

① *Relação*，6页。参见DS，*Collectanea*，par.4，106页。——原注
② *Relação*，6页。参见DS，*Collectanea*，par.4，106—107页。——原注
③ 据《纪事略》，吴的死因如下："九月初一日，诣南郊行郊祀礼，有郊天表文，系两截黄纸书写，献忠大怒，不待礼成，即将伪礼部吴继善于坛内凌迟处死，妻妾发娼。"看来张十分迷信，认为两截黄纸意味着他不能统一天下。——中译注

山东的基督教军官，曾被龙华民（1565—1655）归化入教，也是受害者之一。八个月来，利类思和安文思一直在皇家工场监督制作天文仪器，他们屡屡被召进宫，不知道期望什么，因为到这时他们已完全觉察到张的神经狂乱。实际上，张的示好可能是致命的，据说有次他杀了一个年轻的亲信，仅仅因为张十分爱他。[①]最后他甚至显露他的病态思想，要把他最宠爱的人都杀掉，为的是免除他们在人世受苦。[②]不管怎样，虽有时谴责，张仍对他们不错。他在谈话中表现出一种对欧洲"数学"（这里指天文学）极大的、几乎着魔的兴趣，而这可能救了他们的命。

1645年下半年，张变成了毫不容情的恐怖主义者，神父们目击了一系列大屠杀浪潮。从消灭佛教僧侣和一整支未能攻占汉中的四川军队开始，到屠杀成都百姓，特别是他们目睹的那场大屠杀，必定是一段惨痛的经历。在张的卫兵把百姓驱赶到城门时，神父们在绝望之中企图救出几名基督教信徒。利类思成功地把其中几名带回家，声称他们属于教会和私人教堂，但在第二次搜查期间，他们大多被捕并被处决。[③]

第二轮搜捕期间，张曾离城出征。他返回人口稀少的城市，准备一场盛大的仪式，并在1646年新年称帝。"宴会排场很大，还有其他荒唐的事，以致他完全昏了头，在中国年的第一天及随后几天，言行都处在极亢奋的状态。"[④]作为统治天下的前奏，他赐给他四个义子响亮的称号，表示他们将不仅征服中国，还将征服整个北部草原地区、满洲、朝鲜、日本、菲律宾群岛以及印度支那。他还向神父透露他安排的征服欧洲的长期计划，利用陆路到达西方：

那天暴君向他的官员和士兵透露，攻占了中国、日本、交趾支那和鞑靼后，他要征服印度和欧洲，并且冲着我们问这些地方有多远。我们告诉他约有五百里格远，以及到达那里要多久时间。他大笑并吼叫说："你们走的是海路！如果你们走陆路，一朝你们走过云南省和缅（与云南接壤的一个小国），你们就将在欧洲！"[⑤]

[①] KTS12，291页。——原注
[②] DS, *Collectanea*, par. 7, 125页。——原注
[③] *Relação*, 20—21页。参见DS, *Collectanea*, par. 4, 111—113页。——原注
[④] DS, *Collectanea*, par. 4, 115页。——原注
[⑤] *Relação*, 26页。参见DS, *Collectanea*, par. 4, 116—117页。——原注

不管怎样，认真思考后，他认识到这个计划过于庞大。他称赞神父为在中国传播圣教自愿经受种种苦难，又说中国人太糟糕，以致不愿接受它，所以上天用骚乱、叛变惩罚他们。

甚至在恐怖的笼罩下，神父们也能继续他们在朝臣和官员中的布道，并且给大约150人施洗礼。他们最重要的皈依者是张的岳父，教名彼得，一个来自江南的富有的学者——他和他的32名亲戚研读了利子（Ricci）的《天主实义》《畸人十篇》及其他几部基督教著作后成为基督徒。①彼得成为神父们的知己和参谋，但不久，就在成都被抛弃之后几天，他也被处决。

火焚成都标志着最后一幕戏的开始。张率领他的军队东行，进入山区，那里只能找到靠劫掠百姓得来的少量粮食。在这种情况下，利类思和安文思决定向暴君提交申请，如果允许他们离开，他们会在澳门等到张征服全中国，到时他们肯定会携带许多数学书和专家返回来见他。彼得强烈地劝他们别这样做，因为这一举动不仅会使神父们，也会使所有基督徒陷入致命的危险，但他们仍坚持。起初，张的回答是肯定的，他甚至答应供给他们旅行资金和护卫。不过，同一天张又改变了主意，因为不知为什么他觉得整个事件是神父的四川仆人们搞的阴谋，其目的是要在赴澳门途中抢劫和杀害他们。利类思和安文思加以抗辩，但没有用，仅安东尼乌斯（Antonius）作为利类思的养子、来自澳门的俗人修士获免，其余都被活生生剥皮。②

之后，神父们再次发誓说仆人是无辜的，为此张暴怒，大叫："杀！杀这两个奴才（sha, sha zhei liangge nacai）！"③后来他饶了他们的命，但从这刻起他们受到严格的监视，哪怕他们共处同一营帐，私下交谈也被禁止。即使在山上的营盘里，张仍叫他们工作。他命令他们尽快制作一个铜天球仪，他们必须夜以继日在充作厂房的营帐里干活儿，忍受炽热

---

① *Relação*, 29—31页。参见DS, *Collectanea*, par. 6, 119—120页。——原注
② *Relação*, 45—46页。参见DS, *Collectanea*, par. 8, 126—127页。——原注
③ *Relação*, 46—47页。参见DS, *Collectanea*, par. 8, 128—130页。此后他叫耶稣会士是骗子和叛徒。据他说，利玛窦仍值得称许，因为利氏是一名有能力的数学家和优秀的画师（曾目睹他画的一个迷人的年轻女孩像）。总之，张结束讲话，说就是这个利玛窦曾想用一尊爆炸的炮杀害万历帝（利氏本人在行动中被炸飞）——一个有趣的早期民间"反基督教传说"的例子。——原注

炉火的炙烤。张亲自督促他们，不时出现在厂房，即便在深更半夜（因为他难以入睡）。天球仪上交时，立即引起一场危机，几名朝廷天文学家认为天球上蚀的倾角是一个可笑的错误，而这一天象的误置将危害帝国的生存。一连三天神父们为自己和欧洲天文学原则进行辩护，但没有用。他们被遣回营帐，等候第二天张决定他们的命运。有人告诉他们一切都完了，他们只有等死。

第二天是1647年1月3日。在他们进入御营前，张得到报告称，有四五名骑士正接近营盘，但不知道他们是满洲探子。张和几个军官上马去迎击他们，没有披盔甲，只执一支短矛。当他们达到射距范围时，一个满洲战士一箭射穿张献忠的心脏，这一箭使他从马上跌到地上。张在血泊中挣扎，最终咽气身亡。①

神父们的苦难尚未结束，但汤若望的关系再次救了他们。满洲统帅豪格亲王（Prince Haoge）刚好是汤若望的友人②，免除了他们的死罪，并且把他们交给两名满洲军官，命令善待他们。神父们不得不跟他们的主子进行余下的征战。最后，大约在1648年初，他们到达北京。感谢汤若望的影响，他们获允留在首都并重新开始传教。

---

① DS, *Collectanea*, par. 9, 133页。——原注。关于张献忠之死，中国史料在具体情节上也有所不同。《明季南略》称"张献忠自持枪上马出营观之"，《纪事略》则称张"执一弓挟三矢策马独出"。看来张执一枪（矛）与此符合。——中译注
② 豪格[肃清王，1609—1648，参见ECCP（《清代名人传》）280—281页]是皇太极（Abahai）长子，皇太极1643年死后他是最有资格的继位人。他的有权的叔父代善提出由他继承，但在多尔衮的压力下，14岁的福临即位，即顺治。汤若望和代善保持友好关系，因此豪格可能由此认识汤。他们的关系没有维持多久，因为1646年豪格率军前往四川，1648年返回后几乎立即被多尔衮投入监狱，并自杀而死。——原注

耶稣会史料

对于两教士的苦难说，我们只能依靠少数西方史料的记载，因为中国文献甚至没有提到他们出现在张献忠的朝廷。这些西方资料中，我们仅有三种可以信赖，其中最详尽的文字，也是最原始的，是安文思亲历的报告，这必定是他在抵达首都后不久写的。1651年他将报告送往罗马，题为《记述四川省和基督教事业的丧失，以及利类思和安文思的俘囚经历》[1]（*Relação da perda e destituição da Provincia e Christiandade de Su Chuen e do que os pes. Luis Buglio e Gabriel de Magalhães passarão em seu cativ*）。它后来成为编年史家如杜宁·茨博特（DuninSzpot）《集成》（*Collectanea*）的主要史源。后者又成为费赖之（Pfister）和瓦特（Väth）现代概述的根据。[2] 第二目击者利类思的叙述很短。它是利类思1677年《安文思神父生平简述》（*Abrégé de la vie et de la mort du R. Pére Gabriel de Magaillans*）[3] 中有关的段落：谈这个话题的三页纸也仅提供了些许信息。卫匡国在他的《鞑靼战纪》（*De Bello Tartarico*）中有关的长篇叙述，主要是依据安文思的报告（有许多夸张的修饰）。[4] 整个1650年，卫匡国在北京居留，其时正值安文思刚写完他的报告，而且作为财务员他必须定期与他接触。总之，我们知道的文字几乎都最终来自安文思的故事，而这种对唯一史源的依赖使得其可靠性的问题变得更重要。

显然，有些特殊因素在起作用，这是相当明显的，因此能够考虑到。因为是一名教士，讲述者自然倾向于强调基督教的因素，在谈基督教皈依者时讲述保持虔诚和自我献身的例证，甚至凸显暴君对基督教的兴趣。同时我们还必须看到，报告基本上是一个自我辩护，因为两名教士曾跟叛匪

---

[1] ARSI Jap-Sin.（《耶稣会档案》日、中卷）127（参见*Relação*）。这里我要深深感谢Giuliano Bertuccioli教授将原稿影印件送与我，并感谢Robert Entenmann教授提供给我原葡文的转写以及Joseph Costa S. J. 的一份不完整的英译稿。——原注

[2] 见Pfister, *Notices*, 232—236页；Väth, *Adam Schall*, 150—153页。——原注

[3] 见*Buglio*, 373—377页。——原注

[4] Martini, *De Bello Tartarico*（《鞑靼战纪》），149—166页。——原注

和最血腥的体制合作，所以他们不得不使罗马相信，他们是无助的受害者，是俘囚，他们无路可逃，非自愿的因素很可能被夸大了。

话虽如此，我们仍有理由认为报告基本可信。支持这一点的有力证据是如下的事实：耶稣会士们的记述总的来说是真实的，有时还相当详尽，有中国的史料可以印证。对于相当多的事件，如果和中国史料的记载相比较，安文思为数不多的记述更具有意义。有时不同的史料，如果用外面的消息加以补充，便可以形成一幅完整的图画。

灭种的观念

总的来说，张（至少在他有了改朝换代的想法后）和历史上其他的叛乱领袖一样具有基于儒家天命教义的神授使命观：统治的朝代已失去天命，天将它授予另一个——获胜的叛军首领。在大多数叛乱观念中①，天命观和"百姓拥戴"紧密相连，危机时刻，当百姓在暴政下受苦难，起义的领袖就扮演天授命的解放者角色。每场叛乱当然都有大屠杀和破坏，但这被认为是不可避免的，起义的最终目的是解救人民。

张献忠完全背离了这一总的原则，因为他的思想中屠杀已成为中心理念。不像他的对手李自成，张不知道走群众路线，只依赖他的将官和士兵，最后关注的才是群众的支持。中文史料和耶稣会的记载都证明，张在他最后的岁月自认是"神的惩罚"，其使命是绝灭四川有罪的百姓。据史料记载，张是受到他的邪恶宰相王兆麟的影响，至死对他言听计从。②另一方面，有些奇特的道家思想和信仰或许能追溯到张的刑部尚书——道士李时英。

张自称是神仙下凡，或者至少是执行天命，如他告诉他的官员："我是上界的一颗星，玉皇派我入凡尘杀造孽众生。"③同时，又说："我是替天行诛。"④

张的预言式信息，因几乎用启示言词颁布的一道传示为全军所知。据匿名作者的《蜀记》说：

[张]献忠命[王]兆麟向八方的将官和士兵颁布如下的旨意：[1645年]7月15日，三更时大雨倾盆，至翌日晨。朕时在宫里，见天旨下降。上书：世上[之民]不忠不孝，罪孽深重，人心不合天心，大劫已到——不必恤

---

① 参见书目中开列的James B. Parsons、Taniguchi Kikuo和Vincent Y. C. Shih等的著作。——原注
② SJ，6a-6b页。——原注
③ 同上，136页。——原注
④ PKZ12，593页。据SB（《蜀碧》）3，2816页，当张要杀成都市民时，出现三次雷电（显示天怒）。据说张向天大喊："你送我到尘世杀人——为何现在又用闪电恐吓我？"接着他向天发射三枪。这个故事多半不可信，但即使如此，仍说明张伪称接受天命在群众想象中仍存在。——原注

灵！朕实为替天行道。汝等文武及众黎庶，各宜洗心涤虑，以息天怒。故犯法者将由朕替天行诛。诸将官不知此乃逆贼之虚构，当彼等被杀时实相信系受天罚。①

在耶稣会的记述中，张用一个有关孔子的奇怪启示故事说明他施罚的使命：当这位圣贤在中国巡游到达四川时，没有人愿听他的神圣教诲，他对当地百姓的奸邪感到厌恶，并返回北方，在那里甚至鸟兽都知道向他表示尊敬。②根据张的意思，这证明"这些顽固不化的百姓"一直是极邪恶的人，而且"不敬他的天父"。

然而，尽管这里提到孔子，但清楚的是，张对天命的解释不符合孔子的理念。事实上，他憎恨文人，视之为"贪婪、虚伪、腐败，而且邪恶"，杀了成千的应试学子。据中国和耶稣会史料记载，其目的在于摧毁四川的士绅及其思想，"自此四川再无儒生"。据接近同时代的一份史料称，"[张]恨四川人，他先屠杀儒士，再屠杀百姓"③。

他也对准佛教，但动机不明。他告诉利类思和安文思，他是替天行道，1643年因和尚煽动反基督教的行动他惩处了和尚，而耶稣会的记述也指出他视佛教僧人是抗拒的源泉：

他首先拿成都的和尚开刀，约两千人，紧接着他转向全省，其人数几乎无穷，因为他们在一个城市开始叛乱……同时，他告诉我们："你们的天主（即上帝）叫我来四川，为的是惩罚和尚及其他企图杀你们的恶徒。"④

中国史料证实张屠杀佛教僧人：一条史料说迫害始自残杀大慈寺的千名和尚，但另有材料称和尚遭到不加区别的杀害，还有暴力行动（用火药炸毁寺庙，将佛像斩首）。⑤

张的大命观无疑是受到道家的影响。我们看到，据一则史料，他自

---

① SJ，12a页。参见Shih，*Some Chinese Rebel Ideologies*。——原注
② *Relação*，41页。参见DS，*Collectanea*，par. 6，117页。——原注
③ PKZ11，552—553页；SKJL（《绥寇纪略》）10，228页；MS309，7976页；*Martini*，158页。——原注
④ *Relação*，11页。参见DS，*Collectanea*，par. 5，110页。——原注
⑤ KTS（《客滇述》），8a页；SKJL10，225页、228页；SB3，2756页、2796页；HLLK（《怀陵流寇始终录》）12，25a页。——原注

视为玉皇遣送下凡的星神。在这点上他和他的对手李自成一样，李被说成是北斗第七颗战星破军的化身。①特别是，张和文昌星（以其"文神"角色而为人所知）的关系。文昌是所属星座的第四颗星神，道家的文昌帝君（Sovereign Lord Wenchang），一位神化的英雄和人类命运的主宰。这位文昌的祭仪在四川盛行，他的主要寺观在梓潼的七曲山，汉中到成都的半途中。张没有被说成是文昌君的化身，但他相信他们有血缘关系，因为他们同姓（文昌从15世纪初以名为张亚子的武士身份开始他的生涯）。中国史料关于张献忠造访梓潼寺的故事有几个版本，这是在他入侵四川途中发生的事。他相信他是这尊神的后代："他姓张——他是我的祖先。"因此在真正的帝王系列中，授予他"庙号"始祖高皇帝，典礼上承认文昌君是朝代的始创者。②还有报道称，神在梦里向张现身，用一份红拜帖向张称是晚辈，求他赦免梓潼的百姓。③张扩建了七曲山的寺观，并且撰写一首诗和一篇祭文，称神是他的族人。④

我们还知道张崇拜战神关帝，"因为关帝格外受陕西人的崇敬，但对此事没有更多的信息，只知道张的军队所到之处都摧毁寺庙，仅留下关帝庙和文昌庙"⑤。

安文思报告中有一段长文，我们可以从中得知张的以天为首的混杂泛神论。1645年，张和他的朝臣，包括两位神父，到岷江岸去看龙舟竞赛（阴历五月五举行）。当时，他们进入"一座大而古老的祭祀神仙老子（即太上老君）"的寺庙，向像膜拜（神父和张的受洗妹夫拒绝参加仪式，但他们逃脱了惩罚，因为这桩不敬神明的事没有人向张报告）。在庙里祭拜后，张向祭坛外的桥上洒四遍酒：一祭天，二祭老君，三祭河神桥神，最后祭"他屠杀的人"⑥。据耶稣会的记载，他洒最后一遍是因为他当时对自己的凶残感到后悔，但这是一种误解。这种仪式无疑是旨在安抚死于战场上（极危险的）士兵之魂。

道家的因素也出现在（多半带有天启性的）传说中。据说，张原来

---

① 参见 Parsons, *Attitutes*, 178页。——原注
② PKZ12, 588页；SKJL10, 227页。——原注
③ SB3, 2821页。——原注
④ SKJL10, 227页、231页；SB2, 2758页、2820—2821页。——原注
⑤ SB2, 2820页。——原注
⑥ *Relação*, 34页。另一很不相同的说法，参见DS, *Collectanea*, par. 7, 121页。——原注

是接受一名道士的杀人指示，此人告诉他："陛下实为天人，现将绝灭万物，再返回天上。"据另一传说，他接受武当山向他显现的道家神灵指示。①这类传说是"张献忠传说"的一部分，在他死后围绕他一人而展开的，无意间预言张死期的故事和其他造反首领受到的预示启发如出一辙。

天书启示或神灵信息是造反意识形态的永恒话题，张也不例外。他自己宣称"晚间降落庭院的天书命我杀尽蜀（四川）民"②。若这种天书和耶稣会报告的"天之书"一样，那么它包含来自上天的更多信息。历史上的叛军首领在期望改朝换代时，往往利用"写在古书上的含糊和神秘的词句"来杜撰预言文字，并且这种经文据说是自天而降，或者是在山洞里发现的。安文思就张献忠利用"天书"一事作了有趣的报道。一天晚上，张被雷鸣闪电惊醒，他走进院子，发现一卷有闪电烧灼痕迹的文书。上面有他的名字，还有他自封的和赐给他四子的头衔，并且说张是自古以来最完美的圣贤和未来中国的主宰。天书特别说张要留在四川直到尽灭川人，然后陕西将是他攻占的第一个省，征服湖广和南京尚非其时。③

显然，张有幻象或幻觉，或者谎称有幻觉，借以打动他的部下。据耶稣会的报告，他坚称能看见他的官员不能看见的东西，如弓箭、刀枪出现在天上。他称自己知道未来，预言他将是天下的统治者，天授命他改变和统治全世界。④

有一次，他称自己拥有一架奇妙的望远镜（中国制造，大大优于两神父送他的欧洲望远镜），用它可看见地上、天上和地狱里发生的任何事。朝臣竞相赞美这架望远镜的优点。但是，当教士请张出示它，好让大家大开眼界时，却被告之这具望远镜已被拿去修理了。⑤

张像帝王一样也在他自己的名下写了诫谕的文字。我们听说有一篇长长的"御制万言策"，在其中他"评论古代帝王"，可惜此文已遗失⑥，但我们知道他显然有意伪造了自己的信息。他创制了短句格言，这就是

---

① KTS，12a页；SB3，2816页（参见Parsons，*Overtones of Religion*，171页）。在SB3的2813页上还有一个奇怪的故事：在成都停留时，张有次突然宣称他命运逆转，因此他想去武当山当一名道士。——原注
② SKJL10，228页；SB3，2895页；HLLK18，19a页。——原注
③ *Relação*，28—29页。参见DS，*Collectanea*，par. 6，118页。——原注
④ *Relação*，26页。参见DS，*Collectanea*，par. 6，115—116页。——原注
⑤ *Relação*，34页。参见DS，*Collectanea*，par. 6，118页。——原注
⑥ SKJL10，224页。——原注

"圣谕六言"。原来只有两行六音节字,后来他增加了两行四音节的。他的博学的右丞相严锡命写了一篇注解,一首四行诗,刻在石碑上,公之于众。文字如下:

天以万物与人,人无一物与天,鬼神明明,思之量之。①

意思是:人类有罪,因为不知感恩上天,不要以为神灵不知。这是恐吓的话,其意图在后来的(而且很可能是"民间传说的")版本中更加明确,其中增加了第五行七个字——"杀"字重复七遍。②

有意思的是看到利类思收到张亲笔写的格言本,安文思的译文的后两句被误解:

他给我们各自一首他自己写的诗,亲笔写在仅帝王可以使用的黄纸上。给利类思神父的一首如下:"T'iên yeù uán wo yú gîn / gîn uû yi uo yû t'iên / guêi xin mîm mîm / iû sû, iû liám。"也就是说,天把万物给人,人无一物给天,天地神灵清楚地知道并且思考这一点。③

---

① KTS,8b页;SB3,2791页;HLLK18,26b页。参看Shih,*Some Chinese Rebel Ideologies*,214页;Parsons,*Overtones of Religion*,172页。Shih写的略有不同:"Heaven feeds people with the hundred grains / but man does not serve Heaven with one single good deed."(天以百谷养育百姓/但人没有用一种善行为天服务。)——原注

② 参见Parsons,*Overtones of Religion*,172页。他得出结论说最后的"七杀"可能是民间传说后来增添的。——原注

③ *Relação*,26页:"O ceo tem todas as cousas pera as homeus e os homeus nada tem pera o ceo, Isto claramente o sabem, estimão e medem as espiritos do ceo e terra."参见DS,*Collectanea*,par.6,117页。其中最后两行的意思完全错误:"I'd evidenter scimus magnique facimus, quod Spiritus Coeli sit idem qui Spiritus Terrae."——原注

   安文思用葡文拼写的张献忠的圣谕可译读如下:"天有万物与人,人无一物与天。鬼神明明,自思自量。"其中最后一句正是"自思自量"的译音,与四川发现的张献忠圣谕碑"圣谕,天有万物与人,人无一物与口(天),鬼神明明,自思自量"完全吻合,最后一句"自思自量"表示要我(们)认真思考,弦外之音是人对天犯下的罪行,鬼神明白,我们自当替天行道,实行天诛,所以后人度其意,加上七个"杀"字,这便是著名的七杀碑。——中译注

张献忠和基督教

据卫匡国记载，张献忠"时时和神父们谈基督教，而且谈得不错，以致人们以为他是基督徒。他颂扬和赞美基督教义，他是听神父们告诉他，以及从阅读我们在中国印刷的书里得到有关知识的"[1]。

事实上，安文思亲历的报告中已提到张偶尔表示出对基督教的兴趣，甚至赞美，但难以说明他怎能将这一点与他的折中主义还有杀戮理念相调和。二者共有的因素可能是天/神的观念，天惩人罪。

有一天张问到一部他拥有的欧洲神学著作的内容（那是在劫掠城市时从传教士屋里偷的），希望它是一本有关"蚀"的书。神父总算向他说明它是谈基督教道德和信仰的，同时乘机解释书里的几段。张深受感动："他称赞教义的圣洁，欧洲王公、百姓的良知及品行。"他又说，总之，中国百姓不能信这教，他们是刁民，只能绳之以"刀斧"。[2]

安文思还提到一次奇怪的交谈，其间"二阁老"（学者严锡命）知道张对基督教持肯定态度，称赞基督教义有教化的力量，如果张信了教，他的王国不仅能延续八百年，而且能永久。再者，张表示基督教虽好却不适用于中国。他对神父说："你们须知中国人是邪恶百姓，不能信仰或遵奉你们的至圣教义。"同时，当严锡命谈及张抵达成都前佛教僧人掀起反基督教活动时，他说："这正是为什么天主（天的主子）命我杀那些蛮人，好保护好人不受害。"[3]

另一次，他的说法却又完全不同。他告诉神父，如果他也像教士一样有长浓须的话，他也是神人。张的道教阁员补充说：因此皇上不仅会是一名基督徒，还是天主自身。确实，几天前一位阁老之子对神父说的话令他们不安，他说张确实喜欢别人称他为"天主"[4]。

明显地，张对基督教态度模棱两可。一方面，他明确无误地说它不宜

---

[1] Martini, *De Bello Tartarico*, 155页。——原注
[2] *Relação*, 18—19页。参见 DS, *Collectanea*, par. 6, 110页。——原注
[3] *Relação*, 39页。参见 DS, *Collectanea*, par. 7, 123页。——原注
[4] *Relação*, 40页。参见 DS, *Collectanea*, par. 7, 124页。——原注

于中国，换句话说，天主只限于管辖欧洲。另一方面，看来他已完全接受这样一个至高神灵的存在，不时宣称支持他，犹如他是上帝愤怒的刑具。仅在最后阶段，因两神父提出倒霉的请求，张完全失去对他们的同情，他翻脸加以辱骂，但即使如此，他的批评也只对准耶稣会传教士而非基督教。他甚至仍可能认为他自己的无情天性和欧洲复仇之神有某些共同之处。

张和欧洲天文学

这个半文盲流寇领袖有一个极其惊人的特点,那就是对欧洲天文学的几乎狂热的兴趣。他关心天象可能和他自称原是天星有些关系,但主要原因必定是在他的世界观中,作为至高指导力量的天和实体的天之间没有明确的界限。

张和两位神父手头都有汤若望和罗雅谷在北京编纂的《崇祯历书》可利用。利类思和安文思从一位官员那里得到一本,官员的名字他们不敢向张透露,张要求得到它,因为"他要收藏各种关于数学、天文学及占星学的佳本,无论什么种类,也不管作者是谁"[①]。他一直怀疑神父自己藏有这类书,因而两次搜查他们的住宅。

张大夸欧洲的天文学,特别因为它准确地预报像"蚀"这样的不吉现象。张离开成都前不久,他"历算部"的监官指出汤和罗编纂的天文书是基于错误的计算,可以丢下,张称他无知,并为此严词责备他:

我知道欧人掌握了在数学方面我们不知道的东西,因此他们把大人利玛窦(已故Matteo Ricci神父的汉文名字。暴君常问到他、称赞他)送给我们。当你们中国人告诉我太阳位于某一宫时,我用什么证明你们说的是真实的?但他们告诉我确实的年、月、日、辰、分及日食月食的具体时刻,而当预言被验证的时刻,一切都如他们所说。这向我证明他们的数学计算是正确的,他们是聪明的,你们则是无知的。[②]

最后,他告诉中国宫廷的天文学家,称他自己是万能的,知道轮回说,所以能够肯定他们的无知将使他们转世为猪。有趣的是,这位监官反对欧洲天文学系出自意识形态而非出自真实现象,他的主要论点是,西人把天分为360度(一个偶数和平方数,根本不能代表天的纯阳)。

---

① DS, *Collectanea*, par.4, 109页。——原注
② *Relação*, 35—36页。参见DS, *Collectanea*, par.7, 122页。——原注

另一次，两神父必须在中欧宇宙志中小心翼翼寻求平衡。张主张地球是平的，太阳不能围绕它转，因为会被它的边角阻挡，因此，他同意传统中国看法，太阳就在地上的东西边升落。教士们找到一个恰当的解释，"神父们为更好解释某件事时总是这样做"。从实体说，地球是圆的，另一方面，从象征说，它是平的，因为它的方正恰好表示它的牢固和稳定。张对这番解释感到高兴。神父们这时甚至更使论题变得混乱，他们声称即使地球是平的，太阳也能毫无阻碍地围着它转。①

这里，论题仍是属于意识形态上的。在杜宁·茨博特的记载中，张宁愿要一个平的地球，正符合他期盼自己的统治"安定坚固"。而在最后，这种意识形态的考量几乎注定了神父们的命运。因为，我们看到，张同意中国天文学家反对蚀的斜交，认为这是耶稣会士犯下的"严重危害国家命运"的错误。暴君终于决定要杀神父，因为"他们用他们的工作……冒犯天，所以既毁灭他本人也毁灭他的国家"。

这种态度也说明神父费力制造天文仪器的作用。两具大天体仪和镀铜的浑天仪，是他们在到达朝廷后不久制造的，还有一具在营盘铸制的小星仪。应注意的是，这些给人印象深刻的仪器是作为展览的，而不是使用的，利类思和安文思的报告中没有任何地方提到进行过天文观察，不太像是用于监测。鉴于其中涉及意识观念，我们可以得出结论，这些仪器并非作为科学工具使用，反倒是作为神器，一种守护神器（palladia），象征宇宙和谐及统治者在其中的地位。

这也无疑地说明了神父们在张的朝廷中的处境：他不是把他们当作天文学家使用，而是作为制造吉祥器物的异邦术士。这使他们既不可缺少又受到怀疑，因为如我们所见，他们被认为有能力用故意产生的错误摧毁王朝。由此，天文学既拯救又威胁他们的生命，他们到达北京时，再一次因他们的天文学知识免遭判刑，我们能理解他们的叹息："该死的历法，我们因你而生（O beatum Calendarium, per te vivimus）！"

---

① *Relação*，132—133页。参见DS, *Collectanea*, par. 6, 118页。——原注

后　记

　　结尾是奇怪的，一定程度上甚至比我们讲述的故事更富戏剧性。两神父满有理由感激汤若望，但因他的影响和干预，他们可能会为他们的合作付出昂贵代价。就在他们到达首都后不久，这两人，特别是安文思，带头发动了一场难以置信的攻击汤若望的运动，写了数不清的信札和报告，其中他们批评他任朝廷司天监职，批评他的生活方式、性道德及个人品质。这种批评持续了几年，得到几位极著名的传教士的支持，差点儿导致汤若望被开除出教。

　　自然，现代作家因此严厉批评利类思和安文思，谴责他们的行为。对此，作家们未能找到什么理由，也没有提供解释。[1]总之，除我们不能探测的深层心理因素外，他们反汤若望的理由大概部分可以用他们自己戏剧性的经历加以解释。他们必定看到汤若望在清廷的活动几乎就是他们自己为张献忠工作中角色的复制。他们比任何人都知道这种情况下潜在的危险，而且明显地他们采用一切手段——甚至公开地毁谤——去了结它。在某种程度上他们是对的，汤在玩一场危险的游戏，事态的进程可以证实。此后不到二十年，当传教事业崩溃，利类思和安文思与其他传教士被流放广东，他们有时可能会感到一种苦涩的满足，他们至少及时提出过警告。

---

[1]　E. G. Dunne, *Generation of Giants*, 326—338页：用猛烈的词句谴责人们的行为。参见Väth, *Mission in China, kaiserlicher Astronom und Ratgeber am Hofe von Peking, 1592–1666*（Köln,1933），253—261页。这场运动仅在利类思和安文思抵达北京（1648年2月）后几天就开始了，持续到1653年7月，最后由潘国光（Francesco Brancati）宣布汤若望无罪。——原注

参考书目

1. Primary Sources

Buglio, Ludovico, "Abrégé de la vie et de la mort du R. Père Gabriel de Magaillans. de la Compagnie de Jésus, Missionnaire de la Chine." appended to G. de Magaillan's. nouvelle Relation de la Chine (Paris 1688). pp. 371-385. (利类思《安文思神父传略》)

DS Dunin Szpot-Thomas Ignatius, Collectanea Historiae Sinensis ab anno 1641 ad annum 1700 ex variis documentis in Archivo Societatis existenibus excerpta (Rome 1710): ms ARSI. Jap-Sin.104. (杜宁·茨博特《1641年到1700年中国传教史集成》)

HLLK Dai Li (戴笠) -Wu Shu (吴殳), Huailing liukou shi zhong lu (《怀陵流寇始终录》), ca.1660, in: Xuanlan tang congshu (玄览堂丛书), fasc. 12.

KTS Anon, Ke dian shu (《客滇述》) (early Qing), in: Tong shi (《痛史》) (Shanghai: Commercial Press, 1912), fasc. 18.

Martini, Martino, De Bello Tartarico (Dutch version: Historie van den Tarter-schen Oorogh, Amsterdam, 1660). (卫匡国《鞑靼战纪》)

MS Zhang Tingyu (张廷玉) et al (comp.). Ming shi (《明史》). completed in 1739 (Beijing:Zhonghua shuju, 1974).

PKZ Peng Sunyi (彭孙贻), Ping kou zhi (《平寇志》) (early Kangxi period), completed shortly after 1661. photogr. repr. of ms. (Taibei: Guangwen shuju, 1974).

Relação Gabriel de Magalhães, Relação da perda e destituição da Provincia e Christiandade de Su Chuen e do que os pes. Luis Buglio e Gabriel de Magalhães passarão em seu cativ, report sent to Manuel de Azevedo; dated May 18, 1649: ms. ARSI Jap-Sin.127.36fols (cf also pote 22). (安文思《有关四川省和基督教传教事业的丧失及利类思、安文思神父俘囚经历的记述》)

SB Peng Zunsi (彭遵泗), Shu bi (《蜀碧》) (early Qing), repr. in Ming Qing shiliao huibian, Comp. by Shen Yunlong (沈云龙) (Taibei: Wenhai chubanshe）; chuji.

SJ Anon, Shu ji（《蜀记》）（early Qing）, in: Tong shi（《痛史》）（Shanghai: Commercial Press, 1912）, fasc.15.

SKJL Wu Weiye（吴伟业）, Sui kou ji lue（《绥寇纪略》）, 1652. in: Congshu jicheng（Shanghai: Commercial Press, 1935）, vol. 3931.

2. Handbooks

Dehergne, Joseph, Repertoire des Jésuites de Chine de 1552 à 1800. Bibliotheca Instituti Historici Societatis Jesu, vol. 37（Roma: Institutum Historicum S.I.1973）.（荣振华《1552年到1800年入华耶稣会士列传》）

ECCP Hummel, Arthur W., Eminent Chinese of the Ch'ing Period（1644-1912）. Washington:U.S. Government Printing Office 1943-1944）.（恒慕义《清代名人传》）

Pfister, Louis, Notices biographiques et bibliographiques sur les Jésuites de l'ancienne mission de Chine, 2 vols. Variétés Sinologiques, nos.59-60（Changhai: Imprimerie de la Mission Catholique 1932-1934）.（费赖之《在华耶稣会士新传》）

3. Secondary Literature

Atwell, William, "The T'ai-ch'ang, T'ien-ch'i, and Ch'ung-chen reigns, 1620-1644." in: F.W. Mote-D. Twitchett（eds.）. The Cambridge History of China, vol. 7: The Ming Dynasty, 1368-1644, Part 1（Cambridge: Cambridge University Press, 1988）, pp. 585-640.

Bertuccioli, Giuliano, "Ludovico Buglio（1606-1682）." in: Dizionario Biografico degli Italiani（Rome, 1972）, vol. 15. pp. 20-25.

Dunne, George H., Generation of Giants: The Story of the Jesuits in China in the Last Decades of the Ming Dynasty（Notre Dame. Ind. University of Notre Dame Press, 1962）.

Gu Luodong（古洛东，即François Marie Joseph Gourdon）, Shengjiao ru Chuan ji（《圣教入川记》）, reed, by Sichuan Renmin chubanshe（Chengdu, 1981; orig. ed. Chongqing, 1918）.

Hauer, Erich, "Li Tzê-ch'êng und Chang Hsien-chung. Ein Beitrag zum Ende der Mingdynastie." in: Asia Maior 2（1925）, pp.437-498.

Li Guangming（李光明）,Ming mo Qing chu zhi Sichuan（《明末清初之四川》）. in: Dongfang zazhi 31（Jan. 1934）, pp. 171-181.

Li Guangtao（黎光涛）, Mingji liukou shimo（《明季流寇始末》）, CYY Lishi yuyan yanjiusuo zhuankan no. 51（Taibei,1965）.

Parsons, James B., "Overtones of Religion and Superstition in the Rebellion of Chang Hsien-chung." in: Sinologica 4（1955）, pp. 170-177.

Parsons, James B., "A Case History of Revolt in China. The Late Ming Rebellion of Chang Hsien-chung." in: Oriens Extesmus 3（1956）, pp. 81-93.

Parsons. James B., "The Culmination of a Chinese Peasant Rebellion: Chang Hsien-chung in Szechuan, 1644-1646." in: Journal of Asian Studies 16（1956-1957）, pp. 337-399.

Parsons, James B., "Attitudes toward the Late Ming Rebellions." in: Oriens Extremus 6（1959）, pp. 177-205.

Parsons, James B., The Peasant Rebellions of the Late Ming Dynasty（Tucson: University of Arizona Press, 1970）.

Shih, Vincent Y. C., "Some Chinese Rebel Ideologies." in: T'oung Pao 44（1956）, pp. 150-226.

Sun Yue（孙钺）, Ming mo nongmin qiyi shiliao（《明末农民起义史料》）（Beijing: Kaiming shudian, 1952）.

Taniguchi Kikuo, "Peasant Rebellions in the Late Ming." in: Acta Asiatica 38（1980）, pp. 54-68.

Väth, Alfons, Johann Adam Schall von Bell, S.J.: Missionar in China, kaiserlicher Astronom und Ratgeber am Hofe von Peking,1592-1666（Köln,1933;new edition: Monumenta Serica Monograph Series 25. Sankt Augustin-Nettetal: Steyler Verlag, 1991）.

Xie Guozhen（谢国桢）, Qing chu nongmin qiyi ziliao jilu（《清初农民起义资料辑录》）（Shanghai: Xin zhishi chubanshe, 1956）.

附录

利类思、安文思传

何高济

利类思，字再可，意大利西西里人，1606年出生，十六岁入耶稣会。后入中国，学习中国语言，在江南传教，1639年给大约七百人施洗。1646年入川，至首府成都。时有在京川籍大员刘宇亮，任阁老，是汤若望的友人，为利类思致函四川省官吏颂扬利类思，并告其家人，令在家接待利类思神父。于是利类思寓居刘阁老家，与官宦士绅往来，且在刘宅设圣堂，开始传教工作。

利类思是第一个入川传教的天主教人士，1641年为三十名信徒施洗。随后入教者有官员、皇室后裔等，取得不小的传教成果。但他人单势孤，且又生病，幸而得到葡萄牙籍教士安文思入川之助，遂能发展传教事业，不仅在成都，而且在保宁、重庆等州县给入教者施洗，创设教堂。然而因仇教官员的唆使，僧道大肆聚集反对二神父，企图将他们治罪和驱逐，排斥天主教，在一位入教军官的保护下二神父终于平安无事。

张献忠入川，占领成都，利类思和安文思随群众逃往山里，后被张献忠召回成都。起初张礼遇神父，赐予住宅，许传教，并命制造天文仪器。自此，二神父仍从事传教，有150人归信天主教，其中包括张献忠岳丈全家。按利类思所说，张献忠称王的三年时间，第一年确实普施仁政，但张生性暴躁，喜怒无常，嗜杀，两神父亦屡因故遭张猜疑，几至丧命。后张决意出兵陕西，行前血洗四川，两神父见张残暴，滥杀无辜，向张请求离去，张为此大怒，叫把两神父也抓去，准备将他们凌迟处死，狂吼道："杀！杀这两个奴才！"利类思大胆回问："你为何要杀我们？我们是修德之人，奉事唯一天主真神。我们未犯法律，你若无故妄杀无辜，天主不久亦将责罚你！"张献忠平息下来，命令将他们收押，派兵防止他们逃走或自杀，并命他们再制造一具天体仪。两神父奉命即时动工，日夜赶造，竣工后即呈上。但张听信术士之言，认为天体有误，于己不利，决意要杀二神父。适值清兵前锋到达，张出探消息，被清兵射死。

二神父死里逃生，为清兵俘获，利类思被刺伤。清兵统帅为肃亲王豪格，在京识汤若望神父，于是将二神父押往北京，1648年抵京。经汤若望之请，二神父始获自由。1655年皇帝赐银米房屋，建教堂一座，即东堂，亦名圣若瑟堂。自此，二神父在京传教，利类思也有时赴郊区布道，当时近畿有大堂七所，小堂十四所。仇教案起，杨光先攻击汤若望和天主教，汤因此入狱，在京诸神父利类思、安文思、南怀仁受牵连，在监牢里利类思也被套上九条链子。利类思和安文思于1662年曾撰写《天学真诠》，弘扬天主教，杨光先作《不得已》驳斥之，于是利类思再作《不得已辩》予以辩解。据安文思说，这部书的题目在汉语中很有意思，有双重涵义，一是我不得不进行辩驳，另一是我对一部书（《不得已》）的驳斥。教案平息后，利类思等神父获释，仍留北京。

康熙亲政后，利类思、安文思、南怀仁呈请礼部代奏，请为汤若望等平反昭雪。案子转到由诸王、贝勒、大臣、九卿科道组成的宗人府，由三神父与杨光先、礼部尚书对决公堂。在法庭上，利类思勇敢地以雄辩的口才反驳仇教官员的诬陷诽谤，打动了议政王、贝勒、大臣等。最后裁决恢复汤若望的"通微教师"称号，其他被处决和判刑的官员亦得平反。在利类思的据理力争下，天主教亦被解除邪教之恶名，"并无恶乱之处，相应将天主教仍令伊等照旧供奉"。1671年，康熙再次禁教，利类思反复思考，南怀仁再上奏皇上请解除禁令，但未获成功。1682年，利类思去世。

利类思深通汉、满语，多才艺，著述甚丰，诚如其墓志所记，"以数理、语言、文字及已刊诸书，著称于世"。除给张献忠制造了天文仪器之外，利类思和安文思也参加了清初钦天监的工作。他还将西方绘画方法传授给人，据南怀仁《欧罗巴天文学》书中所记，利类思曾献给康熙帝三幅画，采用透视法绘成，受到好评。

其汉文著述中最重要的当数《超性学要》三十卷，目录四卷。此书是利类思为向中国人介绍《圣经》及神学，培养本土教士之用，译自神学作者托马斯·阿奎那的《神学纲要》，译文未全，目录全译，有安文思补译的《复活论》二卷。据冯承钧介绍，《超性学要》卷首有顺治十一年（1654）序，称"托马斯详考《圣经》暨古圣注释，会其要领，参以独见，立为定论，若一学海然"。此书虽刊印数量不多，但也为一些国人所知，陆陇其（1630—1693）在《三鱼堂日记》中叙述他游天主堂，见西人利类思，利送书三种，"曰《主教要旨》，曰《御览西方要纪》，曰《不得已辩》，又出其所著《超性学要》示余"。安文思在《中国新史》中也介绍说："他（利类思）翻译了圣托马斯书的第一部，有高深学识的中国人对它极为推崇，我听到其中一个读过《天主性体》（即《超性学要》前六卷）的人，用下面的话来表达他的看法：'这部书肯定是我们认识自己无知的一面镜子。'"安文思去世后，利类思撰有《安文思神父传略》并有其汉译文《远西景明安先生行述》，其中对两神父在张献忠手下的经历多有记述，补充了有关张献忠活动的史实。

康熙十七年（1678）葡萄牙国王阿丰肃遣使臣本多·白垒拉奉表贡狮子。中国不产狮子，所知甚少，利类思应人之请作《狮子说》，介绍狮子的形体、性情等，其中涉及"物竞天择，适者生存"的进化论本质，也是首次以生物学角度向国人介绍一种动物。另外，康熙帝曾向他询问西洋人养鹰的事，为满足皇帝的好奇，利类思又撰写了《进呈鹰说》，较详细地介绍了鹰的特性及鹰的疾病等。据方豪考证，这两篇都是译自意大利生物学家亚特洛望地（1522—1605）的《生物学》。

安文思，字景明，1609年生于葡萄牙科英布拉州之佩特罗加斯村。原葡文名字为加伯利埃·麦哲伦，系葡萄牙大航海家麦哲伦的同族。幼年在叔父家度过，其叔是牧师会会员，负责教育他虔诚信主。后就读于著名的科英布拉大学耶稣会书院，十七岁入耶稣会。当他还是一名望道修士时，已请求赴东印度群岛传教，但未获批准，直到完成修辞学和哲学的学业后，才获允于1634年赴印度的果阿。两年后，他希望到日本传教，并前往澳门，在那里教授修辞学。时值一位信教的官员到来，视察员神父便派安文思随他进入中国，协助中国的传教事业。1640年安文思抵达浙江省首府杭州。两年后，在四川传教的利类思神父患病，需要助手，安文思遂申请前往，获得上司同意后，于1642年8月28日抵成都，此后两神父结成不可分离的伙伴，共同布道，直至生命终结。安文思在四川积极学习并很快就通晓汉语。

两神父在四川传教，给不少人施洗，其中有官员和贵人，取得一些成绩，但也遭到某些人的妒忌和反对。他们煽动成都僧道，掀起一场排斥两神父和洋教的活动，不仅散发攻击基督教的文书，还聚众六千人上告刑部，请求将两神父治罪。幸而得到信教军官阎督（译音）的庇护和县令吴继善的支持，二神父方得平安无事，但更大的危难接踵而至。

时值明末之乱，农民起义军动摇了明王室的统治。起义军领袖之一李自成转战几省后，终于在1644年攻陷北京。另一领袖张献忠也转战多省，最后进入四川，1644年经重庆直达成都，击败守军，明蜀王朱至澍死。张献忠遂居蜀王宫室，建立大西国，自称西王，年号大顺。成都居民为避战乱，纷纷逃离，两神父也随之逃往绵竹，后逃往山里。原县令吴继善归顺了张献忠，升为礼部尚书。出自对神父们的情谊，得知神父们的下落后，他向张献忠推荐利、安神父。据安文思记张献忠书中所载，张欣然接受，因为他已听说利玛窦神父的大名及其他神父们在中国行的善事。于是两神父前往成都，到达时已是迟暮时分，未能进入宫室，暂寓于光禄寺。次日，二人进宫谒见这位国王，国王向他们询问许多有关欧洲的事，他们一一作答，张对二人的陈述感到满意，并且表示他还需要几个月平定全国，处理国政，到时他愿修建一座漂亮的教堂让他们礼拜天、地的主。

张把二人送回光禄寺，赐予御桌上的美食、丝绸及150两银子，"值许多罗马钱"。张还赐给他们官员的袍服，二人仅在张向他们保证不让他们担任官职，官服仅作为礼节之用后才接受。就在同一天，张还亲自封二神父为"天学国师"以示崇敬。

1644年冬至节，张大宴宾客，二神父应邀参加，张首座，次阁老，二神父次之，席间张向二神父询问有关教义、欧洲和历算等事，对二神父的回答，张的反应显示出他的洞察力、判断力和睿智，令神父们惊叹不已。安文思写道："确实，考虑到他的来历，他肯定有能力统治中华帝国，仅仅因他的残暴才不让他成为一个国王，一个好国王。"

二神父应张献忠之请，制造一天球仪、一地球仪、一浑天仪及一日晷。天球仪、地球仪甚大，二人方能合围，天球仪列有星宿及其部位，地球仪则分世界为五大洲，列有国名等。这是继利玛窦之后传教士传入欧洲的天文仪，受到张献忠的称赞。

二神父虽受张的礼遇，而且被安排住在市中心离皇宫不远的住宅，但张性格怪异，喜怒无常，暴戾嗜杀，安文思对此多有记述，所以二人随时有生命之危。张多疑，虽礼待二神父，仍疑二人为外国奸细，借传教士之名而实欲探测中国之事，所以不时辱骂、威胁二神父。张献忠出征陕西，亦胁迫二神父同行。二神父上书求去，触怒张，决杀之。1647年初，军至西充境，二神父待行刑之令下，适逢清肃亲王豪格率兵至，张亲自出营探虚实，被清兵射死，二人遂得脱，却为清兵所俘获。安文思被射穿手臂，利类思被射中大腿，因豪格的保护，二人被送往北京，途中经历了种种艰辛、饥饿，一年后方到达。

二神父在京初寓豪格王府，后获郑芝龙之助另觅住宅。郑在澳门入教，洗礼名尼古拉，被挟持至京，初尚受清廷礼遇，因见二神父贫困，遂资助建一教堂，供应奴役及生活所需。七年后因汤若望之请，顺治帝始赐银米房屋，并赐地营建教堂，由宗室出资完成，即位于今王府井大街的东堂，又名圣若瑟堂，盖以圣若瑟为北京之保护者。为报帝恩，安文思做了几件欧洲器具进献，同时和利类思负责北京及近郊的教务，给人施洗。

顺治去世后，康熙幼年登基，由四大臣辅政。其间安文思为人诬告给信教官员行贿送礼，在刑部受审，两次受刑，痛苦万分，但坚决不承认犯下被控的罪过，因此被判绞刑，由四辅政核准。幸四大臣以他为外国人，不信他犯有行贿罪，将他释放。

教案骤起，矛头主要针对汤若望神父，但其他几名在京的神父亦未能获免，因此安文思和利类思、南怀仁三神父均被押送礼、刑部受审，投入监狱整四个月。安文思身上系着九条链子，三条在脖子上，三条在手臂上，三条在腿上，还挨了四十杖。判决是，汤若望处以极刑，安文思、利类思等流放鞑靼地。尚未执行时，北京发生地震，天亦出现异象，朝廷因此实行大赦，诸神父得以获释，安文思与利类思仍留京，继续传教工作。康熙亲政后，安文思、利类思和南怀仁上书请为汤若望平反昭雪，发还封号赐恤。安文思为报答康熙之恩，制造了一些机械物进献，其中有一机械小人，能自行动，又制一自鸣钟，每小时自鸣一次，继以乐声。

安文思去世前三月，受刑的旧伤复发，痛苦万分，于1677年5月6日去世。当时任中国教区副区长的南怀仁神父将他的死讯上报皇帝，康熙派三名官员去吊慰，其悼词中有"念彼当日在世祖章皇帝时，营造器具，有孚上意，其后管理所造之物无不竭力。况彼从海外而来，历年甚久，其人质朴夙著，虽负病在身，本期疗治痊可，不意长逝，朕心伤悯，特赐银二百两、大缎十匹，以示朕不忘远臣之意"。这个评价是恰当的，安文思在中国虽历尽艰难，却始终未萌退意或离开中国，在京二十九年，仅去过澳门一次，这是难能可贵的。他撰写的《中国新史》一书，全面介绍了中国，尤其是北京皇宫，记述详尽，充满对中国的热情赞扬。中国的语言文字，安文思说"很优美、生动和有效，以至你不会把它们看作是字，而是说话的声音和语言，或者是表示与他们生活有关的图画和形象"，为说明这一点，他还特意将《大学》的第一行"大学之道，在明明德，在亲民，在止于至善"译为葡文并加以阐述。

安文思和利类思在张献忠朝廷的经历，有安文思自己写的报告为证。这份日期为1649年5月18日致罗马一神父的报告，题为"四川省和基督教传教事业的丧失及利类思、安文思神父的俘囚经历"。此报告显然就是以《一六五一年中国著名大盗张献忠暴行记》而知名的著作，对张献忠在四川的活动提供不少有参考价值的史料。此外，安文思尚译有圣托马斯《复活论》二卷。